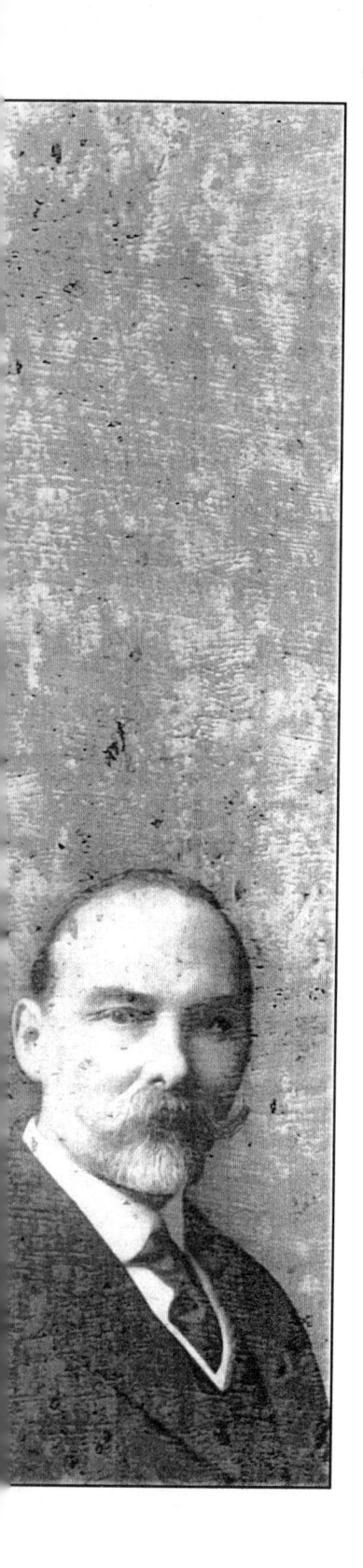

COLEÇÃO MESTRES DO
ESOTERISMO OCIDENTAL

G.R.S. MEAD

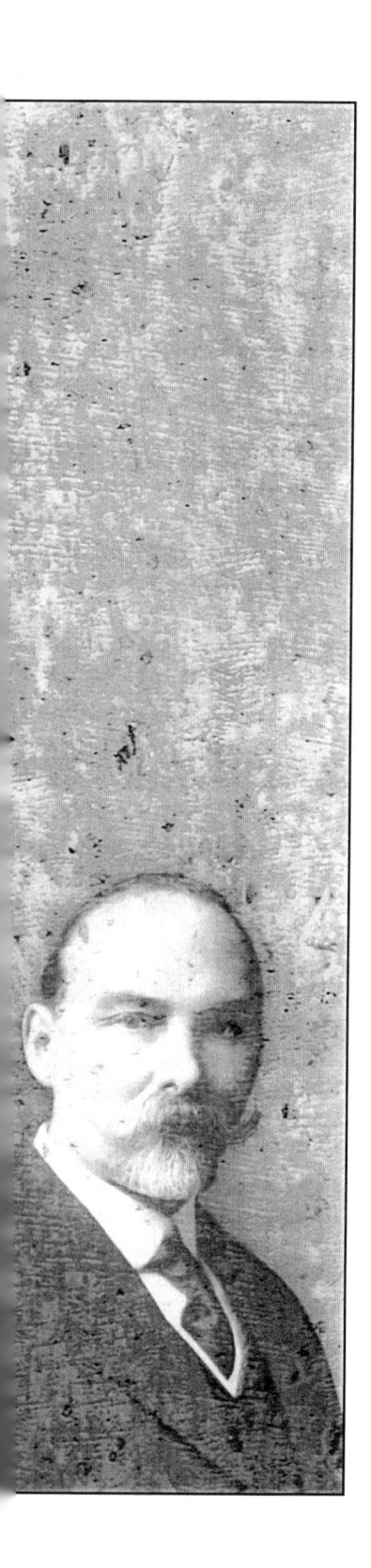

Clare Goodrick-Clarke e
Nicholas Goodrick-Clarke

COLEÇÃO MESTRES DO
ESOTERISMO OCIDENTAL

G.R.S. MEAD

Tradução:
Soraya Borges de Freitas

MADRAS

Publicado originalmente em inglês sob o título *G. R. S. Mead and the Gnostic Quest* por North Atlantic Books.
© 2005, Clare Goodrick – Clarke _ Nicholas Goodrick – Clarke.
Direitos de edição e tradução para todos os países de língua portuguesa.
Tradução autorizada do inglês.
Direitos Reservados.
© 2007, Madras Editora Ltda.

Editor:
Wagner Veneziani Costa

Produção e Capa:
Equipe Técnica Madras

Tradução:
Soraya Borges de Freitas

Revisão:
Silvia Massimini
Maria Cristina Seomparini
Wilson Ryoji Smoto
Luciane Helena Gomide

CIP-BRASIL. CATALOGAÇÃO-NA-FONTE
SINDICATO NACIONAL DOS EDITORES DE LIVROS, RJ

M431g
Mead, G. R. S. (George Robert Stow), 1863-1933
G.R.S. Mead e a busca gnóstica / Clare Goodrick-Clarke e Nicholas Goodrick-Clarke ;
tradução Soraya Borges de Freitas. - São Paulo : Madras, 2007
(Metres do esoterismo do Ocidente;)
Tradução de: G.R.S. Mead and the gnostic quest
Inclui bibliografia
ISBN 978-85-370-0144-8
1. Mead, G. R. S. (George Robert Stow), 1863-1933. 2. Gnosticismo.
3. Teosofia. 4. Hermetismo. I. Goodrick-Clarke, Clare. II. Goodrick-Clarke, Nicholas, 1953-. III. Título.

06-3032.		CDD 299.934
		CDU 299.932
18.08.06	24.08.06	015841

Todos os direitos desta edição, em língua portuguesa, reservados pela

MADRAS EDITORA LTDA.
Rua Paulo Gonçalves, 88 — Santana
CEP: 02403-020 — São Paulo/SP
Caixa Postal: 12299 — CEP: 02013-970 — SP
Tel.: (11) 6281-5555/6959-1127 — Fax: (11) 6959-3090
www.madras.com.br

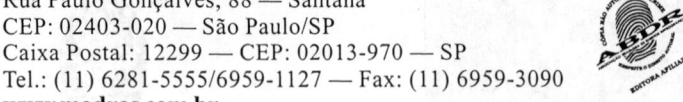

G.R.S. Mead tem o patrocínio da Society for the Study of Native Arts and Sciences, uma instituição educacional sem fins lucrativos cujos objetivos são: desenvolver uma perspectiva educacional e intercultural, unindo várias áreas científicas, sociais e artísticas; fomentar uma visão holística das artes, das ciências, das humanidades e de cura, além de publicar e distribuir literatura sobre a relação entre a mente, o corpo e a Natureza.

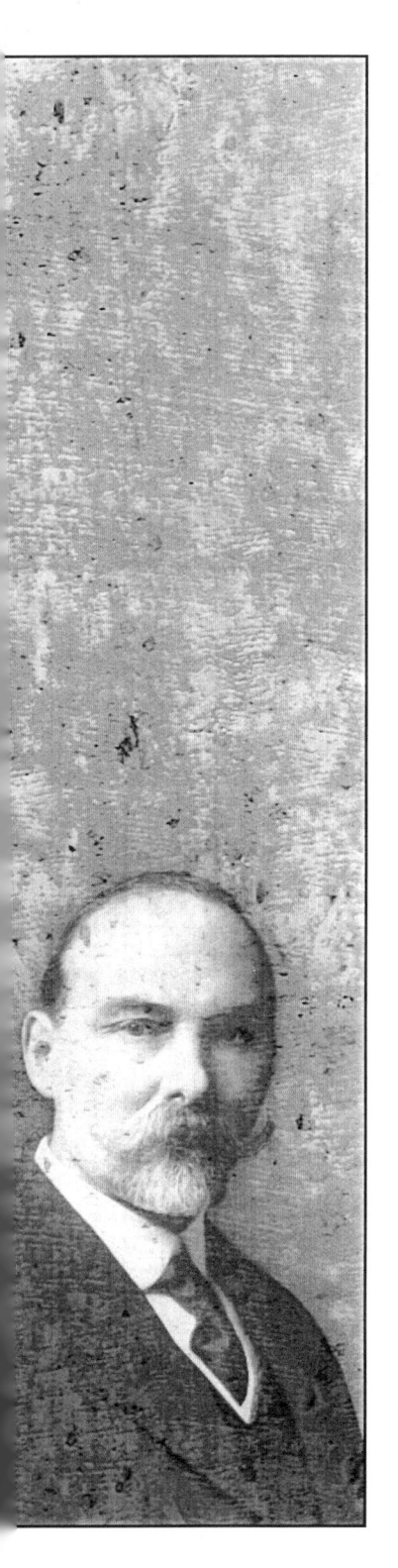

COLEÇÃO MESTRES DO ESOTERISMO OCIDENTAL

A tradição esotérica ocidental tem suas raízes em um modo de pensar religioso que remete ao Gnosticismo, ao Hermetismo e ao Neoplatonismo no mundo helenístico durante os primeiros séculos depois de Cristo. Na Renascença, a redescoberta de textos antigos levou a um resgate entre os especialistas da Magia, da Astrologia, da Alquimia e da Cabala. Seguindo a Reforma, essa corrente espiritualista deu origem à Teosofia, ao Rosacrucianismo e à Maçonaria, enquanto o resgate do Ocultismo moderno se estende do Espiritualismo do século XIX da Teosofia de H. P. Blavatsky e das ordens cerimoniais mágicas até Rudolf Steiner, C. G. Jung e G. I. Gurdjieff.

A *Coleção Mestres do Esoterismo Ocidental* apresenta biografias concisas das principais figuras na tradição, juntamente com antologias de seus trabalhos. Ideais para estudantes, professores e leitores em geral, esses livros formam uma ampla coletânea de textos dedicada à história do Esoterismo e ao renascimento do Ocultismo moderno. Os volumes sobre Paracelso, John Dee, Jacob Boehme, Robert Fludd, Emanuel Swedenborg, Helena Petrovna Blavatsky e Rudolf Steiner já estão disponíveis.

O dr. Nicholas Goodrick-Clarke é o coordenador-geral da *Coleção Mestres do Esoterismo Ocidental*. Ele é professor da cadeira de Esoterismo Ocidental na Universidade de Exeter e diretor do Centro de Estudos do Esoterismo. Publicou estudos sobre Paracelso, John Dee, Cornélio Agrippa, Emanuel Swedenborg e Helena Blavatsky. Seu primeiro trabalho, *The Occult Roots of Nazism* [As raízes Ocultas do Nazismo], foi traduzido para nove idiomas.

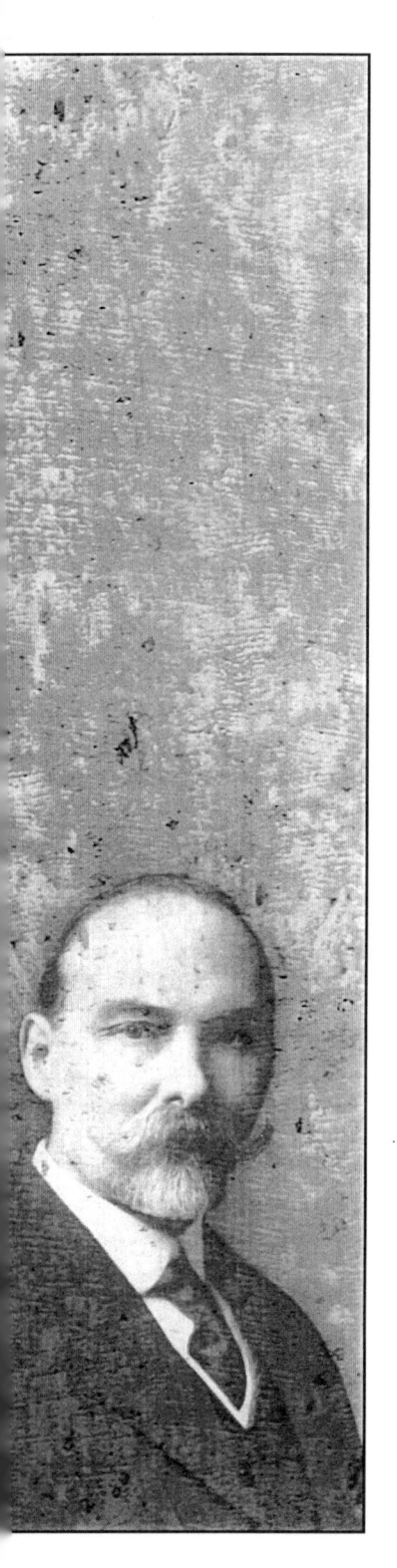

AGRADECIMENTOS

Na preparação desta antologia dos trabalhos de G. R. S. Mead, nós tivemos uma grande contribuição das fontes da biblioteca da Sociedade Teosófica. Colin Price, o presidente nacional, e Barry Thompson, bibliotecário da Sociedade Teosófica da Inglaterra, que fica em 50 Gloucester Place, London W1, auxiliaram-nos com seu conhecimento de especialistas e ajuda prática. Também gostaríamos de agradecer ao presidente Robert Kitto e ao bibliotecário Jean Gilpin, do Torbay Lodge da Sociedade Teosófica, por deixar sua biblioteca disponível para nós.

O dr. Leon Schlamm gentilmente nos ajudou com as referências feitas por Jung em seus trabalhos a Mead, e Ross Hair ajudou-nos a traçar a influência de Mead nos poetas da geração *New American* e o artista, Jess.

Nós também somos gratos a Leslie Price, fundador da prestigiosa revista de pesquisa *Theosophical History* [História Teosófica], por ajudar a estimular o presente volume ao organizar um simpósio sobre G. R. S. Mead, convocado pela Temenos Academy em maio de 1992, no qual quatro trabalhos foram apresentados por ele, Stephen Ronan, Robert Gilbert e Clare Goodrick-Clarke.

A Conferência Internacional da Theosophical History, realizada em julho de 2005 em Londres, teve muitas apresentações sobre G. R. S. Mead, testemunho do crescente interesse por sua vida e trabalho.

ÍNDICE

INTRODUÇÃO À EDIÇÃO BRASILEIRA

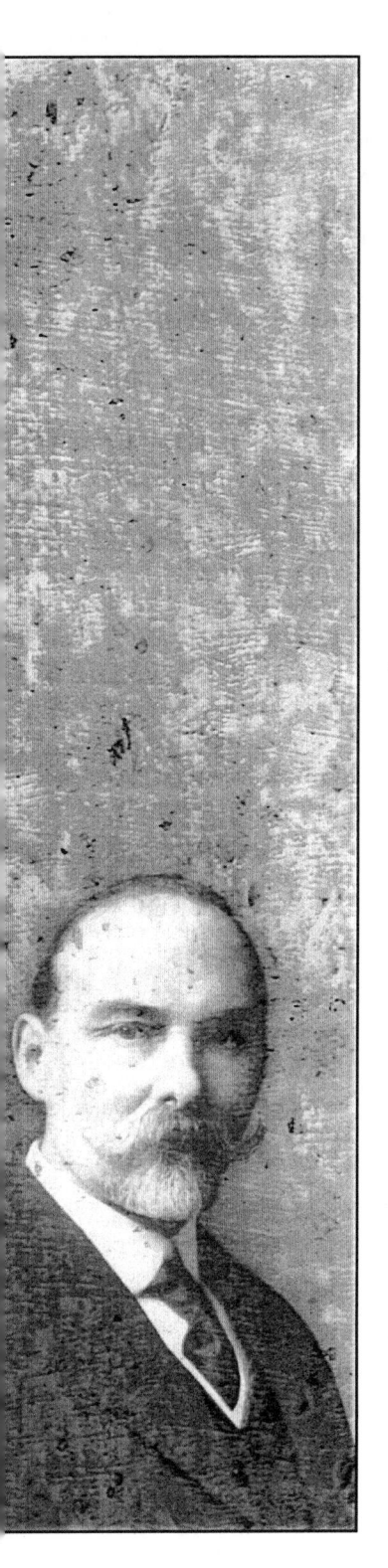

"O tempo dá tudo e tudo toma, tudo muda, mas nada morre... Com esta Filosofia meu espírito cresce, minha mente se expande. Por isso, apesar de quanto obscura a noite possa ser, eu espero o nascer do dia..." (Bruno)

Antes de adentrarmos nessa maravilhosa coleção dos Mestres do Esoterismo Ocidental, quero escrever um pouco sobre Esoterismo, Magia, Ocultismo, Misticismo, Hermetismo, Gnose e discorrer acerca da sua importância em nosso Universo.

Antigamente, quando um homem era sábio ele era chamado de *Magus*, Mago ou *Magi*, plural da palavra persa antiga *magus*, significando tanto imagem quanto "um homem sábio", que vem do verbo cuja raiz é *meh*, que quer dizer Grande, e em sânscrito, *Maha* (daí Mahatma Gandhi, por exemplo).

Os *Magi* originais eram formados pela casta sacerdotal da Pérsia, além de químicos e astrólogos. Seus trajes consistiam de um manto escuro (preto, ou marrom, ou vermelho), e suas demonstrações públicas envolviam o uso de substâncias químicas para geração de fumaça, as quais causavam grande impressão entre o povo. Com isso, os observadores europeus trouxeram sua imagem para o folclore do Ocidente.

Mago usualmente denota aquele que pratica a Magia ou o Ocultismo; no entanto, pode indicar ainda alguém que possui conhecimentos e habilidades superiores, quando, por exemplo, se diz que um músico é um "mago dos teclados", pois ele toca o instrumento musical com muita destreza.

No sentido religioso e histórico, portanto, denotava uma linha sacerdotal ou casta hereditária na Pérsia, da qual Zoroastro (ou Zaratrusta) foi um membro conhecido. Essa casta formava uma sociedade de Magos que dividia os iniciados em três níveis de iluminação:

Khvateush – Os mais elevados, iluminados com a luz interior, iluminados;
Varezenem – Aqueles que praticam;
Airyamna – Amigos dos arianos.

Os antigos Magos *Parcis* podiam ser divididos em três níveis:

Herbods – noviços;
Mobeds – Mestres;
Destur Mobds – Homens perfeitos, idênticos aos Hierofantes dos mistérios praticados tanto na Grécia como no Egito (veja Hermetismo).

Esclarecemos que Hierofante é um termo utilizado para classificar os sacerdotes da alta hierarquia dos mistérios. Em língua portuguesa, o Grande Hierofante representa o Sacerdote Supremo ou Sumo Sacerdote. Um dos exemplos mais conhecidos de alguém que pode ser designado Grande Hierofante é o líder supremo (supremo para os que comungam do mesmo credo, é lógico) da Igreja Católica Apostólica Romana, o Papa, também chamado de Sumo Pontífice.

Podemos dizer que o Hierofante simboliza o mestre espiritual que habita em nosso interior, é o intermediário que faz a ligação entre a consciência terrena e o conhecimento intuitivo da lei Divina. Um dos principais objetivos desses líderes, ou instrutores, é o de ajudar os seres humanos na escalada dos graus na grande jornada da vida, permitindo-os evoluir para se libertarem de seus sofrimentos. Em cada grau que ascende existe um desafio, uma experiência, até que o indivíduo consiga separar o joio do trigo.

A teosofista Helena Blavatsky, em *Ísis Sem Véu*, refere-se ao Hierofante dizendo que era o título pertencente aos mais elevados adeptos nos templos da Antiguidade: mestres e expositores dos Mistérios e os iniciadores nos grandes Mistérios finais. O Hierofante era a representação do Demiurgo que explicava aos candidatos à Suprema Iniciação os vários fenômenos da Criação que se expunham para o seu ensinamento.

Discorrendo claramente a respeito do Demiurgo, o escritor Kenneth R. H. Mackenzie disse que "era o único expositor das doutrinas e arcanos esotéricos. Era proibido até pronunciar seu nome diante de uma pessoa não-iniciada. Residia no Oriente e levava como símbolo de sua autoridade um globo de ouro junto ao colo. Chamavam-no, também, Mistagogo".

De acordo com o francês Pierre Weil, presidente da Fundação Cidade da Paz e Reitor da Universidade Holística Internacional de Brasília (UNIPAZ), o Sumo Pontífice (Sumo *Pontifex*) é aquele que lança pontes, ou, tradicionalmente, aquele que deve unir as diferentes pessoas e coordenar esforços, lançar pontes em todas as direções. Hierofante também designa grandes sacerdotes de outras religiões. Em seu livro *A Enxada e a Lança*, Alberto da Costa e Silva traz esta definição: "Orumila, o Hierofante". Sabe-se que Orumila é o grande conhecedor do Orum (o Desconhecido), o outro lado, o infinito, o longínquo. Acredita-se que nesse lugar inalcançável pelos habitantes da Terra (para os iorubás, *Aiyê*) os Orixás conservam suas moradas.

Na Bíblia, os magos são vistos como homens sábios. O termo também se tornou familiar, por causa dos três reis magos, que, seguindo uma estrela, chegaram ao local onde se encontrava o menino Jesus.

Na atualidade, a Magia foi revivida em seu aspecto ritualístico, principalmente pela Ordem Hermética do Amanhecer Dourado* (*Hermetic Order of the Golden Dawn*), na Inglaterra, no final do século XIX.

Na Maçonaria, que dia a dia permite que homens investidos de uma pregação comunista e materialista desviem a Ordem de seu curso natural, esse aspecto ritualístico está sendo perdido aos poucos. A Maçonaria é uma Escola Iniciática, na qual o candidato galga os graus, submetendo-se a ultrapassar os obstáculos, enfrentando-os até alcançar a Luz. Somos construtores sociais, sim (maçons = pedreiros), mas temos que em primeiro lugar elevar a consciência, incentivando a busca do conhecimento próprio. Esse conhecimento é profundo... Precisamos primeiramente construir nosso próprio edifício e, somente depois de acabado, ajudar o próximo a construir o seu, e assim sucessivamente...

O maçom tem que se esforçar para poder libertar todas as amarras do instinto. É aquele que guia as rédeas ao conduzir a parte animal que ainda, por missão, sente-se obrigado a possuir no mundo. No entanto, sabe que tudo na Terra tem seu período de transição, todas as coisas ocupam tempo fixo, por lei, e são determinadas pela necessidade evolutiva. Ele sabe, mediante sua mente divina, que a atuação do Ser Supremo se faz através do Espaço. Quando volta seus "olhos de ver" para a Imensidão, é capaz de ler essas lições no livro da Sabedoria Eterna, onde tudo fica gravado para sempre, como se fosse um eterno presente.

Portanto, o maçom precisa, sim, desenvolver seu sexto sentido. A intuição é seu modo de ver, ouvir e falar. No mais alto grau da Maçonaria, já se torna senhor dos três mundos: físico, anímico e espiritual. Somente nesse ponto pode e deve ser considerado Mestre Maçom.**

---

*N.E.: Sugerimos a leitura da obra de Israel Regardie, *A Aurora Dourada*, que será editada pela Madras Editora, com comentários de Carlos Raposo e Wagner Veneziani Costa.
**N.E.: Para conhecer melhor esse assunto, sugerimos a leitura do livro *Maçonaria–Escola de Mistérios – A Antiga Tradição e Seus Símbolos*, de Wagner Veneziani Costa, Madras Editora.

O CAMINHO DA INICIAÇÃO

Assim como uma flor não desabrocha fora do tempo, do mesmo modo a alma terá seu momento de encontro com a Luz. Nenhum esforço, além da senda apontada pela Consciência, poderá marcar mais perfeitamente o início dos primeiros passos no Caminho. A ansiedade é má conselheira e oferece tanta resistência à evolução do discípulo quanto à displicência. De tal modo Deus fez a alma do Homem, que ela sabe que, apesar de todas as voltas e curvas do caminho humano, é seu destino retornar mais iluminada ao Reino do Pai.

Se levarmos em conta o rigorismo do vocábulo esoterismo, na acepção de oculto, somente os Iniciados poderiam chamar-se esoteristas.

Iniciados são, portanto, todos os seres que, tendo atingido os páramos supremos dos últimos graus da iluminação, ainda como seres humanos, adquirem os meios de coordenar as forças ocultas do ser. Já sabemos que a iluminação é o ponto solar que conduz o Homem aos Mistérios. Como poderia palmilhar o Caminho aquele que, primeiramente, não se iluminasse? De sua Luz brota a claridade para seu próprio Caminho.

Dentre os filósofos que se manifestaram a respeito da Iniciação, Próclus nos diz que ela serve para "retirar a alma da vida material e lançá-la na luz". E Salústio afirma que "o fim da Iniciação é levar o Homem a Deus".

Antonio de Macedo nos dá uma boa luz sobre o significado de Esoterismo: "O adjetivo *eksôterikos, -ê, -on* (exterior, destinado aos leigos, popular, exotérico) já existia em grego clássico, ao passo que o adjetivo *esôterikos, -ê, -on* (no interior, na intimidade, esotérico) surgiu na época helenística, nos domínos do Império Romano. Diversos autores os utilizaram. Veremos adiante alguns exemplos.

Esotérico e exotérico têm origem, respectivamente, em *eisô* ou *esô* (como preposição significa "dentro de", como advérbio, "dentro"), e *eksô* (como preposição significa "fora de", como advérbio, "fora"). Dessas partículas gramaticais (preposição, advérbio) os gregos derivaram comparativos e superlativos, tal como no caso dos adjetivos. Via de regra, o sufixo grego para o comparativo é *teros*, e para o superlativo é *tatos*. Por exemplo: o adjetivo *kouphos*, "leve", tem como comparativo *kouphoteros*, "mais leve", e como superlativo *kouphotatos*, "levíssimo". Do mesmo modo, do advérbio/preposição *esô* obtém-se o comparativo *esôteros*, "mais interior", e o superlativo *esôtatos*, "muito interior, interno, íntimo". O adjetivo *esôterikos* deriva, portanto, do comparativo *esôteros*.

Certos autores, porém, talvez com uma visão mais imaginativa, propõem outra etimologia, baseada no verbo *têrô*, que significa "observar, espiar; guardar, conservar". Assim, *esô* + *têrô* significaria qualquer coisa como "espiar por dentro e guardar no interior".

Sabemos que as práticas ocultas concentram-se na habilidade de manipular leis naturais, como na Magia. Antigamente, Mistérios eram cultos sempre secretos nos quais uma pessoa precisava ser "iniciada". Os líderes dos cultos incluíam os Hierofantes ("revelador de coisas sagradas"). Uma sociedade de Mistério mantinha tradições como: refeições, danças e cerimônias em comum, especialmente ritos de iniciação. Faziam isso por acreditar que essas experiências compartilhadas fortaleciam os laços de cada culto.

Esoterismo é o nome genérico que designa um conjunto de tradições e interpretações filosóficas das doutrinas e religiões que buscam desvendar seu sentido oculto. É o termo utilizado para simbolizar as doutrinas cujos princípios e conhecimentos não podem ou não devem ser "vulgarizados", sendo comunicados apenas a um pequeno número de discípulos escolhidos.

A idéia central do Esoterismo é pesquisar o conhecimento perdido e utilizar todas as técnicas possíveis para que cada homem consiga transmutar o velho em novo, as trevas em luz, o mal em bem. Enfim, para que o esotérico consiga fazer a alquimia da sua própria alma e ascender ao encontro com o Criador. O Esoterismo estuda e faz uso prático das energias da natureza. Os métodos de sintonia com essas energias são inúmeros.

Segundo Blavatsky, o termo "esotérico" refere-se ao que está "dentro", em oposição ao que está "fora" e que é designado como "exotérico". Mostra o significado verdadeiro da doutrina, sua essência, em oposição ao exotérico, que é a "vestimenta" da doutrina, sua "decoração". Um sentido popular do termo é de afirmação ou conhecimento enigmático e impenetrável. Hoje em dia, o termo está mais relacionado ao misticismo, ou seja, à busca de supostas verdades e leis que regem o Universo, porém ligando ao mesmo tempo o natural com o sobrenatural.

AO ENCONTRO DO MISTICISMO

Misticismo é uma filosofia que existe em muitas culturas diferentes e que se apresenta de várias maneiras. Místico é todo aquele que concebe a não-separatividade entre o Universo e os seres (reino transcendente). A Essência primordial da vida, a Consciência Cósmica, ou Deus, como costumamos chamar – ao contrário do que se pensa – não está e nunca esteve separado de qualquer coisa. O místico é aquele que busca um contato com a realidade, que utiliza as forças naturais como intermediário.

O místico busca a presença de um Ser Supremo, ou do inefável e incognoscível, em si mesmo. Ele acredita que dessa forma pode perceber todas as coisas como parte de uma infinita e essencial Unidade de tudo o que existe. Os místicos não reconhecem diferenças entre a natureza do Universo e a natureza dos seres.

Misticismo é, portanto, a busca de conhecimento espiritual direto mediante processos psíquicos que transcendem as funções intelectuais. Sob essa ótica, o Misticismo é tido como um caminho pessoal de evolução, realização e felicidade.

HERMETISMO

Aquilo que na atualidade é chamado de Hermetismo, ou de Ciências Herméticas, compreende um campo de conhecimento muito amplo. Diariamente, observamos as ordens e as sociedades herméticas; ouvimos falar de conhecimentos herméticos. Em um primeiro momento, o leigo acredita que a palavra "hermética", presente em inúmeras organizações, significa, oculto, mistério, velado. Mas esse não é o sentido real. Aquilo que é ensinado como Hermetismo tem raízes tão antigas que é impossível precisar o seu surgimento. Acreditamos que pode ser considerado como sua origem, o registro de todos os conhecimentos que a humanidade foi acumulando, ciclo após ciclo de civilização, mesmo muito antes da Atlântida.

A Prof. Dra. Eliane Moura Silva, do Departamento de História da UNICAMP ressalta: "Em 1460, Cósimo de Médicis manda Marsílio Ficino interromper a tradução dos manuscritos de Platão e Plotino para iniciar com urgência, a tradução do *Corpus Hermeticum*, coletânea de textos formados pelo *Asclépios* (onde se descreve a antiga religião egípcia e os ritos e processos através dos quais estes atraíam as forças do Cosmos para as estátuas de seus deuses) e outros quinze diálogos herméticos tratando de temas como a ascensão da alma pelas esferas espirituais até o reino divino e a regeneração durante a qual a alma rompe os grilhões da matéria e torna-se plena de poderes e virtudes divinas, incluindo o *Pimandro*, que é um relato da Criação do mundo".

Essa tradução e as obras de Platão e Plotino tiveram um papel fundamental na história cultural e religiosa do Renascimento, sendo responsáveis pelo triunfo do Neoplatonismo e de um interesse apaixonado pelo Hermetismo em quase toda a Europa. A apoteose do homem, característica do Humanismo, passou a ter, em diferentes pensadores do período, uma profunda inspiração na tradição hermética redescoberta, assim como no Neoplatonismo para cristão.

De acordo com estudiosos, todos os movimentos de vanguarda da Renascença tiraram seu vigor e impulso a partir de um determinado olhar que lançaram sobre o passado. Ainda vigorava uma noção de tempo cíclica em que o passado era sempre melhor que o presente, pois lá estava a Idade do Ouro, da Pureza e da Bondade. Essa tendência aponta uma profunda insatisfação com a escolástica e uma aspiração em encontrar as bases para uma religião universalista, trans-histórica e primordial. O Humanismo Clássico recuperava a Antiguidade Clássica procurando o ouro puro de uma civilização melhor e mais elevada. Os reformadores religiosos procuravam a pureza evangélica nos estudos das Escrituras e nos textos dos precursores da Igreja.

A crença em uma *prisca theologia* e nos velhos teólogos – Moisés, Zoroastro, Orfeu, Pitágoras, Platão e Hermes Trismegistos – conheceu uma voga excepcional, assim como a leitura do Antigo Testamento, dos

Evangelhos e a própria Tradição Clássica. Pensava-se em uma aliança possível entre essas antigas e puras teologias, entre as quais se destacava o Hermetismo (afinal, sendo Hermes o mais antigo dos sábios e diretamente inspirado por Deus, pois suas profecias se cumpriram com o nascimento de Jesus), para se chegar a um universalismo espiritual capaz de restaurar a paz e o entendimento pela compreensão da "divindade" nos seres humanos.

Sob essa ótica, no decorrer dos anos assistimos a uma intensa recuperação de diversas formas de Gnose, da Alquimia e do Esoterismo cristão em seus temas fundamentais: enobrecimento e transmutação dos metais, regeneração do homem e da natureza, a quem serão devolvidas a dignidade e a pureza perdidas com a queda, a vitória sobre as doenças, a imortalidade e felicidade no seio de Deus, as relações simpáticas entre os seres e as coisas, o acesso a textos ocultos e revelados a poucos iniciados, Astrologia, Magia *naturallis*, entre outras fontes do saber.

Estamos falando das bases sobre as quais certos pensadores que marcaram época construíram suas obras, dentre eles Johanes Augustinus Pantheus, sacerdote veneziano; autor de *Ars transmutationes metallicaee*; ou ainda, do provençal Michel de Nostredame (ou Nostradamus), médico e alquimista, protegido de Catarina de Médicis e autor das proféticas *Centúrias*; de Jerônimo Cardano, médico e matemático perseguido pela Inquisição e protegido pelo Papa; Juan Tritemio, sacerdote do convento de Spanheim, mas também um profeta, necromante e mago da corte do imperador Maximiliano. Por fim, chegamos a Paracelso (*Teofrasto Bombast von Hohenheim*), discípulo de Tritêmio e buscador da realização sobrenatural. Temos também Henrique Cornélio Agrippa de Netesheim, que em 1510 publicou *De Occulta Philosophia*.* Ele era um exímio estudioso de Cabala, Magia *naturallis*, Alquimia, Angelologia, dos segredos ocultos da natureza e da vida. Lembramos, ainda, dos esoteristas cristãos Marsílio Ficino e Pico de la Mirandola (a renovação do cabalismo no Renascimento).

Agrippa declarava que para ocupar-se da Magia, era necessário conhecer perfeitamente Física, Matemática e Teologia. Para ele, a Magia é uma faculdade poderosa, plena de mistério e que encerra um conhecimento profundo das coisas mais secretas da natureza, substâncias e efeitos, além de suas relações e antagonismos.

Giovanni Pico de la Mirandola justifica a importância da busca humana pelo conhecimento em uma perspectiva neoplatônica. Ele afirma que Deus, tendo criado todas as criaturas, foi tomado pelo desejo de gerar uma outra criatura, um ser consciente que pudesse apreciar a criação. Porém, não havia nenhum lugar disponível na cadeia dos seres, desde os vermes até os

---

*N.E.: Em breve essa obra de Agrippa será lançada em língua portuguesa pela Madras Editora.

Anjos. Então Deus criou o homem, que, ao contrário dos outros seres, não tinha um lugar específico nessa cadeia. Em vez disso, o homem era capaz de aprender sobre si mesmo e sobre a natureza, além de poder emular qualquer outra criatura existente. Desta forma, segundo De la Mirandola, quando o homem filosofa, ele ascende a uma condição angélica e comunga com a Divindade. Entretanto, quando ele falha em utilizar o seu intelecto, pode descer à categoria dos vegetais mais primitivos. Desse modo, De la Mirandola afirma que os filósofos estão entre as criaturas mais dignificadas da criação.

A idéia de que o homem pode ascender na cadeia dos seres pelo exercício de suas capacidades intelectuais foi uma profunda garantia de dignidade da existência humana na vida terrestre. A raiz da dignidade reside na sua afirmação de que somente os seres humanos podem mudar a si mesmos pelo seu livre-arbítrio. Ele observou na história humana que filosofias e instituições estão sempre evoluindo, fazendo da capacidade de autotransformação do homem a única constante.

Em conjunto com sua crença de que toda a criação constitui um reflexo simbólico da Divindade, a filosofia de De la Mirandola teve uma profunda influência nas artes, ajudando a elevar o *status* de escritores, poetas, pintores e escultores, como Leonardo da Vinci e Michelangelo, de um papel de meros artesãos medievais a um ideal renascentista de artistas considerados gênios que persiste até os dias atuais.

Para esses pensadores, era possível elaborar uma harmonia entre Gnose, Hermetismo, Cabala, Magia natural e Cristianismo. Magia *naturallis* era compreendida como a aproximação da Natureza com a religião, ou seja, estudar a natureza (inclusive oculta) das coisas era visto como um caminho para compreender e chegar a Deus".

GNOSTICISMO OU CONHECIMENTO

De acordo com os apontamentos de Claudio Willer, os gnósticos existiram como seitas, em diversos grupos, nos séculos I a V da Era Cristã, especialmente no Egito, convivendo e interagindo com o Neoplatonismo e o Hermetismo. Escritores conceituados, sempre empenhados na recriação mítica de suas origens, deixaram uma série de evangelhos apócrifos (a exemplo dos cabalistas que, mais tarde, também fizeram seus acréscimos à Bíblia, reescrevendo ou introduzindo trechos atribuídos aos profetas). Esses autores foram desaparecendo diante da organização, não só teológica como política, do Cristianismo. Perseguidos e combatidos como hereges, ressurgem na Idade Média como bogomilos, variante do Maniqueísmo, nos atuais territórios da Bulgária, Hungria e Romênia. E, já nos séculos XII e XIII, aparecem como cátaros, os albigenses da Provença, militarmente exterminados. Sua documentação também foi destruída, restaram apenas as peças acusatórias do Cristianismo que, para se afirmar como poder temporal, os varreu da face da Terra.

Com isso, encerra-se a Gnose como forma de organização social, mas não como modo de pensar. A inversão da história do Jardim do Éden, com a serpente portadora não da perdição, mas da sabedoria, além de se manter em práticas de Magia e Bruxaria desde a baixa Idade Média e da Renascença, reaparece na criação de novos escritores, especialmente na transição do século XVIII para o XIX. Alexandrian, em sua *História da Filosofia Oculta* (Seghers, 1983, ou Edições 70, Portugal, s/d), atribui-lhes grande alcance: "o espírito da Gnose subsistiu até nossos dias; além disso, todos os grandes filósofos ocultos foram, de uma forma ou de outra, continuadores dos gnósticos, sem que necessariamente utilizassem o mesmo vocabulário e os temas". Seu comentário coincide com aquele feito em 1949 por André Breton (no ensaio *Flagrant délit,* em *La clé des champs,* Le Livre de Poche, 1979), ao registrar com lucidez a importância da então recente descoberta das Escrituras Gnósticas de Qumran. "Sabe-se, com efeito, que os gnósticos estão na origem da tradição esotérica que consta como tendo sido transmitida até nós, não sem se reduzir e degradar parcialmente no correr dos séculos, apontando ainda que poetas tão influentes como Hugo, Nerval, Baudelaire, Rimbaud, Lautréamont, Mallarmé e Jarry haviam sido mais ou menos marcados por essa tradição."

Esses escritores são de uma família representada também por William Blake* (1757-1827). Pouco antes de Blake, Emannuel Swedenborg (1688-1772) havia formulado cosmologias complexas de grande influência, a ponto de se criarem seitas swedenborguianas, grupos que persistem até nossos dias. Swedenborg, que também deixou obra científica, representa uma dualidade típica do século XVIII, a coexistência do culto à razão e ao desenvolvimento científico, e seu aparente inverso, o crescimento, a sombra do Iluminismo, de seitas e grupos iniciáticos de orientação hermética. Entre outros, destacam-se a Maçonaria, na versão de Cagliostro; os Martinistas e os "Iluminados". Ambos, racionalismo e ocultismo, aparente claridade e suposto obscurantismo, modernização e tradicionalismo, são pólos da mesma complexa configuração. Para cada Voltaire havia um Cagliostro; para cada Rousseau, um Marquês de Sade. Todos possíveis graças à liberdade de pensamento e expressão possibilitada pelo enfraquecimento dos regimes absolutistas e do poder temporal da Igreja.

Não por acaso, o pai de William Blake foi adepto de Swedenborg. E o poeta, também notável artista plástico, formou-se por meio de leituras não somente do próprio Swedenborg, mas de seus antecessores renascentistas

---

*N.E.: Sugerimos a leitura de *Matrimônio do Céu e do Inferno*, de William Blake, Madras Editora. Ver também *Cagliostro – O Grande Mestre do Oculto*, do Dr. Marc Haven, Madras Editora.

como Paracelso e Jacob Boehme – formuladores da teoria das "assinaturas" de que o microcosmo reproduziria traços do macrocosmo, e cada coisa particular manifestaria correspondências com o Todo, as qualidades e características da ordem universal – e dos movimentos ocultistas de seus contemporâneos, iluminados e martinistas inclusive. Não era de se estranhar que, sendo um visionário, Blake acreditasse que, desde a adolescência, conversava com profetas bíblicos e que poemas seus fossem ditados por anjos.

Sem dúvida, Blake foi um panteísta e um politeísta, pelo modo como apresentou em seus poemas uma pluralidade de entidades, uma teogonia particular, e como cultuou a natureza, visualizando-a animada pela energia divina (minha principal fonte, *The Poetical Works of William Blake*, editada por John Sampson, Oxford University Press, 1960). Formulou antevisões, em seus *Poemas Proféticos*, em *América, A Revolução Francesa* e em *Matrimônio do Céu e do Inferno*, em cujas metáforas, deslindando-as, é possível reconhecer antecipações do que estava por vir (no mínimo, na *Canção de Liberdade*, em *Matrimônio do Céu e do Inferno*), ou seja, a expansão e a subseqüente queda do Império Britânico. Até que ponto sua poesia encerra idéias gnósticas, isso é e continuará sendo uma incógnita.

Contudo, declarações como esta: "O caminho do excesso leva ao palácio da sabedoria" (a mais famosa de *Matrimônio do Céu e do Inferno*) permitem associação a um Gnosticismo dissoluto. Igualmente, as estetizações de Satã, retratado como fonte da sabedoria (em *Matrimônio do Céu e do Inferno*, em outros lugares de sua obra e na esplêndida gravura na qual seu Lúcifer triunfante é uma herética citação do redentor apocalíptico de Michelangelo), e os personagens, deuses criadores do mundo, porém decaídos ou malignos, como Los, Urizen e Nobodaddy, são representações do Pai opressor.

Friedrich Hölderlin (1770-1843) jamais ascendeu ao *status* de profeta, e o componente visionário de sua obra – mais evidente quando passou o restante de seus dias na pequena cidade de Nürtingen, abrigado na casa do carpinteiro Zimmer em sua fase de loucura – não pode ser tomado como expressão da adesão a seitas e doutrinas. Escrevia como se fosse um grego e estivesse na Grécia antiga, e, impregnado de mitos, lamentava a queda dos deuses em poemas lacunares, extremamente modernos, com belas imagens; *assim naufraga o ano no silêncio...*

Com o passar do tempo, Hölderlin e Blake, quase contemporâneos, cresceram em prestígio e estatura literária. Outro poeta, já de um romantismo tardio, de uma geração seguinte, também se destacou: Gérard de Nerval (1808-1855), influenciado pela Cabala, pelo Hermetismo e por idéias gnósticas, as quais havia aderido de modo consciente, conforme deixou claro em *Les Illuminés*. Em *Aurélia*, obra que escreveu antes de desencarnar em virtude de um acesso de melancolia e que é uma narrativa regida por mecanismos do sonho e do delírio, bem como em *Sílvia*, exemplarmente analisada por Umberto Eco em *Seis Passeios pelos Bosques da Ficção*, confundem-se dois modos do pensamento mágico: um deles, aplicação ou expressão da formação ocultista; o outro, resultado de seu distúrbio psíquico.

O Luciferianismo é um antigo culto de mistérios que tem origem nos cultos de adoração às serpentes ou dragões, sendo parte dessa crença originada dos mistérios clássicos. O luciferianista presta culto ao Deus romano, Lúcifer, o Andrógino, o Portador da Luz, o espírito do Ar, a personificação do esclarecimento, por meio de seus deuses machos e fêmeas. Dentro do contexto geral pagão, Lúcifer era o nome dado à estrela matutina (a estrela conhecida por outro nome romano, Vênus). A estrela matutina aparece nos céus logo antes do amanhecer, anunciando o Sol ascendente. O nome deriva do termo latino *lucem ferre*, o que traz, ou o que porta a luz. Lúcifer vem do latim, *lux + ferre* e é denominado, muitas vezes, como a Estrela da Manhã. Dentre todos os deuses, Lúcifer foi aquele que manteve a relação mais notável com a Humanidade. Encontrar a faceta da divindade Lúcifer dentro de nós é fator importante no caminho da Verdade para um luciferianista. Ela nos trará a consciência, o conhecimento e, sobretudo, o livre-arbítrio. Lúcifer, para nós, é o caminho para o encontro com o verdadeiro Eu-divindade, a nossa vontade real.

Lúcifer (em hebraico, *heilel ben-shachar*, שׁחר בן היללﬞ; em grego na Septuaginta, *heosphoros*) representa, como já dissemos, a Estrela da Manhã (a estrela matutina), a estrela D'Alva, o planeta Vênus, mas também foi o nome dado ao anjo caído, da ordem dos Querubins (ligados à adoração de Deus). Na atualidade, em uma nova interpretação da palavra, chamamno de Diabo (caluniador, acusador) ou Satã (cuja origem é o hebraico *Shai'tan*, adversário).

Hoje, Nerval é visto como possuidor de uma estatura próxima à do autor referencial, inaugurador da modernidade, Charles Baudelaire (1821-1867), o poeta dos mistérios, dos abismos e da sua cidade, da metrópole moderna e movimentada em que Paris ia se convertendo. Ambos, Nerval e Baudelaire, eram excêntricos no plano da conduta pessoal; sua excentricidade passando a símbolo de uma provocação romântica e pós-romântica.

Karl Bunn nos diz que: "No Ocidente, algumas das formas mais conhecidas de Gnose são o Hermetismo, a Gnose Cristã, a Alquimia, os ensinamentos dos Templários e a Maçonaria.

O Hermetismo ou os Mistérios de Hermes foi estabelecido em antiqüíssimos tempos por Hermes Trismegistos, no Egito dos grandes magos e sacerdotes. Afortunadamente, essa ciência conseguiu manter-se pura e intacta até nossos dias nas lâminas do Tarô Egípcio. Já a Gnose dos primeiros cristãos, somente nos últimos 20 anos do século passado ressurgiu nos principais centros culturais do mundo, tanto em forma integral quanto em forma de livros compilados a partir das chamadas obras apócrifas do Cristianismo antigo – que nada têm de apócrifos, considerando-se que a lista canônica foi elaborada para servir aos interesses dos primeiros padres da Igreja Romana. Na realidade, apócrifa e canônica são obras escritas na mesma época e da mesma maneira. Existe sim uma diferença de fundamental importância: os textos denominados apócrifos não sofreram mutilações nem adaptações ao longo dos séculos e são, portanto, mais puros, originais e completos que os canônicos.

Segundo estudiosos do assunto, existem muitas discussões e polêmicas em torno das obras apócrifas. Isso é compreensível, levando-se em conta que as fantasias teológicas, criadas nos últimos dois mil anos, estão muito vivas na cabeça das pessoas, principalmente dos fiéis católicos e das seitas cristãs. Em contrapartida, é crescente o número de pessoas esclarecidas que atestam a veracidade e a fidelidade dos textos considerados apócrifos, tornando acessível ao público toda a sabedoria gnóstica da Antiguidade.

A Gnose chama a atenção não só por seus aspectos históricos e antropológicos, que ajudam a explicar os pontos cruciais da atribulada trajetória da humanidade, mas também por seu caráter psicológico profundo, de extrema atualidade, como conhecimento divino, ou fogo liberador que surge das mais íntimas profundezas do indivíduo.

Hoje em dia muitos sábios, filósofos, psicólogos, humanistas, etc., encontraram na Gnose as orientações precisas que possibilitam o esclarecimento dos grandes enigmas do Universo e do Homem. Basta recordar a famosa frase: "*Nosce te Ipsum*" (Conhecida tradicionalmente como "Homem, conhece-te a ti mesmo e conhecerás o Universo e os deuses").

Vemos, então, que a Gnose sempre foi um conhecimento misterioso, que parece surgir espontaneamente nas mais diversas épocas e lugares. O estudioso francês Serge Hutin diz o seguinte: "Se o Gnosticismo não fosse mais que uma série de aberrações doutrinárias, próprias de hereges cristãos dos três primeiros séculos, seu interesse seria puramente arqueológico. Mas é muito mais que isso, a atitude gnóstica aparecerá espontaneamente, além de qualquer transmissão direta. O Gnosticismo é uma ideologia mística que tende a reaparecer incessantemente na Europa e em outros lugares do mundo em épocas de grandes crises ideológicas e sociais".

E também afirma: "Ainda que muitos gnósticos falem uma linguagem desconcertante para o homem contemporâneo, sua atitude no fundo é muito moderna: apresentam-se como homens preocupados com o futuro do mundo, procurando uma solução para os problemas que o envolvem".

Em meados do século passado, foram encontrados pergaminhos, manuscritos e outros textos que, ao serem traduzidos, mostram a profundidade das doutrinas gnósticas praticadas antes de Jesus Cristo e também depois de sua vinda, fundindo-se com as primeiras comunidades cristãs. Pode-se dizer que o Cristianismo nascente encontrou seu primeiro ponto de apoio nos filósofos gnósticos daquela época.

O Gnosticismo, ou grupos de doutrinas relativas à Gnose, constitui-se no que é a tradição esotérica das diversas religiões, em especial do Cristianismo. Podemos dizer que a Gnose é aquele elo secreto que une a sabedoria do Oriente à do Ocidente.

No Budismo, vamos encontrar a Gnose principalmente nas formas que se caracterizam pela transmissão direta, como o *Zen*; nas formas esotéricas tibetanas, o *Prajna-Paramita*, entre outros.

A palavra *zen* é a forma japonesa do *ch'an* chinês, que por sua vez vem do *dhyana* sânscrito, do qual se deriva *gnana* (sabedoria), que finalmente chega ao grego, e daí Gnose em língua portuguesa.

No Islã também vamos encontrar a Gnose na parte esotérica, no Sufismo.

No *Pistis-Sophia*, livro que pode ser considerado a Bíblia Gnóstica, vimos que Jesus revelou a Gnose oralmente a seus discípulos, depois da Ressurreição.

Após os primeiros séculos do Cristianismo, a pura Gnose Cristã precisou se envolver no véu do Hermetismo, pois sua existência manifesta já não era mais conveniente à religião de Estado que então se formou.

Pistis Sophia - o livro - foi publicado pela primeira vez em 1851, na França. Depois, houve uma versão para o inglês, feita por G.R.S. Mead. Mas, qualquer que seja a edição de *Pistis Sophia*, moderna ou antiga, trata-se de uma obra incompreensível para os não-iniciados. Mesmo a edição comentada do Mestre Samael Aun Weor, que desvela os dois primeiros dos seis volumes de *Pistis Sophia*, é bastante complexa, não somente pelo vocabulário mas pelas próprias verdades da Alta Iniciação ali contidas.

Infelizmente, por preconceito ou ignorância, os maiores tesouros do Gnosticismo antigo continuam incompreendidos. Mestres e estudiosos, como Samael Aun Weor, H. P. Blavatsky e Carl Gustav Jung, foram alguns poucos que se atreveram a enveredar pelos caminhos do Gnosticismo histórico e de lá retornar com compreensão e entendimento suficientes para explicar algo de seus augustos e reservados mistérios. Mas, agora em edição especial, a Madras Editora traz para a língua portuguesa a maior coletânea de textos apócrifos em duas obras: *O Mistério do Pergaminho de Cobre de Qumran – O Registro dos Essênios do Tesouro de Akhenaton*, de Robert Feather, com 448 páginas, e *A Biblioteca de Nag Hammadi – A Tradução Completa das Escrituras Gnósticas*, coordenação de James M. Robinson, com 464 páginas.

No entender de um antigo Patriarca Gnóstico, Clemente de Alexandria, "Gnose é um aperfeiçoamento do homem enquanto homem". A Gnose, transmitida oralmente depois dos apóstolos, chegou a um pequeno número de pessoas.

As doutrinas gnósticas, sendo doutrinas de regeneração, ocupam-se especialmente do trabalho com a energia criadora, a transmutação ou Alquimia sexual, ou ainda Tantrismo,* como é conhecida no Oriente a ciência gnóstica da supra-sexualidade.

---

*N.E.: Sugerimos a leitura de *Pompoarismo e Tantrismo*, de Pier Campadello e Wagner Veneziani Costa, Madras Editora.

É interessante saber que a misteriosa ciência dos alquimistas teve origem na Gnose de Alexandria. De Alexandria, ela passou a Bizâncio e aos venezianos. Mas foram os árabes que levaram a Alquimia à cristandade européia, por meio da Espanha.

Na Alquimia tântrica, o amor desempenha um papel essencial. Por isso, as ilustrações feitas pelos alquimistas mostram sempre um casal em atitude amorosa.

Uma das principais características do Tantrismo é que ele se apóia totalmente em um progressivo e total domínio da sexualidade – o que também é exigido de todo alquimista. O Tantrismo e a Alquimia buscam os mesmos objetivos: a reconquista progressiva dos poderes perdidos pelo homem quando da queda (sexual) no Éden, do domínio total das energias ocultas do Cosmos e também das energias que se encontram no próprio homem.

Wagner Veneziani Costa

Fontes de Consulta:
http://pt.wikipedia.org
Jornal Infinito (*www.jornalinfinito.com.br*).
G. Trowbridge, *Swedenborg, Vida e Ensinamento;*
J. H. Spalding, *Introdução ao Pensamento Religioso de Swedenborg*;
S. Toksvig, *Emanuel Swedenborg : Cientista e Místico.*

S. M. Warren, ed., *Um Compêndio dos Escritos Teológicos de Emanuel Swedenborg.*

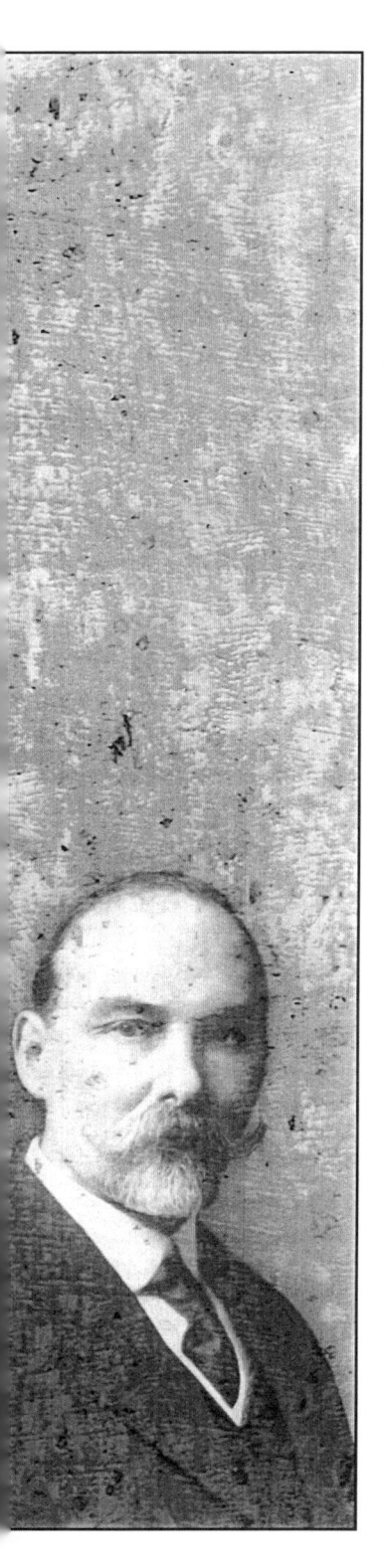

PREFÁCIO DO EDITOR-CHEFE

A *Coleção Mestres do Esoterismo Ocidental* foi feita como uma introdução ao pensamento e ao trabalho dos principais nomes da tradição esotérica ocidental. A inclusão de George Robert Stowe Mead na coleção reflete sua importância como editor e comentador das obras gnósticas e herméticas no início do século XX. Como um jovem acadêmico clássico de Cambridge, G. R. S. Mead juntou-se à Sociedade Teosófica fundada em 1875 por Helena Petrovna Blavatsky, que foi a pioneira no resgate tanto da tradição esotérica ocidental quanto das religiões orientais como uma busca por uma tradição da sabedoria antiga. Mead seguiu para o centro de importância da Sociedade Teosófica na Inglaterra, tornando-se posteriormente o secretário particular de Blavatsky e editor da revista *Lucifer*. A abordagem de Mead era acadêmica e inspiradora no recém-nascido campo da religião comparada. Ele também buscava uma Teosofia universal, ou "sabedoria divina", e para isso começou uma comparação completa das idéias esotéricas ocidentais e orientais. Seus interesses focaram-se cada vez mais no mundo alexandrino do Helenismo, em que o Gnosticismo, o Hermetismo e o Neoplatonismo floresceram nos três primeiros séculos depois de Cristo. O trabalho de Mead sobre esses assuntos, publicado em revistas teosóficas e livros, apresentou esses tópicos arcanos a escritores e artistas, incluindo os poetas Ezra Pound e W. B. Yeats. As crenças gnósticas, com suas hierarquias transcendentes e sublimes, também apresentaram mundos interiores de grande interesse para psicólogos e o trabalho de Mead teve uma forte contribuição para as idéias de Carl Gustav Jung sobre os arquétipos e o inconsciente coletivo. A Sociedade da Busca de Mead (fundada em 1909), suas palestras e sua revista prefiguraram o maior diálogo do século XX entre as religiões orientais e ocidentais, como pode ser verificado nas Conferências Eranos na Suíça. Mead também se tornou um ícone para os poetas da geração *New American*, especialmente Robert Duncan, cuja obra está repleta de referências esotéricas. Nessas várias influências, o trabalho de Mead mostra a contribuição vital do resgate do Ocultismo ocorrido no final do século XIX na modernidade cultural, na arte e na Psicologia.

Nicholas Goodrick-Clarke

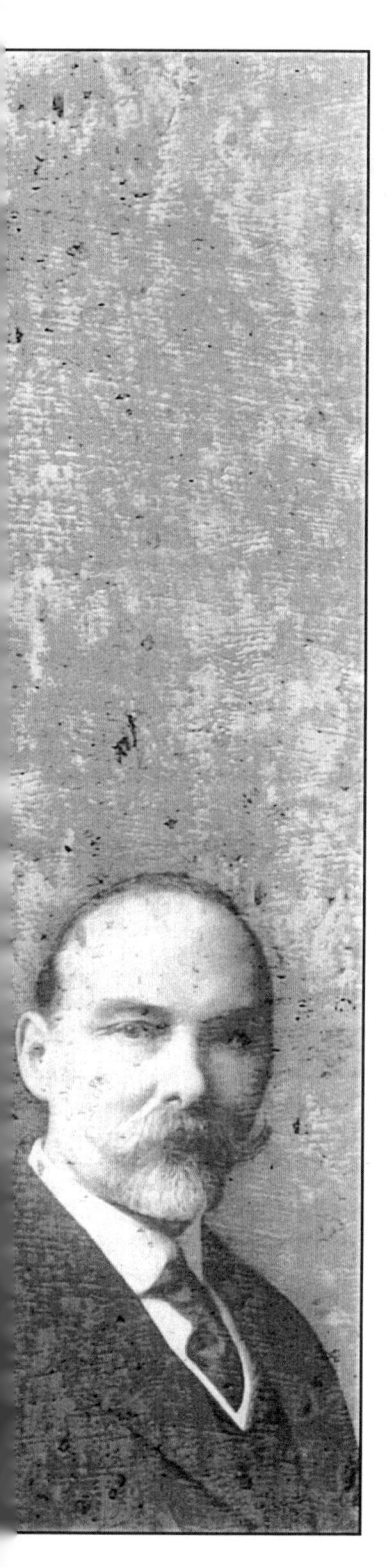

INTRODUÇÃO

G. R. S. MEAD: SUA VIDA, OBRA E INFLUÊNCIA

G. R. S. Mead (1863 –1933) detém uma posição crucial na transmissão moderna da tradição esotérica ocidental. Recém-convertido ao novo movimento ocultista da Teosofia, trabalhou como secretário particular de sua co-fundadora Helena Petrovna Blavatsky, fundou a seção européia da Sociedade Teosófica e editou sua revista londrina, *Lucifer*, por muitos anos. Porém, o interesse inicial de Mead pelo Hinduísmo e seu maior comprometimento com a Teosofia logo se tornaram um envolvimento intelectual mais amplo com os textos do Gnosticismo, do Neoplatonismo e do Hermetismo. Suas edições e comentários nessas fontes inacessíveis da religião e da magia helenistas tornaram-se trabalhos-modelo antes da Primeira Guerra Mundial e uma fonte importante de inspiração para aqueles ocultistas do século XX que buscavam um caminho ocidental.

Quando Mead desligou-se da Sociedade Teosófica em 1909, ele já publicara a maioria dos seus principais trabalhos sobre espiritualidade greco-egípcia. Estes incluem *Orpheus* (Orfeu-1896); *Fragments of a Faith Forgotten* [Fragmentos de uma Fé Esquecida] (1900), sua maior exegese dos vestígios gnósticos; uma biografia de Apolônio de Tiana; um estudo dos Evangelhos; e *Thrice-Gratest Hermes* [Hermes Três-Vezes-Grande] (1906), seu estudo monumental em três volumes da literatura mágica e mística associada com Hermes Trismegisto datada dos primeiros três séculos depois de Cristo. Seu *Echoes of the Gnosis* [Ecos da Gnose], publicado como 12 pequenos fascículos em 1908, continha pérolas, tais como os Hinos de Hermes, os Mistérios de Mitra e os Oráculos Caldeanos. Esses fragmentos gnósticos foram uma grande fonte para Carl Gustav Jung, com quem Mead posteriormente se correspondeu e encontrou em Londres e Zurique. Jung foi convencido de que esses mitos religiosos arcaicos informaram os níveis mais inferiores da memória ancestral inconsciente de seus pacientes. A vida de Mead e seus colaboradores vão de Blavatsky a Jung, um testemunho da herança da Teosofia ao século XX e às fontes esotéricas da psicanálise junguiana.

OS PRIMEIROS ANOS NA TEOSOFIA

George Robert Stowe Mead nasceu em Nuneaton, Warwickshire, Inglaterra, em 22 de março de 1863. Filho do coronel Robert Mead, um oficial da Ordem da Sua Majestade do Exército britânico, e de Mary, recebeu uma educação tradicional de classe média, freqüentando a Rochester Cathedral School, uma respeitável escola pública em Kent. Ele mostrou potencial acadêmico e seguiu para o St. John's College na Universidade de Cambridge, na qual iniciou seus estudos em Matemática. No entanto, logo mudou para Letras Clássicas, o que deu a ele um excelente conhecimento de grego e latim, essencial para seus estudos posteriores. Graduou-se bacharel em Letras em 1884, deixou a universidade e logo em seguida entrou para a Sociedade Teosófica em Londres. Nesse mesmo ano, começou a trabalhar como professor de escola pública.

Enquanto esteve na Universidade de Cambridge, Mead leu o livro *Esoteric Buddhism* [Budismo Esotérico] (1883) de Alfred Percy Sinnett, um dos primeiros relatos compreensivos da Teosofia na formulação oriental. Fascinado, Mead então fez contato com Bertram Keightley e Mohini Chatterji, dois teosofistas de Londres, o que o levou a aderir à Sociedade. Ele desenvolveu um grande interesse pelo Hinduísmo e rapidamente se matriculou como aluno de Filosofia Oriental na St. Catherine's House, Oxford. Sua curiosidade pelo Espiritualismo levou-o a estudar por seis meses em 1887-88 na Universidade Clermont-Ferrand, na França, onde conheceu o jovem Henri Bergson, mais tarde renomado por sua filosofia do Vitalismo. Entretanto, o interesse de Mead pela Teosofia era mais importante; e depois que Helena Blavatsky voltou da Índia via Europa continental para estabelecer-se em Londres, em maio de 1887, Mead foi um de seus visitantes regulares durante os feriados, primeiro na casa de Mabel Collins em Upper Norwood e depois no número 17 da Lansdowne Road, Bayswater. Em 1889, Mead decidiu parar de lecionar para tornar-se secretário particular de Blavatsky, cargo que ele manteve até a morte dela, em maio de 1891.[1]

---

1. Detalhes biográficos foram retirados de *H. P. Blavatsky: Collected Writings,* ed. Boris de Zirkoff, 15 vols. (Wheaton, IL: Theosophical Publishing House, 1950-91), Volume XIII: *1890-1891* (1982), pp. 392-97.

Além de lidar com a correspondência de Blavatsky e trabalhar diariamente em seus livros e artigos, Mead logo assumiu outras responsabilidades organizacionais. Em 1889, foi escolhido, junto com Bertram Keightley, para o cargo de secretário-adjunto da Seção Esotérica (S. E.) da Sociedade Teosófica, que Blavatsky fundou em outubro de 1888 para estudantes mais avançados. Sob a direção de Blavatsky, um grupo fechado para membros seletos da S. E. foi fundado em agosto de 1890 com Annie Besant e Mead como seus secretários. Já famosa por suas numerosas causas progressivas, Besant entrou para a Sociedade em maio de 1889. Tornou-se rapidamente a pupila mais próxima de Blavatsky e, em julho de 1891, convidou Blavatsky para morar em sua casa em 19 Avenue Road, St. Johns Wood, Londres. Nesse local, o grupo de elite de 12 discípulos recebeu as seis Instruções Esotéricas de Blavatsky e outros materiais relativos à Cosmologia e à constituição esotérica do homem em 22 reuniões até abril de 1891, logo antes de sua morte. Os membros do grupo fechado incluíam Annie Besant, Alice Cleather, Isabel Cooper-Oakley e sua irmã Laura M. Cooper, Emily Kislingbury, a condessa Constance Wachtmeister, H. A. W. Coryn, Archibald Keightley, Walter Old, E. T. Sturdy, Claude Falls Wright e G. R. S. Mead.[2]

Quando Blavatsky pegou uma gripe em abril de 1891, sua saúde já estava debilitada por causa da doença de Bright e de outros males crônicos. Ela morreu no dia 8 de maio cercada por três de seus pupilos. Três dias depois, seu corpo foi cremado em Woking, Surrey. Besant ainda estava no exterior fazendo uma série de palestras, então foi Mead quem fez o discurso no funeral: "É verdade que a pessoa que conhecemos por H. P. Blavatsky não estará mais entre nós, mas também é verdade que a grande e nobre individualidade, a grande alma que ensinou a todos nós homens e mulheres a ter uma vida mais pura e mais altruísta ainda está ativa".[3]

Mead casou-se com Laura Cooper em 1899. Anos depois, ele lembrou-se de que não se casou por satisfação pessoal, embora seu casamento fosse perfeito, mas para manter um núcleo para suceder os encontros íntimos em 19 Avenue Road. A lembrança de Mead sugere que ele se sentia na obrigação de manter a chama do velho grupo fechado acesa durante os anos pós-Blavatsky. Isso sem dúvida se deu em resposta aos anos seguintes à morte de Blavatsky, quando a Sociedade Teosófica estava repleta de lutas pela liderança. Besant, William Quan Judge na América e Henry Steel Olcott, co-fundador e presidente da Sociedade Teosófica em Adyar, disputavam entre si o conhecimento das cartas dos Mahatma e faziam mútuas acusações de fraude. Além disso, assim que Besant fez sua primeira visita à Índia, em 1893, ela envolveu-se cada vez mais com o Movimento do

2. *The Inner Group Teachings of H. P. Blavatsky to her personal pupils* (1890-91), ed. H. J. Spierenburg (San Diego: Point Loma Publications, 1994), pp. vii-xv.
3. Citado em Howard Murphet, *When Daylight Comes: A Biography of Helena Petrovna Blavatsky* (Wheaton, IL: Theosophical Publishing House, 1975), p. 252.

Governo do Lar e passava todos os invernos na sua nova casa em Benares, que se tornou o quartel-general da seção indiana da Sociedade Teosófica.[4]

Mead não queria participar dessas políticas organizacionais, pois seu interesse era principalmente o estudo da religião como fonte da Teosofia ou "sabedoria divina". Durante a década de 1890, ele iniciou sua carreira escolhida na erudição teosófica, dando uma grande contribuição intelectual à sociedade. Embora estivesse absorto no Hinduísmo e no Budismo esotérico da Teosofia, os interesses de Mead transportaram-se claramente para fontes ocidentais do Esoterismo. Seu primeiro artigo, "The Task of the Theosophical Scholars in the West" [A Tarefa dos Acadêmicos Teosóficos no Ocidente] (*vide* 1.3), mostra o brilhante recém-graduado em Letras Clássicas em Cambridge já delineando seu futuro trabalho como editor, tradutor e disseminador da espiritualidade helenista. Em 1890-91, publicou uma série de artigos na *Lucifer* sobre o *Pistis Sofia* (*vide* 2.1 e 4.1), contendo a primeira tradução para o inglês desse importante texto gnóstico. Seguiu-se a essa publicação uma série sobre a figura de Simon Magus (*vide* 2.4) em 1892-93; esse se tornou o assunto de seu primeiro livro publicado em 1892. Entre 1896 e 1898, ele forneceu extensas pesquisas para a *Lucifer* sobre as vidas dos neoplatonistas e dos gnósticos dos dois primeiros séculos.

Por ter um crescente interesse no Gnosticismo e no Neoplatonismo, Mead continuou a editar trabalhos teosóficos da tradição oriental. Graças ao crescente envolvimento de Besant com a seção indiana, trabalhou de 1893 em diante como editor-adjunto da *Lucifer**. Preparou o enciclopédico *Theosophical Glossary* [Glossário Teosófico] de Blavatsky para publicação em 1892, além de novas edições de *Key to Theosophy* [A Chave para a Teosofia] (1893), *Five Years of Theosophy* [Cinco anos de Teosofia] (1894) e *A Modern Panarion* [Um Panarion Moderno] (1895). Junto com Besant, também editou uma coletânea da miscelânea de trabalhos de Blavatsky, que foi publicada como terceiro volume da obra *Secret Doctrine* [Doutrina Secreta] em 1897. Durante a década de 1890, ele foi vice-presidente e depois presidente da Loja Blavatsky, Londres, e em 1907 assumiu sozinho o editorial da *The Theosophical Review*. Escolhido secretário-geral da seção européia da Sociedade Teosófica em julho de 1890, Mead manteve seu cargo até renunciar, em 1897. Em 1907, após a morte de Henry Steel Olcott, a presidência foi oferecida a Mead, mas ele recusou-a para seguir seus próprios estudos.

Depois da publicação, em 1892, de *Simon Magus* [Simão Mago], Mead abordou outro assunto da tradição esotérica ocidental. Em 1895, pu-

---

4. Peter Washington, *Madame Blavatsky's Baboon: Theosophy and the Emergence of the Western Guru* (London: Secker & Warburg, 1993), pp. 100-08.
* Sugerimos a leitura de *Lúcifer - O Diabo na Idade Média*, Madras Editora.

blicou com seus próprios prefácio e bibliografia uma nova edição de *Select Works of Plotinus* [Seleção de Obras de Plotino], originalmente editado por Thomas Taylor, o Platonista (1758-1835) em 1817. Escritores importantes do Romantismo, tais como William Blake, Percy Shelley, William Wordsworth e W. B. Yeats reconheceram sua dívida a Taylor cujas numerosas traduções de trabalhos esotéricos incluem *The Hymns of Orpheus* [Os Hinos de Orfeu], o livro de Jâmblico *On the Mysteries of the Egyptians* [Sobre os Mistérios dos Egípcios], numerosos trabalhos de Platão e seu próprio estudo *Dissertation on the Eleusinian and Bacchic Mysteries* [Dissertação sobre os Mistérios de Elêusis e de Baco]. Blavatsky fez extenso uso do livro de Taylor em *Isis Unveiled* [Ísis Desvelada] (1877), seu mais importante compêndio das fontes esotéricas ocidentais.* A essa nova edição de Mead desse pioneiro neoplatonista seguiu-se, dois anos mais tarde, um longo artigo na *Lucifer* sobre a vida filosófica de Alexandria nos tempos helenísticos e sobre as vidas e ensinamentos de outros importantes neoplatonistas, incluindo Ammonius Saccas (*c*.165-245); Plotino (205-70); Porfírio (233-305); Jâmblico (255-330); e várias figuras menores como Sopater, Ædesius, Sosipatra, Maximus, Priscus e Chrysanthius.[5]

O próximo livro de Mead, *The World-Mystery* [O Mistério do Mundo], cujo subtítulo é *Four Comparative Studies in General Theosophy* [Quatro estudos comparados em Teosofia Geral], foi publicado pela Editora Teosófica em 1895. Sem se restringir à noção platônica ou neoplatônica da alma universal, seu primeiro estudo, "The World Soul" [A Alma do Mundo] (*vide* 1.2), pesquisa diferentes tradições espirituais sobre a animação divina dos seres humanos. Um segundo estudo, *The Soul-Vestures* [As Vestes da Alma], traça a incursão da alma por quatro esferas de existência descritas no *The Dream of Ravan* [O Sonho de Ravan], um tratado místico veda. Nesse estudo Mead encontra um paralelo com as cinco "vestimentas" (*koshas*): alimento, sopro da vida, mente, conhecimento e felicidade. Ele deduz uma comparação narrativa com a tradição hermética (ocidental), pela qual suas categorias correspondem com as da Teosofia veda: corpo (*soma*) = alimento; espírito (*pneuma*) = elementos sutis; alma (*psyche*) = mente impulsiva (*manas*); razão (*logos*) = razão (*buddhi*); e mente (*nous*) = ser supremo ou persona (*Atman*).[6] Mead continua esse exercício em Teosofia comparada

---

* Sugerimos a leitura de *Matrimônio do Céu e do Inferno,* de William Blake; *Os Ritos e Mistérios de Elêusis,* de Derdley Wright, ambos Madras Editora. E, também, *O Mundo Esotérico de Madame Blavatsky,* coletânea de Daniel Coldwell e Helena Blavatsky, coordenado por Nicholas Goodrick - Clarke, lançamento Madras Editora.

5. G. R. S. Mead, "The Lives of the Later Platonists", *Lucifer 18* (mar.-ago. 1896), 185-200, 288-302, 368-80, 456-69; *Lucifer 19* (set. 1896-fev. 1897), 16-32, 103-13, 186-95.

6. G. R. S. Mead, *The World Mystery: Four Comparative Studies in General Theosophy,* segunda edição (London & Benares, 1907), pp. 105-06.

com uma análise da Primeira Epístola de Paulo aos Coríntios e do cabalista *Zohar*. Seu próximo estudo, "The Web of Destiny" [A Teia do Destino], com um tema veda, descreve o processo da manifestação nos relatos da criação budista, veda, hermética e cristã. O último estudo, "True Self-Reliance" [A Verdadeira Autoconfiança], compara as noções do Eu interior com uma visão do microcosmos baseada no livro de Cícero *Dream of Scipio* [Sonho de Cípio] e nos *Upanishads*.

Duas edições posteriores da filosofia veda preparadas por Mead no mesmo período representam as tradições teosóficas orientais. *The Dream of Ravan* [O Sonho de Ravan] (1895), uma alegoria de mistério muito poética, foi publicada inicialmente como uma série de artigos na *The Dublin University Magazine* (1853-54) por um editor anônimo. Sua narrativa é baseada em um episódio do *Ramayana*, no qual Mandodari sucumbe à tristeza ao ouvir que no futuro ela será substituída por outra esposa de Ravan. O Coro de Rishis tenta alegrá-la contando para ela sobre as três *gunas*, ou qualidades, ascendendo da *Prakriti*, ou natureza: *Tamas* (trevas ou indiferença); *Rajas* (paixão ou desejo); e *Sattva* (verdade ou bondade). Eles contaram-lhe que ela era de natureza tamásica e complementava o *Tamas* predominante em Ravan; mas, em um nascimento futuro, quando ascender ao estágio de *Rajas*, ele precisará da companhia e de uma parceira de qualidade superior à de *Tamas* para estimulá-lo. Mead considerou que o autor anônimo seria um mestre da psicologia veda. Na narrativa, as três *gunas* – *Tamas*, *Rajas* e *Sattva* – são refratadas por meio do prisma de Maya para produzir o Universo multitudinal. Portanto, toda alma nascida compartilha em maior ou menor grau essas qualidades, cada uma é necessária às outras. A evolução espiritual depende de as pessoas conhecerem esses três estados da consciência, como usá-los e controlá-los.[7]

A próxima oferta de Mead foi uma edição compacta em dois volumes do *The Upanishads* [Os Upanishads] (1896), que ele considerava uma teosofia fundamental dos vedas entregue aos habitantes arianos da Índia. Datados de aproximadamente 500 a.C., os *Upanishads* defendem mais a procura pela verdade e a busca da paz e liberdade do espírito humano que uma filosofia sistemática. Seu ensinamento essencial é que o conhecimento traz liberdade. Eles distinguem-se dos hinos vedas nas suas implicações monísticas e na análise mais subjetiva. A intenção de Mead nas suas obras era fornecer uma versão idiomática e fiel dos *Upanishads* acessível a quem pudesse ler inglês. Mead via os *Upanishads* como uma escritura do mundo que poderia interessar aos "amantes da religião e da verdade em todas as raças e épocas".[8] Ele

---

7. G. R. S. Mead., "Preface", *The Dream of Ravan: A Mystery* (London: Theosophical Publishing Company, 1895).
8. *The Upanishads*, ed. G. R. S. Mead e Jagadîsha Chandra Chattopâdhyâya, dois vols. (London & Benares, Theosophical Publishing Society, 1896), p. 5.

restringiu qualquer comentário a um mínimo, com a intenção de que essa efusão de espiritualidade tivesse um impacto direto nas mentes dos leitores sem a distração de detalhes cerimoniosos e referências escolásticas. Apesar de popular, sua edição, co-editada por Jagadîsha Chandra Chattopâdhyâya, foi preparada em comparação com as edições-modelo indianas do século XIX e os comentários de Shankaracharya, Anandagiri, Shankaarananda, Narayana, entre outros.

DA TEOSOFIA AO GNOSTICISMO

Entre 1890 e 1895, Mead buscou explorar uma Teosofia geral combinando as tradições orientais e ocidentais no seu trabalho literário e editorial. Porém, mesmo nesses primeiros anos Mead estava mais atraído pela Teosofia e pelo Gnosticismo ocidentais (helenísticos).

As evidências do interesse de Mead no Gnosticismo são aparentes na sua bibliografia. Dos 18 livros que publicou, somente três abordam exclusivamente o pensamento e a literatura orientais: mais precisamente, *The World-Mystery* [O Mistério do Mundo], suas edições do *The Dream of Ravan* [O Sonho de Ravan] e *The Upanishads* [Os Upanishads]. Com essas três exceções, o trabalho de Mead tem idéias e textos da Antiguidade ocidental, e mais especificamente sete deles envolvem Gnosticismo ou textos gnósticos, a começar por seu *Simon Magus* [Simão Mago], de 1892. Em seus artigos, a mudança para as tradições ocidentais é até mais fácil de se observar. Após fazer seu *début* com um pequeno texto sobre os perigos da vivissecção, a maior contribuição de Mead à obra *Lucifer* é à tradução em série do *Pistis Sofia,* descrito como "traduzido e com notas feitas por G. R. S. M., com notas adicionais por H. P. B." (*vide* 2.1).[9]

O interesse de Mead pelo Gnosticismo foi estimulado primeiro por Blavatsky, que discute os gnósticos e suas crenças freqüentemente e ao longo do *Isis Unveiled* [Ísis Desvelada], muitas vezes aceitando sua "profunda erudição".[10] Quando Mead trabalhou para Blavatsky 1889, ela havia mudado seu foco de atenção para o Oriente logo após sua ida à Índia em 1879. Porém, fica claro, em *Ísis Desvelada,* que Blavatsky pensava, já na década de 1870, que o melhor do pensamento do Oriente Próximo migrou para o Ocidente ao longo dos séculos da sua terra natal nas fortalezas das montanhas mais altas da Índia e do Tibete. Como afirma ela: "Ninguém no mundo percebeu a tamanha grandeza de pensamento nas concepções ideais

---

9. G. R. S. Mead e H. P. Blavatsky, "Pistis Sofia", *Lucifer* 6 (mar.-ago. 1890), 107-13, 230-39, 315-23, 392-401, 489-99; *Lucifer* 7 (set. 1890-fev. 1891), 35-43, 139-47, 186-96, 285-95, 368-76, 456-63; *Lucifer* 8 (mar.-ago. 1891), 39-47, 123-29, 201-4.

10. H. P. Blavatsky, *Isis Unveiled,* dois vols. (New York, 1877), I, 436. Trabalhos de Blavatsky sobre o Gnosticismo estão compilados em *H. P. Blavatsky on the Gnostics,* ed. H. J. Spierenburg (San Diego: Point Loma Publications, 1994).

de divindade e sua criação, HOMEM, como os metafísicos sânscritos e os teólogos".[11] "(...) É com a Índia, o país menos explorado e conhecido do que qualquer outro, que todos no mundo têm dívida por seus idiomas, artes, legislação e civilização".[12]

A idéia de que o Gnosticismo deriva do Budismo foi primeiro postulada por Charles William King na sua obra clássica, *The Gnostics and their Remains* [Os Gnósticos e seus Vestígios] (1864). Ele foi um dos primeiros e mais enfáticos estudiosos que propunham a dívida gnóstica com o pensamento budista. Em *Isis Unveiled* [Ísis Desvelada], Blavatsky defende a plausibilidade de "um elemento direto do Budismo no Gnosticismo"[13] e parece que ela pegou essa idéia de King. Ele afirma no prefácio da segunda edição de seu livro: "Parece haver razões para suspeitar que a Cibele do Budismo esotérico delineou as primeiras noções da sua religião a partir da análise de *Inner Man* [Homem Interior], como foi colocado na minha primeira edição".[14] As suspeitas de King foram confirmadas por William Emmette Coleman no seu apêndice "The Sources of Madame Blavatsky's Writings" [As Fontes dos Escritos de Madame Blavatsky], no livro de Vsevolod Soloviev *A Modern Priestess of Isis* [Uma Moderna Sacerdotisa de Ísis] (1895). Em *Fragments of a Faith Forgotten* [Fragmentos de uma Fé Esquecida], Mead refuta a procedência indiana do Gnosticismo dizendo que, para o trabalho de King, "falta a completude do especialista".[15]

Em 1891, ano da morte de Blavatsky, Mead estava emergindo da influência dela com seu próprio manifesto acerca do trabalho que os teosofistas ocidentais deveriam fazer, "The Task of the Theosophical Scholars in the West" [A tarefa dos acadêmicos Teosóficos no Ocidente] (*vide* 1.3). Segundo ele, a recuperação e a interpretação dos textos da tradição ocidental eram "uma das tarefas mais importantes da nossa sociedade ocidental".[16] Essa era sua especialidade, a área em que sua educação clássica mais poderia brilhar. A ambigüidade do título questiona o campo de estudo que Mead recomenda aos teosofistas sérios. Embora a Sociedade Teosófica tivesse sua sede em Adyar, Índia, sob a presidência de Henry Steel Olcott, desde 1887 Blavatsky residia em Londres, onde fundou a Escola Esotérica e o grupo fechado de estudantes devotos, entre eles Mead. Com esse discurso para a seção européia da sociedade, Mead fala aos membros no Ocidente, deixando claro que acredita que o foco correto da sua inquirição espiritual e de seus estudos textuais deveria se basear não somente nas fontes orientais, mas também nas ocidentais. Os teosofistas no Ocidente,

---

11. *Isis Unveiled,* I, 583.
12. *Isis Unveiled,* I, 585.
13. *Isis Unveiled,* II, 321.
14. C.W. King, *The Gnostics and their Remains,* segunda edição (London, 1887), p. ix.
15. G. R. S. Mead, *Fragments of a Faith Forgotten* (London, 1900), p. 144.
16. G. R. S. Mead, "The Task of the Theosophical Scholars in the West", *Lucifer* 8 (março-agosto 1891), 477-80.

ele argumenta, têm uma mais rica e mais próxima fonte de informações sobre literatura esotérica e as tradições iniciáticas no Orfismo, Pitagoreanismo, Neoplatonismo, Hermetismo, Gnosticismo, e até nos dramas de mistério, épicos e na filosofia da Grécia antiga e da Escandinávia pagã. Nessa longa lista de assuntos, Mead não menciona os vedas ou o Budismo esotérico, mas indica muitas fontes para o estudo da tradição esotérica ocidental nos livros de Blavatsky, *Isis Unveiled* [Ísis Desvelada] e *The Secret Doctrine* [A Doutrina Secreta].

Mead reflete seu trabalho recente na edição do texto gnóstico, *Pistis Sofia*, publicado inicialmente em série na *Lucifer* entre 1890 e 1891, com notas adicionais sobre os paralelos com o Oriente escritas por Blavatsky. Mais ainda, ele antecipa seus principais volumes sobre os Evangelhos apócrifos, o Gnosticismo e o Hermetismo, começando com uma publicação em série de *Simon Magus* [Simão Mago] na *Lucifer* em 1892-93. Sob o modelo ocidental de Mead, o Gnosticismo é o antigo precursor da Teosofia e esta pode tornar-se o Hermes da era moderna.

Ainda em 1891, Mead escreveu um artigo chamado "Theosophy and Occultism" [Teosofia e Ocultismo],[17] que mostra a luta interna que Mead estava travando por causa das palavras "ocultista" e "teosofista". A definição de Blavatsky sobre um teosofista diz: "Qualquer um com capacidades intelectuais medianas e um pendor para o metafísico; de vida pura e altruísta e que sinta mais prazer em ajudar o outro a ser ajudado; alguém que esteja pronto para sacrificar seus prazeres em detrimento do outro; e que ama a verdade, a bondade e a sabedoria por elas mesmas, não pelo benefício que trazem – é um teosofista". Mead parafraseia dizendo: "Alguém que se esforça em ser moral, justo e altruísta, e alguém que ao mesmo tempo exerça sua razão por meio da crença". E Mead sugere que os teosofistas devem ser seguidores de algum credo exotérico, desde que suas visões sectárias não deformem o amor pela humanidade. Mas ele não tem tanta certeza se sua opinião não é muito tendenciosa; afinal, ele pensa: "Para o ocultista ser fiel a todas as suas crenças, ele deve estar livre de todas elas". A maior ânsia no seu trabalho, porém, é fazer uma distinção entre o verdadeiro ocultista e o praticante de artes ocultas ou de magia, o que é bem capcioso, dadas as inclinações e sensibilidades de seus leitores.

Mead decide que a ética os divide; o ocultista é "aquele que aprende como distinguir conscientemente o bem do mal". No entanto, essa habilidade não é o suficiente: "ele deve ser algo mais que somente *bom*; ele deve ser *sábio*" e ele também deve ser instruído, porque "um homem não pode ser justo, se for ignorante". Um problema com as artes ocultas – em que Mead não tinha nenhum interesse – ainda é uma dificuldade: ele diz que os praticantes das artes ocultas não estão "prontos para amarrar o laço do

---

17. G. R. S. Mead, "Theosophy and Occultism", *Lucifer* 9 (set. 1891-fev. 1892), 106-12.

verdadeiro ocultista, cujo coração palpita em resposta à pulsação do Oceano da Piedade e cuja mente vibra em uníssono com a grande harmonia do Universo da Inteligência". Nesses dois artigos que Mead escreveu em 1891, observam-se as origens do seu rompimento definitivo com a Sociedade Teosófica em 1909.

Em 1891, *The Vahan* [O Vahan] também foi iniciado e editado por Mead para publicação na Sociedade Teosófica. *O Vahan* era um boletim da sociedade que circulava entre os membros com detalhes sobre reuniões e palestras, mas também era um lugar para resolver alguns dos problemas mais espinhosos relativos ao pensamento teosófico. Bertram Keightley contribuiu com o boletim, assim como também Besant, Charles Leadbeater e outros. Freqüentemente Mead resiste a qualquer idéia de um código de crenças específico ao qual todo bom teosofista deveria obedecer. Embora toda forma de conhecimento esotérico e oculto fosse moída pela Teosofia, seu lema "Não há religião superior à Verdade" encorajou membros a procurar algo mais forte e mais rápido que pudesse ser chamado de "A verdade". Contra essa tendência, Mead pede aos seus leitores que aprendam mais sobre outras crenças, acreditando que "aquele que é familiarizado com um modo de Teosofia não conhece a Teosofia verdadeiramente"; ele também pede que comparem "a Teosofia dos hermes-gnósticos com a Teosofia dos cristãos-gnóstico, ou dos amantes do Gnosticismo budistas ou brâmanes".[18]

Mead tinha um temperamento generoso, não dogmático e que se contentava com os outros tendo suas próprias opiniões. Essa era uma das razões pelas quais ele admirava os gnósticos; referindo-se à escola trismegista, Mead diz: "Um dos elementos mais atrativos em toda a disciplina é o fato de que o pupilo era encorajado a pensar e questionar. A razão era muito bem considerada; um uso correto da razão, ou ainda, podemos dizer, a razão correta, e não sua imitação, a opinião, era o instrumento mais precioso do conhecimento do homem e do Cosmos, e dos meios da auto-realização para atingir o bem superior que, entre outros nomes de dignidade sublime, era conhecido como a boa mente ou razão (*Logos*) de Deus".[19]

Como Blavatsky observou – mas talvez tenha dado muita importância –, muitos temas unem o Gnosticismo e a Teosofia. Ambos envolvem o drama da evolução humana e cósmica. A história gnóstica de como a raça humana surgiu pode ser vista em paralelo com a teoria teosófica das raças-raízes. Assim como o Gnosticismo, a Teosofia ensina o emanacionismo: a alma do mundo, a incursão da alma e sua captura na matéria. Essa lenda da separação do Deus supremo descreve um período de exílio na escravidão

---

18. G. R. S. Mead, "The Gnosis of the Mind", *The Theosophical Review* 38 (mar.-ago. 1906), 501-10 (p. 510).
19. Ibid., 503f.

da matéria e o retorno definitivo; o drama de uma única vida humana torna-se, na Teosofia, uma peregrinação cósmica, não só por meio dos planetas e estrelas, mas pelos eons de tempo. Isso é muito parecido com as várias esferas encontradas no pensamento gnóstico. O meio de salvação no Gnosticismo é a gnose, conhecimento do que está escondido da visão, da mesma maneira que os ocultistas acreditam que o que está "escondido" é o verdadeiro estado das coisas, e o seu conhecimento é a fonte de poder e o meio de escapar.

GNOSE HELENISTA

Quando Alexandre, o Grande conquistou a Síria, o Egito, a Mesopotâmia e a Pérsia, abrindo caminho para a Índia, a influência desses impérios levou a uma respeitosa reverência às civilizações mais antigas do Oriente. Uma cultura antiga de pirâmides, templos e deuses exóticos, penetração pelas influências ocidentais e acesso ao mundo oriental fizeram do Egito helenístico e posteriormente romano o principal canal para a recepção da religião oriental, da Magia, da Astrologia e da Alquimia no mundo greco-romano. Na cosmopolita Alexandria, a mente racional da Grécia combinou-se com os cultos orientais e as misteriosas tradições de sabedoria do Egito e da Caldéia (Babilônia e Assíria) e criou novas sínteses de prática e crença religiosas. A cultura helenista tornou-se adepta de filosofar e sistematizar a mitologia exótica, a teosofia e a gnose do Oriente e introduziu seus oráculos, apocalipses e loa iniciatória na mente ocidental.

Em 1895, Mead embarcou na sua extensa exploração dessa literatura religiosa helenista, uma jornada que ocuparia o restante de sua vida. Visto que o maior interesse de Mead na Teosofia concernia à natureza da alma e sua relação complexa com o Cosmos, ele estava especialmente ligado a essas formas de espiritualidade helenista. Em 1895, publicou uma série de artigos sobre o principal neoplatonista alexandrino Plotino na *Lucifer*, que foi seguido de um estudo mais longo sobre Orfeu e a religião órfica em 1895-96.[20] Os dois trabalhos foram publicados logo em seguida na forma de livros em uma coleção chamada *The Theosophy of the Greeks* [A Teosofia dos Gregos]. Mead traçou as origens órficas passando por Pherecydes, Onomacritus, os pitagóricos e os neoplatonistas.

Após sua série de artigos na *Lucifer*, "The Lives of the Later Platonists" [As Vidas dos Últimos Platonistas], voltou sua atenção aos gnósticos com uma longa série de artigos na *Lucifer*, "Among the Gnostics of the First Two Centuries" [Entre os Gnósticos dos dois Primeiros Séculos], publicada

---

20. G. R. S. Mead, "Plotinus", *Lucifer* 16 (mar.-ago. 1895), 89-98, 195-207; "Orpheus", *Lucifer* 16 (mar.-ago. 1895), 273-86, 361-74, 449-60; *Lucifer* 17 (set. 1895-fev. 1896), 9-22, 97-109, 185-97, 295-309, 373-87, 449-60, *Lucifer* 18 (mar.-ago. 1896), 21-36, 97-110.

em vários números de 1896 até 1898. Neles, Mead apresenta o rascunho preliminar do seu principal trabalho, *Fragments of a Faith Forgotten* [Fragmentos de uma Fé Esquecida] (1900). Sua tese é revisionista, de tal maneira que apresenta os gnósticos como os mais cultos e instruídos pensadores do início do Cristianismo e procura recuperá-los da execração da ortodoxia. Ele oferece uma revisão da literatura gnóstica secundária e dos poucos tratados gnósticos originais na tradução copta: o códice Askew (Museu Britânico, Londres), que contém o *Pistis Sofia* e extratos do *Book of the Saviour* [O Livro do Salvador]; o códice Bruce (Bodleian Library, Oxford), que contém *The Book of the Great Logos according to the Mystery* [O Livro do Grande Logos segundo o Mistério] e o *Hymn to the Gnosis* [Hino para a Gnose]; e o códice Akhim (Museu Egípcio, Berlim), descoberto em 1896, que contém *The Gospel of Mary* [O Evangelho de Maria], *The Wisdom of Jesus Christ* [A Sabedoria de Jesus Cristo] e *The Acts of Peter* [Os Atos de Pedro].

A cosmogonia gnóstica, assunto favorito de Mead, era tanto esotérica quanto sublime. Resistindo a todas as limitações do natural e do sensório, os gnósticos buscaram as origens do Universo nas regiões intelectual e espiritual da mente imanente da divindade. Eles elaboraram uma hierarquia transcendente de eons, refletindo a emanação e sucessiva energização da ideação divina. A sua soteriologia, ou ensinamentos da salvação, não tinha nada a ver com o sofrimento físico de Cristo, mas era apresentada como um vasto processo cósmico envolvendo a ascensão da alma por meio dos eons hierárquicos. Mead percebeu uma grande semelhança entre a Teosofia e o Gnosticismo na concepção de lei cíclica para as almas universal e individual. Os gnósticos tipicamente ensinavam a doutrina do renascimento das almas humanas e, embora concedessem o perdão dos pecados, eles aderiram à lei do carma.

Depois desse esquema sobre as tendências gerais da Teosofia gnóstica, Mead revisa brevemente tentativas acadêmicas anteriores de classificar os principais professores e escolas do Gnosticismo. Em nome de um progresso desenvolvente, abstém-se de fazer tais distinções entre seitas ascéticas ou mais licenciosas (Clemente de Alexandria), relações amigáveis ou não amigáveis com o Judaísmo (Neander) e uma distribuição geográfica em escolas na Síria, na Ásia Menor e no Egito (Matter), ou Síria e Alexandria (Lipsius). Isso vai da suposta origem do Gnoticismo com Simon Magus ao longo de uma linha simoniana de descida através de Menander até a primeira parte do segundo século. Mead então considera as muito difundidas escolas geralmente conhecidas como Ofitas. Isso inclui os gnósticos descritos por Hipólito, como Justino e as escolas de Naaseni, Peratæ e Sethianos. Ele também trata de outras figuras discutidas por Hipólito, como a escola de Docetæ e Monoïmus. Seu estudo também inclui seções sobre os cainites, carpocracianos, os ceríntios e os nicolaítas. Depois vem a fase gnóstica da tradição ebionita. Por fim, Mead examina a brilhante eflorescência do Gnosticismo nas complexas eonologias de Basílides, Valentino, Bardesanes e no pensamento de Marcião.[21]

A publicação do livro de Mead sobre os gnósticos, *Fragments of a Faith Forgotten* [Fragmentos de uma Fé Esquecida] (1900), foi um marco importante na carreira de escritor. Com mais de 600 páginas, o trabalho expandiu seu artigo anterior na *Lucifer* para criar uma história compreensiva, comentários e um livro-fonte sobre o Gnosticismo. A primeira parte delineia a prática da gnose na Grécia com notas sobre a tradição órfica, Pitágoras, Platão e os mistérios mitraicos. A contribuição do Egito, a celebração de Filo da vida contemplativa, os terapêuticos e sua confluência em Alexandria compõem a cena para uma visão geral do Cristianismo gnóstico incluindo a gentilização do Cristianismo e breves relatos dos ebionitas, dos nazarenos e dos essênios. A segunda parte do livro examina a gnose segundo seus inimigos. Com base nos relatos heresiológicos e polêmicos dos Padres da Igreja, Mead relata as principais figuras, escolas e sistemas dos gnósticos com base no texto do seu artigo anterior. Uma seção adicional explora a Gnose nos não canônicos Atos de Tomé, Atos de João, Atos de André e Viagens de Pedro.

A terceira parte do *opus* de Mead sobre o Gnosticismo descreve a Gnose de acordo com seus defensores, com uma revisão detalhada dos conteúdos dos códices de Askew, Bruce e Akhmim. Ele resume o conteúdo do *Pistis Sofia*, fornece extratos do *The Books of Saviour* [Livros do Salvador] e traduz fragmentos do *The Book of the Great Logos according to the Mystery* [O Livro do Grande Logos segundo o Mistério]. O último trata de assuntos, tais como os maiores e menores mistérios, os mistérios do batismo e do perdão dos pecados, que oferece um exemplo típico da Cosmologia complexa e da soteriologia peculiares ao Gnosticismo. Com a ajuda do rito do mistério do perdão dos pecados, "todos os eons se retirarão para o oeste, para a esquerda, com véus nas suas faces, até 12º, que será então tão purificado pela luz do tesouro da luz que todos os caminhos pelos quais os discípulos ascenderam serão purificados; e também o exterior do tesouro da luz (o exterior sendo o espaço do 13º eon) será revelado e eles verão o Paraíso de baixo". Assim que Jesus lhes dá as apologias, os selos e os números do mistério com suas interpretações, os discípulos deixam seus corpos, tornam-se luz pura e elevam-se em direção ao tesouro da luz.[22]

---

21. G. R. S. Mead, "Among the Gnostics of the First Two Centuries", *Lucifer* 19 (set. 1896-fev. 1897), 290-303, 376-89, 478-89; *Lucifer* 20 (mar.-ago. 1897), 28-42, 132-42, 204-18, 275-87, 373-84, 441-56; *The Theosophical Review* 21 (set. 1897 - fev. 1898), 31-43, 134-45.
22. G. R. S. Mead, *Fragments of a Faith Forgotten,* segunda edição (London & Benares: Theosophical Publishing Society, 1906), p. 528.

Segundo os gnósticos, a ascensão dos discípulos serve como uma narração da viagem através das ordens hierárquicas do tesouro da luz. Passando pelos guardiões dos portões, eles vão para mais alto e mais para dentro ao longo dos espaços seguintes, onde os poderes residentes regozijam e dão a eles seus mistérios, selos e nomes de poder: as Ordens dos Três Améns, Filho do Filho, Salvadores Gêmeos, Sabaoth, o Grande, Grande Iaô, o Bom, Sete Améns, Cinco Árvores, Sete Vozes; as Ordens dos que não podem ser contidos, dos Intransitáveis, e as Ordens daqueles que estão antes e além desses (em tempo e espaço); a Ordem dos Moralmente Irrepreensíveis, e aqueles antes e além deles; do mesmo modo as Ordens dos Impassíveis; e as Ordens dos sem Pais; as Ordens das Cinco Impressões, Três Espaços, Cinco Defensores, Três Vezes Espiritual, Poder Triplo, Primeiro Preceito, Herança, Silêncios, Paz e dos Véus abaixados diante do Grande Rei Ieou do Tesouro da Luz. Outras ascensões, revelações de mistérios, encontros com grandes soberanos documentam a aparentemente interminável sucessão de camadas dos mundos interiores da redenção gnóstica, cada uma variando conforme diferentes autores e escolas.[23]

Nesse assunto, Mead atinge o coração do Gnosticismo, um território que já havia começado a explorar por meio do Orfismo e dos filósofos neoplatônicos. Ele não faz distinção entre o asceticismo do Neoplatonismo, o forte dualismo e os traços rejeitadores do mundo da maioria dos sistemas gnósticos. A fascinação deles, para Mead, consistia em suas cosmologias emanacionistas do ser único, inefável e transcendente. As muitas ordens e hierarquias fornecem um rico estoque de intermediários, o carimbo do esoterismo alexandrino. A enumeração dessas hierarquias e intermediários revelou uma cosmologia intimamente estruturada dentro da qual era possível descobrir uma correspondência entre estados do Ser divino e estados interiores de consciência. Essas correspondências se tornariam seu maior legado para Carl Gustav Jung e sua teoria psicanalítica.

TEOSOFIA
TRISMEGISTA

A partir de 1898, Mead estendeu seus estudos teosóficos até a literatura hermética, que tem esse nome em razão da suposta autoria dos livros como sendo de um antigo sábio conhecido como Hermes Trismegisto, ou Três-Vezes-Grande. Assim como outras correntes da espiritualidade helenista, o Hermetismo tem origem nas interações entre as idéias, mitos e crenças religiosas da Grécia e do Oriente na Alexandria nos primeiros séculos depois de Cristo. Como uma coleção diversa de trabalhos em Teosofia, Astrologia e Magia, a literatura hermética contém revelações atribuídas a

---

23. *Ibid.*, pp. 528f.

várias deidades, entre elas Hermes Trismegisto. Ele era identificado com Thoth, o velho deus egípcio da sabedoria e da magia, que também era um fausto psíquico e juiz dos mortos. Thoth continuou a inspirar uma grande devoção popular ao longo dos períodos ptolomaico e romano da história egípcia e fundiu-se nas mentes dos colonizadores gregos com o deus grego Hermes, dando origem ao Hermes Trismegisto. Assim como Thoth, o grego clássico Hermes era associado com a Lua, a Medicina e a área dos mortos. Como mensageiro dos deuses, Hermes Trismegisto tornou-se associado com o Logos, ou Palavra, no período helenista e, portanto, intérprete para a humanidade da vontade divina.

O texto hermético mais famoso e influente é o *Corpus Hermeticum*, que traz 18 tratados escritos em grego nos segundo e terceiro séculos depois de Cristo. Mead publicou primeiro quatro tratados do *Corpus Hermeticum* nas páginas de *Lucifer* em 1898-99: o famoso Livro I, *Poimandres, or the Shepherd of Men* [Poimandres, ou o Pastor dos Homens] (*vide* 3.1 e 3.2); o Livro 4, *The Mystic Cup or Monad* [A Taça Mística ou Mônada] (*vide* 3.3); o Livro 13, *The Secret Sermon of the Mountain* [O Sermão Secreto da Montanha]; e o Livro 10, *The Key of Hermes the Thrice-Greatest* [A Chave para Hermes, o Três-Vezes-Grande].[24] Em suas pesquisas sobre Gnosticismo, Mead entrou em contato com estudos antigos em literatura hermética, rastreando as edições e traduções do *Corpus Hermeticum* feitas por Marsílio Ficino (latim, 1471), Tommaso Benci (italiano, 1548), Turnebus (grego, 1554), Gabriel du Preau (francês, 1557), Francesco Patrizzi (latim, 1591) e Hannibal Rosselli (latim, 1585-90). Mead também conheceu as várias traduções inglesas de John Everard (Londres, 1650 e 1657), que foram reimpressas por Fryar com uma introdução escrita por Hargrave Jennings (Bath, 1884), por Paschal Beverly Randolph (Toledo, Ohio, 1889) e pela Sociedade Teosófica na *Collectanea Hermetica*, editada por William Wynn Westcott (1893).[25]

Quando foi levada à corte florentina de Cosimo de Médici em 1461, a literatura hermética foi vista como uma *prisca theologia,* uma revelação

---

24. G. R. S. Mead, "The Shepherd of Men" [trad. de *Hermetis Trismegisti Poemander,* ed. G. Parthey (Berlin, 1854)], *The Theosophical Review* 23 (set. 1898-fev. 1899), 323-34; "Concerning 'The Shepherd' of Hermes the Thrice-Greatest", *The Theosophical Review 23* (set. 1898-fev. 1899), 392-400; "The Mystic Cup: The Cup or Monad. A Sermon of Hermes Trismegistus to his own son Tat", *The Theosophical Review* 23 (set. 1898-fev. 1899), 438-45; "The Secret Sermon on the Mountain. Hermes the Thrice-Greatest to his son Tat on the Mountain. A Secret Sermon on Rebirth and Concerning the Promise of Silence", *The Theosophical Review* 23 (set. 1898-fev. 1899), 522-30; "The Secret Sermon on the Mountain" (Comentário), *The Theosophical Review* 24 (fev.-set. 1899), 25-34; "The Key of Hermes the Thrice-Greatest", *The Theosophical Review* 24 (fev.-set. 1899), 129-44.
25. G. R. S. Mead, "The Trismegistic Literature", *The Theosophical Review* 24 (fev.-set. 1899), 221-31, 297-307, 393-400 (pp. 221, 226-29).

divina original. Hermes Trismegisto foi considerado uma personalidade histórica contemporânea ou anterior a Moisés. Em 1614, Isaac Casaubon percebeu que os tratados tinham uma cobertura cristã e não poderiam ser tão antigos como se pensava. No final do século XVIII, os escritos trismegistos foram aceitos como derivados do Neoplatonismo, o mais poderoso contraponto à ortodoxia cristã. A literatura hermética parecia tipificar uma característica platonista mística de Jâmblico no final do século III e esses escritos sugeriam ter sido forjados pelos neoplatonistas para reforçar o paganismo contra uma ascensão do Cristianismo.

Mead aceitou que os escritos herméticos refletiam claramente um platonismo místico, mas ele acompanhou Gustav Parthey (1854) na Alemanha e Artaud (1858) ao afirmar sua origem egípcia: "Os fragmentos da literatura trismegista que chegaram até nós são os únicos restos sobreviventes da 'filosofia egípcia' que surgiu da junção das doutrinas religiosas do Egito com as doutrinas filosóficas da Grécia. Em outras palavras, o que os trabalhos de Filo foram para a literatura sagrada dos judeus, os hermaicos foram para os escritos sagrados egípcios. Lenda e mito foram organizados em alegorias e filosofia e trocados pela visão e instrução".[26]

Mead considerava Jâmblico como a testemunha mais persuasiva para provar as origens egípcias do *Corpus Hermeticum*. Por ser um iniciado nos mistérios egípcios, Jâmblico introduziu os neoplatonistas tardios, previamente conduzidos por Plotino e Porfírio, à teologia egípcia. A descoberta de que o livro de Jâmblico *On the Mysteries of* the *Egyptians* [Sobre os Mistérios dos Egípcios] contém idéias herméticas explícitas pareceu corroborar essa derivação. Jâmblico também afirmou categoricamente que os escritos herméticos foram traduzidos para os hieróglifos egípcios, seja nas inscrições nos templos ou em livros, por Bitys, o profeta do rei Ammon, um dos últimos regentes da 25ª Dinastia, que reinou em 570 a.C.[27] Mead também encontrou correntes herméticas nas antigas religiões misteriosas do Egito e da Fenícia. O tratado de Plutarco *On Isis and Osiris* [Sobre Ísis e Osíris] menciona alguns tutores egípcios dos filósofos gregos, incluindo Sólon, Tales, Platão, Eudoxus e Pitágoras. A obra de Mead mostra a doutrina do *Poimandres*, concernente ao amor da Natureza pela Razão, refletida no mito de Ísis: "Sob a influência da Razão (ou o Logos), a Natureza recebe todos os contornos e formas; ela almeja que ele a impregne e semeie nela emanações e semelhanças, por meio do que ela se regozijou e deleitou-se estar com um filho e repleta de nascimentos de todos os tipos. Pois nascimento é a imagem do ser na matéria, tornando-se cópia do que esta é".[28]

---

26. *Ibid.*, 304.
27. G. R. S. Mead, "Hermes the Thrice-Greatest according to Iamblichus an Initiate of the Egyptian Wisdom", *The Theosophical Review* 25 (set. 1899-fev. 1900), 9-19.
28. G. R. S. Mead, "Hermes the Thrice-Greatest and the Mysteries of Egypt and Pheonicia", *The Theosophical Review 25* (set. 1899-fev. 1900), 138-47 (p. 140).

Mead considera a doutrina do Logos como o dogma principal dos mistérios egípcios, assim como é central nos escritos herméticos. Como Plutarco não tinha nenhum conhecimento do Cristianismo, Mead concluiu que as fontes do Hermetismo eram a tradição egípcia da gnose eterna. Mead achou uma evidência semelhante para a origem antiga dos textos trismegistos na tradução de Filo da cosmogonia do sacerdote fenício Sanchuniathon, evidentemente derivada do *Corpus Hermeticum*. O sacerdote egípcio Manetho, contemporâneo dos dois primeiros Ptolomeus (fim do século IV e primeira metade do século III a.C.), compôs o *Book of Sothis* [Livro de Sótis] para Ling Ptolemy Philadelphus, no qual ele promete mostrar ao rei os livros sagrados do Três-Vezes-Grande Hermes, que é identificado como um segundo Hermes, pai de Tat. Mead descreve, portanto, três épocas do Hermetismo egípcio antigo: (i) o primeiro Thoth, a tradição registrada no Egito anterior à inundação de Atlantis; (ii) o segundo Thoth, o Três-Vezes-Grande, a escola de mistério após a inundação descrita em hieróglifos; e (iii) Tat, sacerdote da época de Manetho, cujas traduções demóticas foram passadas para o grego.[29]

Mead continuou a publicar traduções de livros individuais do *Corpus Hermeticum* na *The Theosophical Review* entre 1900 e 1905. Em 1906, ele publicou o *Thrice-Greatest Hermes* [Três-Vezes-Grande Hermes], três volumes de história, comentário e exegese de textos herméticos compreendendo o *Corpus Hermeticum*; o Sermão Perfeito ou o *Asclepius*; excertos do *Stobæus*; referências e fragmentos no *Church Fathers* [Padres da Igreja]; e referências e fragmentos de Zózimo, Jâmblico e Juliano, o Imperador. Mead continuou a fazer uso da mais recente escola sobre o assunto incluindo o estudo de Richard Reitzenstein do *Poimandres* (1904). Com a ajuda de Reitzenstein, ele pôde identificar um protótipo egípcio das mais importantes características da cosmogonia do *Poimandres*. Esse protótipo é uma inscrição egípcia no Museu Britânico, que data do século VIII a.C., que diz ser cópia de um texto antigo já escrito no templo de Ptah em Mênfis. Aqui, mil anos antes da versão helenista do *Poimandres*, Mead encontra evidência do sincretismo egípcio incluindo a idéia de que o Logos, depois da completude da ordenação do Universo, retorna à mente (*nous*) e se une a ela.[30]

RUPTURA COM A SOCIEDADE TEOSÓFICA

Em fevereiro de 1909, Mead afastou-se da Sociedade Teosófica. A razão imediata dessa ruptura decisiva está na maneira como a Sociedade lidou com as acusações de atos sexuais impróprios levantadas contra Charles

---

29. G. R. S. Mead "Hermes the Thrice-Greatest according to Manetho, High Priest of Egypt", *The Theosophical Review* 25 (set. 1899-fev. 1900), 214-24.
30. G. R. S. Mead, *Thrice-Greatest Hermes. Studies in Hellenistic Theosophy and Gnosis*, três volumes em um (York Beach, ME: Samuel Weiser, 2001), I, 88-95.

Webster Leadbeater (1847-1934) no período de 1906 a 1908. Leadbeater era um tutor anglicano com interesse em fenômenos psíquicos que abandonou a Igreja em 1884 para acompanhar Blavatsky em Adyar, onde ele se tornou um discípulo dos mestres. Depois que Besant sucedeu a Blavatsky como chefe da Seção Esotérica em Londres, tornou-se seu colaborador em pesquisa vidente dos planos mental e astral envolvendo a estrutura dos átomos, encarnações passadas dos indivíduos, formas de pensamento e a pré-história oculta da Terra. Em 1900, a reputação de Leadbeater para Ocultismo aplicado o levou a fazer uma bem-sucedida turnê de palestras nos Estados Unidos, a primeira de várias na Europa e América nos anos seguintes. Em 1902 e 1903, Leadbeater publicou vários livros, incluindo *The Devachanic Plane* [O Plano Devachânico], *The Unseen World* [O Mundo não Visto], *Man Visible and Invisible* [Homem Visível e Invisível], *The Soul and its Vestures* [A Alma e suas Vestes] e *The Other Side of Death* [O Outro Lado da Morte]. Seu trabalho em favor da Teosofia era muito recomendado nas convenções na Índia.[31]

O sucesso de Leadbeater se reverteu de repente em janeiro de 1906 com alegações de que ele ensinava masturbação sob o disfarce de treinamento ocultista para os jovens filhos dos teosofistas americanos. Estes iniciaram movimentos para expulsar Leadbeater da Sociedade Teosófica, enquanto Besant lutava para defender seu colega. O presidente Henry Steel Olcott convocou um comitê em Londres, em maio, para comunicá-lo. Mead era membro desse comitê e as minutas registram sua desaprovação frente as autojustificativas e evasões de Leadbeater.[32] O desligamento de Leadbeater foi aceito e sua nomeação como delegado presidencial, cancelada. Besant permaneceu favorável a ele, procurando maneiras de trazer de volta seu confederado-chefe. Após a morte de Olcott em janeiro, Besant foi eleita presidente da Sociedade, em junho de 1907. Ela continuou a colaborar com Leadbeater em investigações ocultistas e era encorajada pelo apoio do dr. Weller van Hook, secretário-geral da Seção Americana, que defendia as práticas de Leadbeater. Besant planejava a reintegração dele pedindo, na convenção de cada seção, para que o chamassem de volta e desafiando a Sociedade a pedir o desligamento dela, se desaprovasse.[33] Besant firmou o apoio de seus colegas a Leadbeater com intimações pela aprovação dos mestres. Ela visava a um pequeno número de americanos e a um considerável número de membros britânicos como centro da dissidência. Na convenção anual da Sociedade Teosófica, em dezembro de 1908, o assunto foi debatido e Leadbeater foi reintegrado usando como razão a inviolável liberdade de pensamento.

---

31. Gregory, Tillett, *The Elder Brother: A Biography of Charles Webster Leadbeater* (London: Routledge & Kegan Paul, 1982), pp. 62-73.
32. *Ibid.*, pp.83-86.
33. *Ibid.*, pp. 91-99.

Em fevereiro de 1909, Mead e cerca de 700 membros da Seção Britânica desligaram-se em protesto. Com aversão à atitude de Leadbeater, ele achou que o caso evidenciava uma falha mais fundamental da Sociedade. Mead foi particularmente contra a invocação da autoridade dos Mahatmas referente a assuntos internos e ao governo da Sociedade. Ele estimava a Teosofia como uma busca por sabedoria divina e pelo amor da verdade, com as ajudas do estudo, da razão e da gnose. Ele não poderia reconciliar essa busca por sabedoria divina com obediência cega aos supostos dogmas e diretivas dos Mahatmas. Ele escreveu: "Eu nunca segui o Evangelho do Mahatma de H. P. Blavatsky ou fiz propaganda da Neoteosofia e de suas revelações. Eu acreditei que a 'Teosofia' significava propriamente o elemento-sabedoria nas grandes religiões e filosofias do mundo".[34] O trabalho de edição incansável de Mead, sua prolífica produção de artigos para a *Lucifer* e a *The Theosophical Review* e seus livros extensos são todos dedicados a esse fim.

Esse conflito esteve presente desde a fundação da Sociedade. Seus objetivos especificavam o estudo das religiões antigas e modernas, filosofias e ciências, mas muito de seu atrativo veio das alegações de Blavatsky de comunicações ocultas com seus mestres, cujas cartas dos mahatmas criaram uma forma de dogma e escritura. Mead achava que a chefia da Seção Esotérica se tornara um papel dogmático, quase religioso e que não poderia ser combinado com a presidência da Sociedade, com seu *ethos* aberto e não dogmático. Mead deplorava o uso da Seção Européia por Besant como uma convenção política que servia às suas visões e propósitos. Como já foi mencionado, a presidência foi oferecida a Mead, mas ele a recusou, preferindo uma vida de estudo privado, escrever e dar palestras para organizações públicas envolvendo viagens. Graças ao apoio da Seção Européia, Besant foi eleita presidente. Mead opôs-se à sua eleição e a resignação dele também afetou o estilo de Besant de governar, tanto quanto sua justificativa escandalosa sobre a conduta de Leadbeater. Recordando sua resignação anos mais tarde, em 1926, Mead referiu-se ao seu desgosto com a Sociedade Teosófica: "... suas inúmeras afirmativas dogmáticas, seus métodos desonestos e procedimentos repreensíveis".[35]

A ruptura de Mead com a Sociedade Teosófica foi um evento muito importante da sua vida. Em 25 anos como membro, editor da *The Theosophical Review* e dono de numerosos escritórios, a Sociedade Teosófica realmente ofereceu a ele uma carreira como editor, estudioso e escritor. Porém, como muitos outros membros mais velhos, ele manteve respeito e afeição por Blavatsky por toda a sua vida. Com sua personalidade magnética, ela abriu um mundo de questionamento espiritual para ele.

---

34. G. R. S. Mead, *"The Quest" – Old & New: A Retrospect and Prospect* (London: John M. Watkins, 1926), pp. 296-97.
35. *Ibid.*, pp. 295-96.

Como secretário particular, ele viu toda sua correspondência e considerava seu caráter tão franco e despreocupado que mal poderia esconder qualquer armação ou truque do seu passado. Ele sabia que ela não era nenhuma especialista e se maravilhava com suas desconhecidas fontes de escritura sagrada. Embora não fosse discípulo dos Mahatmas, Mead nunca duvidou da crença sincera de Blavatsky na sua missão.[36]

Com Blavatsky, Mead descobriu e entrou em um mundo de literatura sagrada teosófica. A revista da Sociedade e a editora apoiaram seu trabalho de exploração do mundo por duas décadas. Mead relacionou-se com o mundo dos textos gnósticos e neoplatônicos e das escrituras hindus e budistas nos livros de Blavatsky *Ísis Desvelada* e *A Doutrina Secreta*. Ele não pôde relacionar-se com as pesquisas de vidência e com a Neoteosofia de Besant e Leadbeater. Nesse sentido, Mead permaneceu fiel à Teosofia blavatskyana como uma aventura na tradição de sabedoria antiga.

A SOCIEDADE DA BUSCA

Mead não tinha intenção de liderar uma sociedade teosófica dissidente composta dos 700 ou mais desertores que saíram por causa da questão Leadbeater. Em 1909, a Neoteosofia de Besant e Leadbeater foi por muito tempo a corrente dominante na Sociedade e muitos membros estavam familiarizados com ela, mesmo se agora execrassem a conduta de Leadbeater. Em vez disso, Mead resolveu fundar uma nova sociedade que fosse de acordo com seus estudos e interesses espirituais mais profundos. Ele queria que essa associação fosse "genuinamente não dogmática, despretensiosa, sem reivindicar pseudo-revelações e totalmente honesta por dentro e por fora". Apoiado por 150 dissidentes da Sociedade e cerca de cem novos membros, a Sociedade da Busca foi fundada em março de 1909 com dois objetivos: primeiro, promover a investigação e o estudo comparado da religião, da filosofia e da ciência com base na experiência; segundo, encorajar a expressão do ideal em formas belas. O comentário de Mead sobre esses objetivos é bastante revelador, levando-se em conta suas convicções espirituais pessoais.

A Sociedade da Busca não tinha premissas, mas organizou um programa de palestras públicas no Kensington Town Hall, no centro de Londres. Sua principal atividade foi a publicação de *The Quest: A Quarterly Review* (1909-31); artigos de muitos contribuintes revelam o compromisso com seus objetivos declarados ao longo de duas décadas de edição e escrita incansáveis. O reverendo J. Estlin Carpenter (1844-1927), diretor da Manchester College, Oxford, e autor de estudos sobre a Palestina e os Evangelhos, escreveu sobre o Budismo japonês. Caroline Rhys Davis, uma

---

36. G. R. S. Mead, "Concerning H. P. B", *The Theosophical Review* 34 (mar.-ago. 1904), 130-44.

palestrante da Escola de Estudos Orientais e Africanos, University of London, escreveu artigos baseados em seus livros sobre Budismo. O reverendo Hugh John Duckinfeld Astley (1856-1930), vice-presidente da Britain Archaeological Association (Associação Arqueológica Britânica), escreveu sobre animismo e Antropologia no Antigo Testamento. Frederick Conybeare (1856-1924), companheiro da University of College, Oxford, e autor de estudos sobre Aristóteles, Filo e a Igreja Paulina da Armênia, contribuiu com a religião de Mani e com Apolônio de Tiana. Rudolf Karl Bultmann (1884-1976), o jovem professor do Novo Testamento da Marburg e vigoroso opositor da Teologia liberal, contribuiu com alguns de seus recentes trabalhos sobre o Quarto Testamento. O controverso estudioso austríaco do Jesus, o Messias, Robert Eisler, contribuiu regularmente com os assuntos bíblicos. *Sir* William Fletcher Barret (1844-1925), professor de Física no Royal College of Science, Dublino, e fundador da Sociedade para Pesquisa Psíquica, escreveu sobre pensamento criativo e o significado espiritual da natureza. O eminente filósofo vitalista Hans Driesch contribuiu com seus pensamentos em Psicologia moderna.

Além desses nomes acadêmicos e da Igreja, Mead também teve sucesso ao atrair figuras literárias e artísticas para dar palestras e escrever para a revista. Ezra Pound, o jovem poeta americano, procurou Mead em setembro de 1911. Pound apreciava as discussões com Mead e deu uma palestra em 1912 na Sociedade da Busca sobre os elementos pagãos na literatura dos trovadores medievais da Provença baseada em sua pesquisa sobre cátaros e Languedoc.[37] Arthur Edward Waite, a maior autoridade inglesa em Ocultismo e assuntos alquímicos, e Jessie L. Weston, uma notável escritora de romances sobre o rei Arthur, escreveram artigos sobre o Santo Graal. *Sir* John Woodroffe, um especialista em Tantrismo e ioga kundalini, escreveu sobre Shakti. Gustav Meyrink, o autor austríaco do *The Golem* [O Golem] (1915) e membro de muitas sociedades esotéricas, escreveu sobre Buda e lendas do oculto. Arthur Machen, um ex-membro da Golden Dawn (Aurora Dourada) e notável escritor de histórias sobrenaturais, escreveu um texto sobre uma linguagem secreta. Algernon Blackwood, outro bem-sucedido escritor de histórias de mistério e veterano da Golden Dawn, forneceu contos sobre visão remota e os deuses exilados. Rabindrath Tagore ofereceu poesia, aforismos, os provérbios de Dadu e um texto sobre a aparição de Cristo na Índia. Evelyn Underhill escreveu numerosos artigos sobre misticismo, amor e magia dinâmicos. Em 1916, o barão Friedrich von Hügel escreveu sobre a alma alemã e a Grande Guerra. O eminente historiador de arte e seguidor do

---

37. Noel Stock, *The Life of Ezra Pound* (Harmondsworth: Penguin, 1974), pp. 131, 139-42; Ezra Pound, "Psychology and Troubadours", *The Quest* IV, nº 1 (out. 1912), 37-53. Esse artigo foi publicado de novo na edição de 1932 do livro de Pound *The Spirit of Romance*.

Tradicionalismo de René Guénon, Anand Coomaraswamy, escreveu sobre a visão hindu da arte. Ithell Colquhoun, um jovem artista surrealista,
escreveu sobre a prosa da Alquimia.

O trabalho de Mead sobre o Gnosticismo e a *The Quest* atraíram
um séqüito literário influente na Londres pré-guerra. A correspondência
entre Pound e Dorothy Shakespear entre 1909 e 1914, ano de seu casamento, demonstra seu interesse compartilhado pelos "mistérios" de Mead.
Shakespear (n. 1886) era filha de um advogado londrino e de Olivia, uma
romancista inferior e amiga íntima de muitas figuras literárias, incluindo
W. B.Yeats, que ela conheceu em 1894. Pound encontrou Olivia em janeiro de 1909 e achou-a "sem dúvida a mulher mais encantadora de Londres". Por intermédio de seu círculo literário de amigos, Olivia apresentou Pound a muitos escritores, incluindo Yeats. Também foi por meio da
entrada de Mead no círculo de Olivia que ele pôde atrair Yeats, Pound e
Laurence Binyon, entre outras figuras literárias, para escrever para sua
revista. Certamente, em 1912, Pound estava palestrando na Sociedade da
Busca e ele e Shakespear estavam animadamente lendo o livro de Mead
Fragments of a Faith Forgotten [Fragmentos de uma Fé Esquecida].
As cartas trocadas entre Shakespear e Pound em 1912 fazem referências freqüentes ao entusiasmo deles pelo trabalho de Mead, e também
por Mead e sua esposa, como se pode observar na carta de Shakespear
para Pound em junho de 1912: "Os Mead aqui para o chá ontem: ambos
têm tanta, e tão agradável, personalidade..."[38]

Pound devia a Mead por muitas idéias que apareciam na superfície de
seus poemas, incluindo sua terminologia gnóstica. Pound derivou suas idéias
sobre Helena de Tróia (*Canto* 91) da palestra de Mead sobre Simão Mago,
embora a sexualidade explícita do texto original tenha sido amenizada por
Mead e exagerada por Pound. O livro de Mead *Appolonius of Tyana*
[Apolônio de Tiana] (1901) também foi fonte de informação para Pound
sobre Filóstrato. A vida social e literária resplandecente da Londres do pré-
guerra é lembrada repetidamente no livro de Pound *Pisan Cantos* como se
aqueles anos da Sociedade da Busca, fortes amizades, trabalho e interesses em comum, combinados com o namoro com Shakespear, fossem os
últimos pontos de estabilidade e significado em sua vida.

The Quest [A Busca] foi publicado por John Watkins, o maior vende-
dor de livros esotéricos na 21 Cecil Court, Charing Cross Road, e promo-
veu propagandas de periódicos simpatizantes e grupos incluindo *The Asiatic
Review* (fundada em 1886); *The Seeker*, uma revista sobre o misticismo
cristão; e a Sociedade Alquímica, fundada em 1912, para o estudo científico, filosófico e histórico dos trabalhos e teorias dos alquimistas. Seu

---

38. *Ezra Pound and Dorothy Shakespear: Their Letters 1909-1914,* ed. Omar Pound e A.
Walton Litz (London: Faber & Faber, 1985), pp. 62, 102, 114, 160, 275.

presidente honorário era John Ferguson, professor de Química na Glasgow University, a maior autoridade britânica sobre história da Alquimia, cuja coleção de manuscritos e livros antigos sobre Alquimia é agora um tesouro nacional. Mead contribuiu com um artigo em cada edição da revista. Ele continuou a perseguir seus interesses estabelecidos em religião helenista com estudos do contexto sutil do Ocidente, Zoroastrismo e artigos sobre o Cristianismo antigo. Uma série de textos sobre jogos cerimoniais, danças e banquetes em igrejas medievais também foi publicada na revista, e mais tarde reimpressa como um livro. O Oriente distante também era alvo de seu interesse, o que pode ser observado pelos trabalhos acerca da Taoísmo e Budismo. Com o advento da Grande Guerra (1914-18), o horizonte escureceu e suas contribuições versavam sobre o significado religioso da guerra e suas privações. Após o armistício, Mead escreveu sobre regeneração e reconstrução sob um ponto de vista espiritual. Ele também escreveu muito a respeito do Gnosticismo, com artigos sobre a escritura mandiana e o gnóstico João Batista, publicados em livro em 1924.

O fim da guerra e suas privações possibilitaram à revista retomar sua publicação trimestral regular. Também foi encontrado um local para a Sociedade da Busca em 27 Clareville Grove, London S.W.7, que fornecia uma biblioteca para 4 mil volumes e uma sala de palestras. Mead era presidente, com C. C. Macrae, a sra. William Sharp, viúva do poeta escocês ("Fiona Macleod") e A. E. Waite como vice-presidentes. Encontros para palestras eram feitos uma vez a cada duas semanas, com uma pausa de três meses no verão. Grupos de estudo eram encorajados para assuntos como religião comparada, Filosofia, Misticismo, Psicologia e pesquisa psíquica. Laura Mead, sua amada companheira de vida na Teosofia desde seus primeiros dias juntos no grupo fechado de Blavatsky, dava assistência a Mead como secretária da Sociedade até sua morte, em 1924. Após a morte dela, Mead interessou-se por sessões espíritas.

Mead continuou a publicar *The Quest* até 1930. A vida da Sociedade da Busca e de sua revista estendeu-se por duas décadas, só cinco anos menos do que seu longo envolvimento com a Sociedade Teosófica. Sua Sociedade refletia não só seus interesses em religião comparada, pesquisa psíquica e Filosofia, mas também sobre como ele achava que a Sociedade Teosófica deveria ser. Logo após a saída de Mead, em 1909, Leadbeater descobriu o jovem Jiddu Krishnamurti em Adyar, um excepcional jovem que ele e Besant logo proclamaram como o novo Messias mundial. O maior envolvimento de Besant com o Congresso Nacional da Índia e as expectativas apocalípticas ao redor de Krishnamurti até a renúncia dele desse papel em 1929 levaram a Sociedade Teosófica para caminhos bem distantes daqueles do tempo de Mead. Com sua dedicação ao estudo do Esoterismo e da religião comparada, Mead permaneceu fiel à sua visão original de Teosofia, vislumbrada de quando era um jovem editando os trabalhos de Blavatsky e enfatizada no seu trabalho programático "The Task of the Theosophical Scholars in the West" [A Tarefa dos Estudiosos Teosóficos no Ocidente] em 1891.

A Sociedade da Busca e sua revista foram vistas como prognóstico das conferências Eranos, reunidas anualmente desde 1933 por Frau Olga Froebe-Kapteyn em sua vila, Casa Gabriella, na costa norte do lago Maggiore, perto de Ascona, Suíça. Sua concepção original de uma mesa redonda para discussão das tradições ocidentais e orientais, da Mitologia, da Filosofia e da ciência floresceu por sucessivas décadas com as participações de eruditos como Carl Gustav Jung, Martin Buber, Carl Kerényi, Henry Corbin, Mircea Eliade, Gershom Scholem e Gilles Quispel. Frau Froebe administrou anteriormente cursos de verão para os quais ela convidou os teosofistas Alice A. Bailey, Violet Tweedale e Robert Assagioli, fundador da Psicossíntese. Ela incluiu Jung e Mead nos seus convites anteriores para um curso de verão. Embora Mead não tenha, no caso, participado das conferências Eranos, Robert Eisler e Caroline Rhys Davis, ambos grandes contribuintes da The Quest, eram palestrantes regulares na Eranos. Robert Eisler (1882-1949), um nativo de Viena que lecionava na Sorbonne e na Oxford University em 1940, escreveu estudos pioneiros sobre o Quarto Evangelho, Jesus, o Messias, João Batista e estudos comparados do simbolismo dos cultos órficos e do Cristianismo antigo. Sua descoberta pioneira sobre o simbolismo da Páscoa dos judeus foi confirmada por estudiosos na metade da década de 1960. Suas contribuições anteriores com a revista de Mead, ambas antes de 1914 e durante a década de 1920, demonstram continuidade com sua palestra na Eranos em 1935 sobre o mistério do Evangelho de São João.[39] Rhys Davis palestrou regularmente sobre religião indiana nas quatro primeiras conferências Eranos, de 1933 a 1937.[40] Jung, um admirador do trabalho de Mead sobre os gnósticos, tornou-se um participante importante na Eranos, do início até sua morte.

A RETOMADA GNÓSTICA E C. G. JUNG

A exploração feita por G. R. S. Mead das religiões misteriosas helenistas, embora acadêmica, foi também uma busca inspirada por gnose pessoal. Em suas esmeradas edições, comentários e traduções de textos antigos, ele buscou a energização da Teosofia ou a sabedoria divina presente em si mesmo. Tudo o que livrasse o homem da sua pequenez interior e restituísse sua grandeza interior, mesmo que momentaneamente, Mead considerava um impulso divino. Ele imaginava que invocar hierarquias espirituais seria

---

39. Hans Thomas Hakl, *Der verborgene Geist von Eranos* (Bretten: Scientia Nova, Verlag Neue Wissenschaft, 2001), pp. 164-166.

40. *Spirit and Nature: Papers from the Eranos Yearbooks,* ed. Joseph Campbell (London: Routledge & Kegan Paul, 1955), pp. 451-459.

trabalho de inteligências elevadas que falam a linguagem da alma. O extenso trabalho de Mead sobre Gnosticismo foi uma influência importante para Jung quando este desenvolveu as idéias de sua psicanálise e psicologia de profundidade.

Carl Gustav Jung (1875-1961) é atualmente reconhecido como fundador de uma escola internacional de Psicanálise, que coloca o desenvolvimento espiritual humano como parte principal da Psicologia analítica. As idéias de Jung sobre o inconsciente coletivo e os arquétipos complementam suas teorias da individualização como forma de renascimento por meio da análise dos sonhos, das memórias e de outras manifestações do inconsciente. Jung já havia feito importantes progressos ao desenvolver essas idéias antes da Primeira Guerra Mundial, como resultado de vários interesses maiores.

Como jovem estudante de Medicina, Jung ficou atraído pelo Espiritualismo e presenciou sessões espíritas de 1895 a 1900, com sua prima médium, Hélène Preiswerk. Jung baseou sua tese de doutorado nas suas notas dessas sessões em que personalidades em forma de "espíritos", incluindo ancestrais mortos, falavam por meio da garota. O profundo interesse de Jung por esses extraordinários estados de consciência também apresentou a ele entidades transpessoais. Em 1905, Jung entrou em contato com a Psicanálise de Sigmund Freud, com quem ele colaborou de 1906 até 1912. Jung sentiu-se atraído pela idéia de Freud de que a análise poderia oferecer uma cura "falada" para a repressão do trauma e das memórias inconscientes. A psicologia freudiana enfatizava temas como rompimento de laços, irracionalidade e sexualidade, evidenciando, portanto, a revitalização, uma idéia recorrente no *fin-de-siècle* derivada do filósofo Friedrich Nietzsche. Durante seus estudos, Jung também estudou os trabalhos de Ernst Haeckel (1834-1919), professor de Zoologia na Jena e principal autoridade em Biologia evolucionista na Alemanha. Ele desenvolveu a teoria de que os estágios do desenvolvimento humano (ontogenia) recapitulavam os estados do desenvolvimento da raça humana (filogenia). Por volta de 1909, isso levou Jung a postular uma "filogenia da alma". Em seu principal trabalho, *Wandlungen und Symbole der Libido* [Psicologia do Inconsciente] (1911), Jung defendia que a alma tem camadas históricas, a mais antiga referência ao inconsciente.[41]

Em sua viagem para a América com Freud, Jung teve um sonho em que explorava os pisos inferiores e níveis subterrâneos de uma antiga casa. Isso lhe sugeriu que poderia extrair os conteúdos do inconsciente. Em seu retorno, em setembro de 1909, Jung começou a mergulhar na Arqueologia e na Mitologia. Particularmente, ele estava interessado nos mitos e rituais das religiões

---

41. Richard Noll, *The Jung Cult: Origins of a Charismatic Movement* (Princeton: NJ: Princeton University Press, 1994), pp. 51-54.

helenistas antigas e misteriosas. De acordo com sua "filogenia da alma", tais religiões antigas e mitologias corresponderiam às camadas inferiores, inconscientes da mente. Os trabalhos de Friedrich Creuzer (1771-1858), professor de Filologia e História Antiga da Heidelberg, foram uma fonte importante de informação sobre os cultos misteriosos greco-romanos que o levou aos gnósticos.[42] Jung estudou os quatro volumes de Creuzer, *Symbolik and Mythologie der alten Völker besonders der Griechen* (1810-82), considerando-o uma enciclopédia para identificar mitos nos casos clínicos de seus pacientes na clínica psiquiátrica Burghölzli, em Zurique.[43] Jung também usou os trabalhos do teólogo alemão Albrecht Dietrich (1866-1908) sobre o deus gnóstico, Abraxas, o culto da mãe terra e um fragmento do papiro de magia grego chamado *A Liturgia Mitraica*. Jung estava convencido de que o "Homem do Falo Solar", a visão de um paciente psicótico da Burghölzli em 1910, correspondia a uma figura da *Liturgia Mitraica*. A correspondência, ele acreditava, oferecia evidência conclusiva para o inconsciente como uma mina de mitos religiosos antigos lembrando o desenvolvimento filogenético da alma humana. Jung citou como fonte para a *Liturgia Mitraica* uma tradução feita por Mead, o sexto de uma série de 12 volumes, *Echoes of the Gnosis* [Ecos da Gnose] (1906-08).[44]

Jung tinha de fato uma grande dívida com as prolixas e fluentes edições de Mead sobre os trabalhos gnósticos. Enquanto os estudiosos alemães do século XIX ofereciam discussões técnicas detalhadas sobre o Gnosticismo, eles não ofereciam fácil acesso aos textos originais. Os códices Askew e Bruce continuam sendo a área dos especialistas clássicos, exceto pelas extensas traduções de Mead. A biblioteca de Jung continha 18 livros escritos por Mead, entre eles: *Simon Magus* [Simão Mago] (1892); *Apollonius of Tyana* [Apolônio de Tiana] (1901); *Did Jesus Live 100 B.C.?* [Jesus viveu em 100 a.C.?] (1903); *Fragments of a Faith Forgotten* [Fragmentos de uma Fé Esquecida] (1906); *Thrice-Greatest Hermes*, 3 vols. [Três-Vezes-Grande Hermes] (1906); *The World-Mystery* [O Mistério do Mundo] (1907); *Some Mystical Adventures* [Algumas Aventuras Místicas] (1910); *The Doctrine of the Subtle Body in Western Tradition* [A Doutrina da Matéria Sutil na Tradição Ocidental] (1919); *Pistis Sofia*, segunda edição (1921); e *The Gnostic John the Baptizer* [O Gnóstico João Batista] (1924). Além de relatos extensos dos gnósticos por seus inimigos, *Fragments of a Faith Forgotten* [Fragmentos de uma Fé Esquecida] ofereceu a Jung as traduções completas dos códices Askew e Bruce.

---

42. C. G. Jung, *Memories, Dreams, Reflections* (London: Fontana, 1983), pp. 182-186.
43. Richard Noll, *The Jung Cult*, pp. 179-181.
44. Richard Noll, *The Aryan Christ: The Secret Life of Carl Jung* (London: Macmillan, 1997), pp. 126-128; Noll também discute os aspectos problemáticos do relato de Jung sobre o "Homem do Falo Solar" em *The Jung Cult*, pp. 181-184.

Também contemporânea dos primeiros estudos de Jung sobre cultos de mistério era a coleção de Mead, *Echoes of the Gnosis* [Ecos da Gnose], que continha *The Vision of Aridæus* [A Visão de Aridæus] (1907); *The Hymn of Jesus* [O Hino de Jesus] (1907); *A Mithraic Ritual* [Um Ritual Mitraico] (1907), vital para sua discussão do "Homem do Falo Solar"; *The Gnostic Crucifixion* [A Crucificação Gnóstica] (1907); *The Chaldean Oracles*, dois volumes [Os Oráculos Caldenses] (1908); *The Hymn of the Robe of Glory* [O Hino do Manto de Glória] (1908) e *The Wedding-Song of Wisdom* [A Canção de Casamento de Sabedoria] (1908).[45]

Depois de suas leituras sobre cultos de mistério helenistas, Jung interessou-se pelo Gnosticismo de 1912 em diante, escrevendo entusiasmado sobre os gnósticos para Freud em agosto daquele ano. Jung não considerava os gnósticos sincretistas, misturando sistemas e doutrinas, mas profetas que produziram visões genuínas. Ele acreditava que o imagético gnóstico e a enologia não eram mitos, mas relatos do inconsciente coletivo. Jung estava convencido de que as imagens gnósticas ainda apareciam na experiência interior dos indivíduos do presente. Em 1916, Jung experimentou uma série de visões extraordinárias, formuladas em seu trabalho oracular, *Septem Sermones ad Mortuous*, que narra a aparição dos cruzados cristãos que falham em encontrar respostas para a sua busca espiritual em Jerusalém, e depois viajam para Alexandria para aprender sete sermões feitos pelos basilides. Entre os temas gnósticos estão o nada, a plenitude, o Pleroma, pares de opostos e Abraxas, a divindade gnóstica do sistema basilideano, descrita por Albrecht Dietrich e por Mead. Jung considerava seu texto, com seu estranho registro retórico, como um documento intensamente pessoal, que só foi publicado depois da sua morte como um apêndice à edição alemã de sua autobiografia, em 1962. Antes disso, ele circulou na forma de manuscrito. Em 1949, uma cópia chegou às mãos do emigrante húngaro Stephen A. Hoeller, atualmente principal expoente do Gnosticismo como prática religiosa. Como bispo da Ecclesia Gnostica, estabelecida em Los Angeles, escreveu muito sobre Jung e o Gnosticismo e fomentou o crescimento de outras igrejas gnósticas. Hoeller também enfatizou o trabalho crucial de Mead no renascimento do Gnosticismo moderno e a importância dele no seu próprio trabalho.[46]

No fim dos anos de 1920, a Alquimia tornou-se o maior interesse de Jung, notavelmente as metáforas alquímicas e os símbolos, suplementando os mistérios helenistas. Jung assimilou os temas herméticos, gnósticos e

45. Richard Noll, *The Jung Cult,* pp. 69, 326.
46. Stephan A. Hoeller, *The Gnostic Jung and the Seven Sermons to the Dead* (Wheaton, IL: Theosophical Publishing Society, 1982); *Gnosticism: New Light on the Ancient Tradition of Inner Knowing* (Wheaton, IL: Theosophical Publishing Society, 2002), pp. 91, 98, 113, 169-170, 187.

alquímicos na sua visão de uma tradição espiritual esotérica que se opunha
à ortodoxia cristã e se mantinha como uma corrente vital no inconsciente
coletivo. Jung continuou a citar as edições e traduções de Mead dos textos
gnósticos em muitos de seus trabalhos, com temas como a queda da divindade e a aparição do demônio como um imitador ou macaco de Deus,
numerosas referências evocadas ao *Pistis Sofia* de Mead e *Fragments of
a Faith Forgotten* [Fragmentos de uma Fé Esquecida].[47] Ele continuou a
contar a história do paciente do "Homem do Falo Solar" e sua confirmação
na edição de Mead sobre a Liturgia Mitraica.[48] Jung também se referiu ao
Thrice-Greatest Hermes [Três-Vezes-Grande Hermes] de Mead na sua
discussão sobre a psicologia da solução alquímica, e aos trabalhos pós-
guerra de Mead sobre a matéria sutil e o gnóstico João Batista.[49] Notas das
três séries de seminários privados sobre análise dos sonhos, visões e sobre
o *Zaratustra* de Nietzsche, feitos no Clube Psicológico de Zurique entre
1928 e 1939, também oferecem evidência abundante do contínuo interesse
de Jung pelo trabalho de Mead.[50] Gilles Quispel, importante estudioso
gnóstico e amigo íntimo de Jung, confirmou que Jung visitou Mead em
Londres para agradecê-lo por suas traduções do *Pistis Sofia*.[51] Além da
correspondência não publicada entre Mead e Jung, em seus últimos anos
alegou-se que Mead fez várias visitas, ao lado de Jung, a Zurique-Küsnacht.[52]

A INFLUÊNCIA DE MEAD NO GNOSTICISMO MODERNO

O trabalho de Mead sobre Gnosticismo provou ser um elo importante
na transmissão da tradição esotérica ocidental. Em 1916-17, o escritor ro-
mântico alemão Herman Hesse (1877-1962) foi submetido a mais de 70 sessões psicanalíticas com John B. Lang, um discípulo suíço que também estava

---

47. Carl Gustav Jung. *Psychology and Religion: West and East* (*The Collected Works* 11)
(London: Routledge & Kegan Paul, 1958), pp. 53f, 70, 116, 165-66, 230.
48. Carl Gustav Jung, *Symbols of Transformation* (*The Collected Works* 5) (London:
Routledge & Kegan Paul, 1956), p. 101.
49. Carl Gustav Jung, *Mysterium Coniunctionis* (*The Collected Works* 14) (London:
Routledge & Kegan Paul, 1963), p. 273; *Alchemical Studies* (*The Collected Works* 13)
(London: Routledge & Kegan Paul, 1967), pp.103-4; *The Symbolic Life* (*The Collected
Works* 18) (London: Routledge & Kegan Paul, 1977), p. 694.
50. Carl Gustav Jung, *Dream Analysis: Notes of the Seminar given in 1928-1930*, ed.
William McGuire (London: Routledge, 1995), pp. 26, 32, 116, 240; *Visions: Notes of the
Seminar given in 1930-1934,* ed. Claire Douglas, dois vols. (London: Routledge, 1988), I,
222, 237-38, 413, 490, 652; II, 773, 1123; *Nietzsche's Zarathustra: Notes of the Seminar
given in 1934-1939,* ed. James L. Jarret, dois vols. (London: Routledge, 1989), I, 303, 308f,
315, 441; II, 1490.
51.Stephan A. Hoeller, "C. G. Jung and the Alchemical Revival", *Gnosis* No. 8 (verão de
1988), 34-39; *Gnosticism,* op. cit., p. 169.
52. Richard Noll, *The Jung Cult*, p. 69.

profundamente impressionado pelos temas gnósticos. Em seu popular romance *Demian* (1919), Hesse apresenta Lang como Pistorius, um estudante
de religiões antigas que explica para Demian sobre o deus gnóstico, Abraxas,
que está além do bem e do mal e contém os mundos da luz e da escuridão. A
descrição feita por Hesse do crescimento de Demian em independência e
autoconhecimento reflete parcialmente o trabalho de Jung sobre as religiões
helenistas e o inconsciente, que Hesse também estudou.[53] Nos anos de
1960, os romances de contracultura de Hesse desfrutaram de um renascimento entre jovens europeus e americanos. Por exemplo, um álbum famoso do guitarrista Santana recebeu o nome de *Abraxas*.

O impacto de Mead na recepção moderna do Gnosticismo continuou
a aumentar até o presente. Os poetas da geração *New American*, Robert
Duncan (1919-88) e Kenneth Rexroth (1905-82), reconheceram a importância de Mead nos seus trabalhos. Criado em uma família teosófica, Duncan
foi encorajado por Rexroth a explorar muitos assuntos na tradição esotérica ocidental. A poesia de Duncan deve muito à literatura hermética que ele
conheceu por meio de edições de Mead. Em seu *H. D. Book*, Duncan
inclui uma pequena autobiografia intelectual, traçando a influência, sobre
sua família, do renascimento do Ocultismo moderno na Inglaterra, incluindo
Blavatsky, W. B. Yeats e a Ordem Hermética da Aurora Dourada. Nesse
relato ele faz total tributo a Mead e a *The Quest*, afirmando que seu objetivo era "reavivar os sentidos do mundo divino como o real, a fonte da vida
vital do homem".[54] Os livros de Mead estavam entre seus favoritos, como
evidenciado no retrato do artista Jess, ex-Burgess Collins (1923-2004),
mostrando Duncan ao lado dos livros de Mead *Pistis Sofia* e *Thrice-Greatest
Hermes* [Três-Vezes-Grande Hermes]. A influência de Mead sobre o mundo imaginativo de Jess foi provavelmente tão grande quanto foi sobre
Duncan.[55]

Em 1933, Mead morre em Londres, apenas três anos depois que pa-
rou de publicar a *The Quest*. O trabalho incansável sobre a literatura sagrada do mundo helenista e a insistência na sua ressonância perene no
espírito humano preencheram uma vida de trabalho. Desde sua descoberta

---

53. Theodore Ziolkowski, *The Novels of Herman Hesse: A Study in Theme and Structure*
(Princeton, NJ: Princeton University Press, 1974), pp. 9-11, 110-11, 126.
54. Robert Duncan, "Chapter 5 of Part I; *The H.D. Book*", in *The Alchemical Tradition in
the Late Twentieth Century* (1ª série 31), ed. Richard Grossinger (Berkeley, CA: North
Atlantic Books, 1991), pp. 203-22. Cf. Leon Surette and Demetres P. Tryphonopoulos,
Literary Modernism and the Occults Tradition (Orono, ME: National Poetry Foundation,
1996).
55. *Jess: A Grand Collage 1951-1993,* ed. Michael Auping (Buffalo, NY: Albright-Knox
Art Gallery, 1993). O retrato de Duncan com os livros de Mead é intitulado *The Enamord
Mage: Translation #6* (1965).

da Sociedade Teosófica na juventude, ele empregou seus dons como editor, tradutor e estudioso clássico para explorar o mundo rico da filosofia hermética e do Gnosticismo ao longo das tradições orientais dos *Upanishads**, do Vedanta e do Budismo. Ele foi um dos primeiros teosofistas a articular uma Teosofia ocidental, enraizada no Orfismo e no Neoplatonismo, que ele então relacionou com os sistemas valentino, basilideano e outros sistemas gnósticos e com o *Corpus Hermeticum*. A esse respeito, seu caminho reflete o caminho de outros teosofistas como Rudolf Steiner, Anna Kingsford, W. B. Yeats e Dion Fortune, que abraçou as fontes esotéricas ocidentais depois de um experimento com o Orientalismo da Teosofia moderna. A recepção de Jung do Gnosticismo como um mapa espiritual do inconsciente, os afluentes do Gnosticismo na literatura e na poesia e a antecipação da Sociedade da Busca dos diálogos entre Oriente e Ocidente nas conferências Eranos sobre religião comparada indicam a influência seminal de Mead na Teosofia moderna e no Esoterismo na erudição, Psicologia e artes.

---

* N.E.: Sugerimos a leitura de *As Upanishads da Yoga*, Madras Editora

TEOSOFIA UNIVERSAL: ORIENTE E OCIDENTE

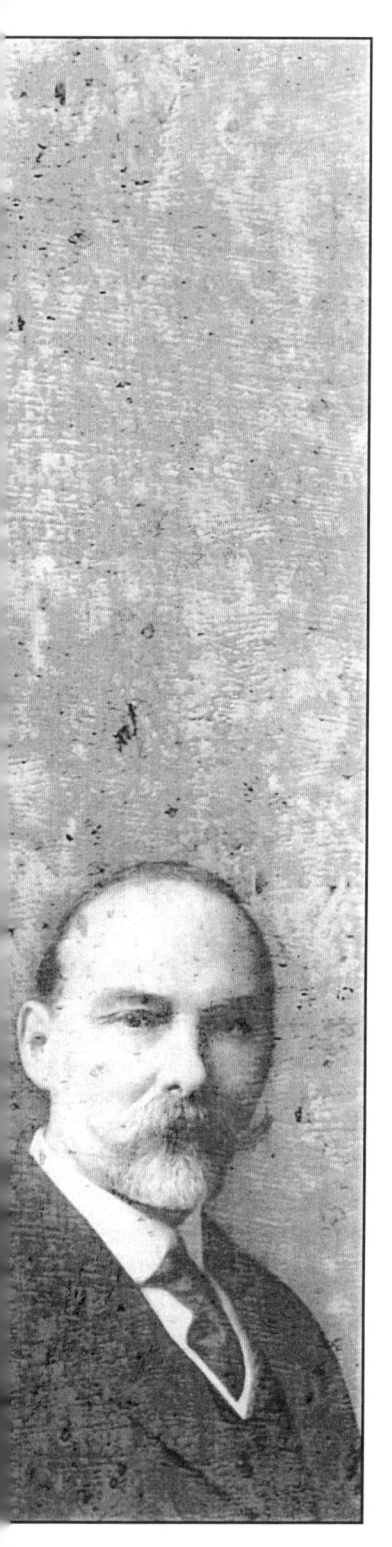

O interesse inicial de Mead pela Teosofia foi causado pela leitura do livro de Alfred Percy Sinnett, *Esoteric Buddhism* [Budismo Esotérico] (1883), quando ainda estava na Cambridge University. Quando se juntou à Sociedade Teosófica, seus interesses tinham por foco as religiões orientais, mas ele logo abraçou uma "Teosofia" ocidental derivada de fontes alexandrinas e helenistas dos primeiros séculos depois de Cristo. Em 1890, Mead buscou fazer uma ponte entre as tradições oriental e ocidental em uma "sabedoria divina" compartilhada ou tradição de sabedoria antiga, que era um objetivo definido da Sociedade Teosófica. Nessas leituras, vemos a celebração feita por Mead da Teosofia Universal do Oriente e do Ocidente, um projeto que refletia um interesse acadêmico na ascendência ariana comum a toda cultura e religião indo-européias, seguindo o trabalho de *sir* William Jones, Max Müller e outros.

1.1 "A UNIDADE DO UNIVERSO", *LUCIFER 8* (1891), 421-27

O artigo a seguir representa o manifesto de Mead sobre a cosmologia teosófica condizente com o texto de A Doutrina Secreta, *que apareceu so-*

mente três anos antes. Helena Blavatsky, com quem ele trabalhou como secretário particular desde 1889, morreu em maio de 1891, no período coberto por esse·número da Lucifer. *Nesse texto, Mead segue de perto a terminologia da* magnum opus *de Blavatsky no que diz respeito à cosmogonia, sua identificação com a "grande respiração" e os nomes em sânscrito para os ciclos cósmicos hindus. Sua preocupação fundamental é mostrar a unidade de consciência e criação subjacentes. Tempo, espaço e consciência são apresentados como aspectos ou símbolos do absoluto. Mead conclui postulando a correspondência entre o homem, como microcosmos, e o Universo, como macrocosmos.*

O ABSOLUTO: O CONDICIONADO: PERIODICIDADE: A "EXPIRAÇÃO E INSPIRAÇÃO": MANVANTARAS

Há uma linda passagem na Doutrina Secreta (I.120), citada de um dos livros antigos. Está na forma de um catecismo entre tutor e pupilo e diz o seguinte:

"Levanta-te a cabeça, ó discípulo; tu vês uma, ou várias luzes sobre ti, queimando no escuro céu da meia-noite?

Eu sinto uma chama, ó mestre; eu vejo várias faíscas unidas brilhando nela.

Disseste bem. E agora olha ao redor e dentro de ti. Aquela luz que queima dentro de ti, tu a sentes diferente de alguma forma da luz que brilha em teus irmãos?

Não é diferente de nenhuma forma, embora suas vestes externas iludam o ignorante, dizendo: 'Tua Alma e Minha Alma'."

E o texto adiciona:

"A unidade radical da essência final de cada parte constituinte" do Universo –"da estrela ao Átomo mineral, da maior" Entidade Espiritual "à menor infusória, na mais completa acepção do termo, e se aplicada aos mundos espiritual, intelectual ou físico – essa (Unidade) é a lei fundamental da Ciência Oculta."

E esse também é o conceito fundamental da Teosofia de acordo com todos os maiores sistemas religiosos, filosóficos e científicos do mundo. Porque, se esse postulado for negado e o cético se recusar a admitir a *unidade* essencial de todas as coisas, em sua análise definitiva, ele será compelido a supor uma diferença absoluta de essência em todos os fenômenos e, portanto, na melhor das hipóteses, ser reduzido à posição embaraçosa e ilógica de admitir uma *dualidade* eterna e infinita na natureza das coisas. As consequências de tal hipótese podem ser desastrosas ao extremo. Tais conceitos de Deidade e Natureza, Infinito e Finito, seriam, portanto, *eternamente* contraditórios e mutuamente excludentes. Nós teríamos de encarar os terrores dos dois Absolutos e ser obrigados a tornar ilógico nosso intelecto e dar o nome de Infinito àquilo que seria, pela natureza desse dualismo sem-fim, eternamente limitado e oposto pelo Finito. Por sua vez, a Deidade também seria logicamente impotente e finita, pois seria limitada eternamente tanto pela Natureza como pelo Infinito e Finito eternos.

Há só uma escapatória de todas essas contradições desconcertantes e absurdas. Todos os pares de opostos, como luz e trevas, vida e morte, sendo contraditórios e mutuamente excludentes, não podem permanecer assim eternamente. O "número amaldiçoado", 2, não pode ser uma verdade eterna, e tais pares de opostos só podem ser reconciliados por um terceiro e misterioso conceito que não pode ser sugerido, exceto por um paradoxo, pois ele ao mesmo tempo exclui e inclui ambos os opostos e permanece uma dualidade mesmo na sua afirmação.

Isso pede uma explicação maior. Observe como um clarão de luz vem da não-existência para a existência, e retorna à não-existência e às trevas novamente. Mesmo que sua luz *exista* só por um momento no tempo, ela *é* eterna. Porque, embora a luz tenha deixado de existir, ou de se manifestar, no universo fenomenal exterior, ela ainda está no universo numenal, embora em um estado de não-existência para nossos sentidos físicos; isso é provado pelo fato de que pode ser recordado pela memória. Quando nos lembramos do clarão, ele está imediatamente presente, embora em um plano diferente e mais sutil de consciência, ou seja, aquele da memória, a condição ativa do que pode ser um presente estado de consciência.

E, se esse exemplo for considerado insuficiente, o exemplo do oxigênio e do hidrogênio presentes na água, embora não-existentes como tais, servirá ao nosso propósito.

Agora, se considerarmos existência e não-existência como dois pólos do Ser, nós ainda estamos propensos a postular outro estado, ou seja, do Não-Ser, sem o qual o estado do Ser que postulamos não poderia ser concebido. Portanto, nós temos novamente dois opostos, uma dualidade, Ser e Não-Ser. Mas a mente do homem, impelida por uma vontade inata que se recusa a ficar confinada dentro de limites da totalidade, repele o problema mais uma vez, postulando novamente uma essência de Ser e Não-Ser que, por falta de um termo melhor, os estudantes teosóficos chamaram de "Seidade", e então o processo pode continuar infinitamente por toda a eternidade.

A escola de filosofia hindu vedanta chama esse algo indefinido, ou melhor, não-coisa (essa vontade da mente de transcender a si própria), de Parabrahm, ou aquilo que está além do Brahma, a semente da diferenciação ou do Universo. Como afirma o autor do panfleto T. P. S., "Parabrahm":

> "Aquele que é ao mesmo tempo ego e não-ego, espírito e matéria, sujeito e objeto, causa e efeito, finito e infinito, momento e eternidade, tudo e nada, deve – se pudesse ser denominado – ser chamado de Parabrahm. E ainda não poderia ser dito isso, já que é ao mesmo tempo ser e não-ser. Tentar seus

louvores seria uma blasfêmia vã e ímpia, se quem tentar não for aquele que é
ao mesmo tempo quem fala e escuta e o discurso".

Assim é a estupenda "intuição" da filosofia oriental que o Ocidente
condensou no conceito do Absoluto. O estudante de Sabedoria oriental,
porém, que se esforça para fabricar uma nomenclatura para idéias que em
muitos casos são estranhas ou totalmente inexistentes no Ocidente, prefere
substituir o termo "algo Absoluto", como um passo adiante na direção certa, porque de modo absoluto é pelo menos a potencialidade ou essência do
termo mais preciso "Absoluto". Porque Absoluto não pode ser concebido
ou existir sem o contraste do relativo ou condicionado. E então, como já foi
dito, nós podemos alongar ou não os problemas ou o mistério, mencionando
a concepção do que é Ser e Não-Ser pelo recém-criado termo Seidade, ou
nos contentando com o simples termo Veda, "Aquele".

Mas o ponto mais importante é perceber que erramos na verdade do
nosso questionamento; porque, se todas as coisas são o Tudo, cada um de
nós que faz o questionamento está, na verdade e na realidade, agindo sob a
influência da Mâya ou Ilusão, com tal questionamento esforçando-se para
conceber o Si Próprio por Si Próprio.

Não cabe aqui mencionar os vários sinônimos, ou símbolos, para essa
inata e estupenda tendência da mente intuitiva e espiritual, que encontramos nos grandes sistemas do passado; tal tarefa excederia os limites deste
trabalho. É, porém, certo mencionar que a evidência é vasta e tão destruti-
va para o monoteísmo quanto é conclusiva para o estabelecimento do
panteísmo, de maneira invencível.

Esse é o conceito fundamental do sistema filosófico que estamos nos
preparando para examinar, e essa é a razão de por que a sensação da
"separação" entre os homens tem sido estigmatizada pelos sábios como
uma "grande heresia".

Nós demonstramos, portanto, até agora que o IT (objeto indefinido)
é "irreconhecível" para nossa consciência do presente. Talvez alguém
possa perguntar agora como esse princípio difere do "irreconhecível" da
filosofia ocidental moderna, por exemplo, aquela de Herbert Spencer? A
resposta não está longe. Enquanto o termo "irreconhecível" é aplicado
pelos pensadores ocidentais a tudo o que estiver fora dos sentidos físicos
normais e da consciência do homem, as escolas do Oriente admitem não
haver limite a essa consciência; para elas *a mente é o homem* e, como
sua consciência é essencialmente da mesma natureza que a do TUDO
(que para nossas faculdades limitadas atuais é absoluta "inconsciência"),
defende-se que essa consciência humana tem a potencialidade de expan-
dir-se até a consciência do TUDO. Portanto, como o campo do cognoscível
é capaz da extensão infinita, seus irreconhecíveis vão nos confinar nos
limites estreitos da consciência física, mas nos apresentar um horizonte
de progressos infinitos.

Agora teremos de encarar a parte mais difícil do nosso questionamento, provavelmente o problema mais difícil que a mente humana propôs-se a resolver. Como criar uma ponte sobre a lacuna entre "o uno em muitos" e "a multidão em um"? Como podemos, por assim dizer, captar aquilo que está além, ou fora de relação com o espaço, o tempo e a consciência? Ou, em outras palavras, do não-condicionado para o condicionado?

Quais são as verdades frente a nós nesse questionamento? Em todas essas investigações, temos pela frente um pensador, meditando sobre um problema, que é objeto de seu pensamento. Nós não podemos iniciar com menos do que esses três fatores, ou seja: o pensador, o pensamento e a coisa ou objeto do pensamento. Em toda análise definitiva, ficamos face a face com essa parede tripla e, embora não possamos transcender essa rindade, ainda somos compelidos a sentir que não há uma diferença essencial entre seus três fatores. Porque, ao transcender essa trindade, não podemos mais pensar, mas tornar-se algo, o puro pensamento, e portanto, fora de relação com os objetos de pensamento e todos os pensadores. Em outras palavras, quando a mente não conhece o objeto de percepção ela o repõe, tornando-o pensamento puro.

Novamente, nós não podemos iniciar com o não-condicionado, que não é nem o primeiro nem o último; não começa, não termina e não é o meio; e, portanto, nós somos compelidos a iniciar onde é natural, isto é, nessa trindade da mente, que é comum ao homem e ao Universo. A mente universal é a natureza essencial de toda a diferenciação, que é a do condicionado. Essa mente universal é o "Grande Princípio" que diferencia e sintetiza, que condiciona a si mesmo e ainda é da natureza do não-condicionado, ou Absoluto. O princípio divino da mente é o único meio de reconciliar, ou fazer uma ponte, ou trazer para uma relação, o Não-condicionado e o condicionado. É pela mente que nós, no ambiente físico, por meio da experiência real, conhecemos o condicionado em todos os momentos de nossas vidas, e também é essa mesma mente que transcende constantemente essas condições externas, ou efeitos, e busca as causas ou razões das coisas externas – causas que são por sua vez nada mais que os efeitos de outras causas menos finitas, e assim por diante em infinitas séries até a insondável causa sem causa de todas.

Como se afirma na Doutrina Secreta (I.44):

"'As causas da existência' não significam somente as causas físicas conhecidas pela ciência, mas também as causas metafísicas, sendo a principal delas o desejo de existir... Esse desejo por uma vida sensitiva mostra-se em tudo, de um átomo ao Sol, e é um reflexo do pensamento divino impulsionado para a existência objetiva, na lei que diz que o Universo deve existir. De acordo com o ensinamento esotérico, a causa real desse suposto desejo, e de toda a existência, permanece para sempre escondida, e suas primeiras emanações são as mais completas abstrações que a mente pode conceber".

Portanto, seria bom acabar com a especulação sobre essa razão das razões, esse supremo "por que" do Universo, recusando-se a cogitar o pensamento daquele "desejo surgido no *It*", o tudo, ou aquele de que a razão da existência do Universo é o desejo na deidade por autoconhecimento.

Nós devemos agora, sob a luz do que foi dito, examinar uma concepção errônea prevalecente entre os religiosos do Ocidente, mas que nenhum sábio oriental nem filósofo ocidental merecedor do nome cogitaria por um momento. É a estranha concepção do *Deus pessoal*, uma causa primeira infinita, onipotente, repleta de bondade e eterna, que além disso criou o mundo do nada.

Como tudo existe por seu oposto, a concepção da personalidade não pode haver sem a da impessoalidade. Desse modo, devemos perceber que a deidade não pode ser ao mesmo tempo pessoal e infinita. Porque se a deidade é um deus pessoal, é evidente que ele não pode também ser o tudo que inclui a idéia da impessoalidade e da personalidade. Por essa razão, um Deus pessoal não alcança o tudo e, sendo *limitado* pela concepção de impessoalidade, *não* é infinito, mas, pelo contrário, limitado e finito. Novamente, se a deidade criou o mundo do nada, ou ela não era infinita antes da criação, porque a criação vindo depois era adicionada à soma da existência, ou ela deixou de ser infinita quando trouxe a criação à existência.

Mais uma vez, se o mal prevalece e os homens bons sofrem, se o Criador é onipotente, Ele não pode ser o bem supremo e, do contrário, se a deidade for o bem supremo, ela não pode ser onipotente.

Em resumo, conferir qualquer atributo ou qualidade à deidade é limitá-la, e aquele que blasfema é imediatamente envolto em contradições auto-evidentes.

Mas, enquanto isso, a Teosofia recusa-se a atribuir predicados ao "algo absoluto"; por outro lado, é sempre trabalhoso expandir os limites do condicionado e mergulhar nas profundezas da misteriosa trindade que se apresenta à nossa consciência presente como o pensador, o pensamento e a coisa pensada. Lutando para transcender os limites da nossa concepção presente de tempo, espaço e consciência, esforça-se por abordar a essência dessas concepções. A Teosofia, portanto, postula a duração absoluta, semente ou raiz da concepção de tempo, o espaço absoluto, semente da concepção de espaço e o movimento absoluto representando a consciência não condicionada, semente da concepção de consciência; e considera esses três como aspectos ou símbolos do "absoluto". Também não pode ser suposto que esses termos conotem quaisquer idéias materiais, porque, pelo contrário, eles transcendem as maiores e mais sutis concepções não só da matéria como também do espírito. Em outras palavras, essas concepções metafísicas abstratas são resultado do esforço para descobrir "a coisa em si mesma", a realidade, tipo de idéia, que é encontrada manifesta em diversas formas na natureza. Essa idéia é muito bem expressa no catecismo já referido na Doutrina Secreta (I.11):

"'O que é aquilo que sempre é?' 'Espaço, o eterno Anupadaka, (isto é, sem pais)'. 'O que é o que sempre foi?' 'A semente na raiz' 'O que é que sempre vem e vai?' 'A grande respiração.' 'Então existem três eternos?' 'Não, os três são um. Aquele que sempre foi é um, e aquilo que sempre é e torna-se também é um; e este é o espaço'".

A "semente na raiz" é tudo do que a mente do Universo (e tudo nisso), ou mente universal, é um reflexo. Isso é chamado em filosofia esotérica de Logos ou Verbo. A metafísica sutil desses sistemas concebe três Logoi. A "semente na raiz", ou o Logos não manifesto, sendo o primeiro, e a mente universal na manifestação sendo o terceiro. Os três correspondem respectivamente às idéias de potencialidade, potência e ato. Tudo aquilo que naturalmente exige uma explicação longa fora da alçada do presente questionamento que é ligado às concepções da grande respiração, dos Kalpas e dos Manvantaras.

A grande respiração, então, é a LEI da natureza eterna, o "para sempre se tornar". Sua expiração é a manifestação de um universo, e sua inspiração, a dissolução ou reabsorção de um universo. Todo átomo de nosso corpo está continuamente em movimento, ou mudança, do menor do pequeno, do maior do grande, de uma molécula a um universo. Desse modo, Universo sucede a Universo, cada esforço cósmico fresco tornando-se maior em uma escala maior que a precedente. Assim como plantas perenes, ano após ano, quando volta a primavera e termina a neve do inverno, o jovem broto no solo floresce com o calor do verão e morre, enquanto sua energia se retira para a raiz quando o inverno seguinte se aproxima, assim fazem os universos que saem e retornam da raiz à raiz da Natureza.

Nas Escrituras orientais, tais períodos de atividade são chamados Kalpas e Manvantaras, enquanto os correspondentes ao descanso são conhecidos como Pralayas. Há muitos desses períodos de atividade e descanso, de expiração e inspiração. Os períodos mais longos são conhecidos tecnicamente como Kalpas, dos quais há vários tipos. O termo Manvantara também é genérico e significa literalmente "entre dois Manus" ou humanidades. O período completo de atividade de um universo é chamado de Grande ou Maha Kalpa, que é seguido por um período de inatividade correspondente, denominado universal, grande ou Maha Pralaya. Também há períodos de menor duração, tais como o de um sistema, do Sol, de uma cadeia planetária, um círculo, uma humanidade, etc., e uma série correspondente de Pralayas. Uma cronologia baseada nessas concepções estupendas é naturalmente de um caráter impressionante para aqueles acostumados às especulações da Astronomia sobre a idade do Sol, da Lua, etc. Por exemplo, na cronologia hindu exotérica, Brahmâ ou maha kalpa tem a idade de 311 trilhões e 40 bilhões de anos humanos, uma fileira de 15 números! Na conclusão, todos os deuses, incluindo Brahmâ, o grande princípio da mente cósmica, desaparecem e são absorvidos na realidade una. Em outras palavras, o Universo reentra em sua essência ou raiz primária ou íntima, e nada permanece, "salvo a respiração eterna ininterrupta que não se conhece", porque é o TUDO-conhecimento.

Desse modo, como afirmado na Doutrina Secreta (I.16), a filosofia esotérica postula:

> "A eternidade do Universo ao todo é um plano sem limites; é periodicamente 'o parque de diversões dos inúmeros universos manifestando-se e desaparecendo incessantemente', chamado de 'estrelas manifestantes' e 'faíscas da eternidade' ... 'A aparição e o desaparecimento dos mundos é como uma maré de fluxo e refluxo'".

> "A segunda afirmação da Doutrina Secreta é a absoluta universalidade da lei da periodicidade, do fluxo e refluxo, de baixa e alta, que a ciência física observou e guardou nos departamentos da Natureza. Uma alternância como dia e noite, vida e morte, dormir e acordar, é de fato tão comum, tão perfeitamente universal e sem exceção, que é fácil compreender que nela nós vemos uma das absolutamente universais leis do Universo."

Concluindo, eu observaria que não é esperado que as concepções fundamentais das gerações dos filósofos mais profundos de que o mundo tem notícia possam ser compreendidas em uma única audição. Muito pelo contrário, requer grande estudo, não em apenas uma vida, mas em muitas; pois as concepções não devem ser só compreendidas, mas também percebidas. Também não deve ser suposto que o estudo da metafísica dessa natureza seja pobre em resultados práticos. A metafísica espiritual verdadeira, ou percepção das idéias, é o único meio de abordar a realidade das coisas.

Finalmente, observando que o homem tem dentro de si o Universo potencialmente ou, em outras palavras, que os princípios do homem, o microcosmos, correspondem com os do Universo, o macrocosmos, a tentativa de perceber esses conceitos poderosos é na verdade progredir no caminho do verdadeiro autoconhecimento; isto é, no conhecimento daquele Eu divino no homem que é imortal ao longo dos anos.

1.2 "A ALMA DO MUNDO", *LUCIFER* 10 (MARÇO-AGOSTO 1892), 24-34, 118-27, 205-16

O livro de Mead The World-Mystery *[Mistério do Mundo], com subtítulo "Four Comparative Studies in General Theosophy" [Quatro estudos Comparados em Teosofia Geral], foi publicado pela Theosophical Publishing House [Editora Teosófica] em 1895. O primeiro estudo, "The World-Soul" [A Alma do Mundo], originalmente publicado na* Lucifer*, não se restringia à noção platônica ou neoplatônica da Alma do Tudo. Aqui, Mead oferece uma pesquisa das diferentes tradições espirituais sobre a animação divina em seres humanos, indo dos* Vedas *arianos e puranas até a Cabala, passan-*

do pelo Avesta *iraniano e pelo Taoísmo, pela sabedoria dos caldeanos e dos egípcios, pela literatura hermética e pela gnose cristã.*[56]

[...]

Para... expressar de alguma maneira o que o termo Alma do Mundo significa nesses trabalhos, será necessário dar os significados das palavras "alma" e "mundo". Por "alma" entende-se aquele algo subjacente sob o qual toda forma se manifesta, aquele algo que é a vida, a consciência ou inteligência, ou o termo que for preferido, que está naquela forma e não em outra. Não devemos excluir nada nem aquilo que, nos últimos dias, é chamado de "inanimado" da nossa compreensão, porque para nossos grandes Eus nada que existe, nem mesmo o grão de areia, é in-*animado*, porque daí seria sem *alma*, e o divino seria então excluído de parte daquilo.

E agora devemos iniciar com nosso questionamento, em que encontramos uma alma encerrada em um corpo, um corpo feito de muitas "vidas" de células infinitesimais infinitas, cada uma delas à forma de uma "alma". E, apesar disso, a alma humana não é *composta* por essas "vidas"; a consciência humana não é simplesmente o *produto* ou a soma das consciências, nem é sua inteligência um composto das inteligências. A alma humana é uma, uma unidade autocentrada, indestrutível, imperecível, automotivada; nem morre nem vem a ser.

[...] Toda coisa, ou melhor, toda alma, é o espelho de toda outra alma, como é afirmado na monadologia de Leibnitz: se não fosse assim, e que o conhecimento de uma alma contivesse o conhecimento de todas as outras almas, e que o Cosmos está contido potencialmente em todo átomo, então nossa luta por sabedoria seria em vão, assim como nossa aspiração à realidade. Tomando-se como exemplo a alma humana, colocada em um universo de "vidas", seja considerando-a como o Sol no meio de seu sistema ou como um oceano de luz no qual as vidas se banham, tentemos conceber que há outra e mais poderosa vida, uma alma divina, da qual as almas humanas são "vidas", e que podemos chamar de alma da humanidade. E mesmo assim essa alma não é feita das almas humanas, mas é uma unidade em si mesma, automotivada e nada mais. Além disso, a mente humana é de tal modo constituída que nada, salvo a infinitude, pode satisfazê-la; essa ALMA divina é, por sua vez, vida, um dos números infinitos de "Vidas" de um grau semelhante, que comportam uma ALMA que as transcende, assim como o homem transcende as "vidas" do universo de seu corpo. E ainda mais, aquilo que transcende o divino é, por sua vez... Mas para que ir mais além? A série não é infinita? Onde podemos estabelecer o termo, colocar um limite ou limitar o infinito? "Até aqui podes

---

56. G. R. S. Mead, *The World-Mystery: Four Comparative Studies in General Theosophy* (London & Benares: Theosophical Publishing House, 1895); segunda edição (1907), pp. 21-24.

ir!", e então a mente perde-se na grandeza estupenda de seu vôo e deve retornar à terra para descansar suas asas.

[...]

Portanto, uma infinidade de pensamentos em uma direção, e igualmente uma infinidade em outra direção. Pois não são as "vidas" de um corpo, mas também as almas de um universo de outras "vidas" invisíveis; e cada uma dessas, por sua vez, são os sóis de universos ainda mais invisíveis, até que o infinitamente pequeno se mistura com o infinitamente grande e tudo é uno.

[...]

In Pluribus Unum et Unum in Pluribus; um em muitos e muitos em um! "A unidade *essencial* de todas as vidas com a alma superior" é um postulado fundamental de sabedoria de todas as eras. Isso é dizer que todas as almas são uma só em essência, quaisquer que sejam as "formas" que possam animar. Mas o que é mais, o que é quase um pensamento opressor, embora necessário ao progresso universal: não só a alma humana, como também a alma de um grão de poeira tem a potencialidade de expandir sua consciência para a consciência do tudo, de se expandir assim como o uno, a alma de tudo, por assim dizer, contraiu-se na manifestação, no muito, subordinando ela mesma a ela mesma, que toda alma pode conhecer e tornar-se toda outra alma, por virtude daquela compaixão que é o oceano do Tudo-Ser.

Portanto, toda alma aspira à união com sua própria essência, e isso constitui o espírito religioso da humanidade, bem como nosso amor pela sabedoria e nossa busca por certeza. Isso constitui aquele caminho para o conhecimento das coisas divinas, que hoje chamamos de Teosofia, aquela síntese das verdadeiras religião, filosofia e ciência; da aspiração correta, pensamento correto e observação correta, que o mundo está sempre cegamente buscando.

A Alma do Mundo, então, é para nós a alma única da humanidade, que será diferente de cada alma em proporção ao estado de consciência conseguido. Duas almas não são iguais, assim como não são semelhantes duas folhas de grama ou grãos de areia, porque, como foi bem dito, não haveria razão pela qual uma deveria estar em um lugar ou estado e não em outro e, assim a inteligência do Universo tornar-se ilógica.

O termo "mundo", no nosso questionamento atual, será, portanto, limitado ao ciclo de manifestações da nossa humanidade particular, porque esse é nosso mundo atual; a corporificação da alma divina, que pode ser chamada de Alma do Mundo.

A fonte de seu ser, essa essência da sua natureza, esse algo que o transcende na sua autoconsciência superior, o homem chama por vários nomes, dos quais o que é mais geralmente usado no mundo ocidental, e na nossa língua, é "Deus". "Palavra sagrada de significado místico", na verdade, mas é usado muito freqüentemente como símbolo do homem na sua casca material grosseira. Muito freqüentemente, aliás, serve de resposta à "sombra de nós mesmos fundida na escuridão de nossos pecados".

[...]

Mas certamente [os seres humanos] têm a infinitude dentro de sua natureza? Não há um "Cristo" potencial em todo homem que é seu Eu verdadeiro; e mais além, a "paternidade"; e mais além, o "pai de toda paternidade"; e mais além – infinitude? Mas tudo está *dentro* da natureza e na essência de todo homem; nada está fora, nada que não seja da mesma essência; tudo é AQUELE...! É tão estranho "ir para casa"? É um vazio abstrato, uma negação, conhecer o Eu verdadeiro do ser? Ou, por outro lado, é um mero exagero do homem pessoal? Isso é ditado por orgulho e vaidade próprios? Se tal aspiração reverente é condenada por alguns, eles terão de mostrar primeiro que os grandes tutores do mundo mentiram, porque a palavra de homens inferiores vem antes de seus ensinamentos. Todos juntos, os grandes tutores apontaram sua sabedoria; e precisam de pouco estudo para perceber como ela admiravelmente explica todas as contradições aparentes na expressão exotérica das escrituras mundiais.

[...] É tarefa do homem "adorar" a deidade e não se rebaixar. Apresentar aquilo que é "merecedor" para o EU e não se deliciar com a humilhação.

> E então... trabalhem com temor e tremor na própria salvação: pois em Deus que desperta em você a vontade e o trabalho, com sua benevolência (Filipenses, 2: 12-13).

E se esse trabalhador é o Eu divino, qual a razão para que se humilhe, ou se diminua, pois se o poder que faz o homem trabalhar na própria salvação é a deidade?

Nós poderemos entender agora as palavras do Shri Krishna, no *Bhagavad Gita*:

> Qualquer que seja a forma (de deidade) que um adorador deseja adorar com fé, naquela forma eu torno sua fé firme. Dotado dessa fé, ele procura conciliar (it) com a (forma), e obtém disso seus desejos lucrativos, que são na verdade concedidos por mim. (VII. 21-22).

E novamente:

> Até mesmo aqueles devotos de outras deidades que adoram com fé, eles também, ó filho de Kunti, na verdade adoram a mim, embora não seja como foi afirmado. (IX. 23)

Porque Krishna é a Alma do Mundo, o Eu de todos os homens.

> Ó Deus da dúvida, eu sou o Eu sentado no coração de todos os seres, Eu sou o início e o meio e o fim de todas as criaturas. (X.20)

E agora que ninguém deve pensar que isso é uma afirmação dura e uma alegação sem provas, mas vamos coletar as evidências da Sabedoria de todas as regiões, raças e épocas, evidências tão grandes e incontestáveis quanto aquelas que os cientistas modernos possuem para suas verdades conseguidas pelos cinco sentidos.

[...] Vamos iniciar com as escrituras mais antigas da nossa raça ariana, os *vedas*, e então as mais velhas dos *puranas*. Depois vamos dar uma olhada no Taoísmo, o mais místico dos credos do Oriente distante; daí, passamos para o *Avesta,* a escritura antiga dos parsis; e daí ao Egito, citando primeiro do *Zohar* e de outras obras cabalísticas que contêm a Sabedoria dos caldeanos e uma chave para as incompreendidas escrituras dos judeus. O Egito nos levará a falar da Sabedoria de Hermes e da Gnose daqueles que são agora conhecidos como gnósticos; e isso levará a uma citação de Paulo e algumas referências às filosofias grega e romana e aos sistemas antigos de Orfeu e outros grandes tutores. Finalmente nós identificaremos idéias idênticas entre os povos da Escandinávia, e uma surpreendente confirmação no Sufismo de Maomé. Tudo, tudo sem exceção, sentia a Alma do Mundo, louvava-a, buscava união com ela; pois do que mais eles poderiam falar? Eles só glorificaram aquele que era, na sua essência, e não adoram sua manifestação mais grosseira e impermanente, a superfície da natureza de cinco sentidos. Tal idolatria estava reservada ao final do século XIX, quando o intelecto humano adora o chão que seu corpo pisa, o corpo grosseiro da Alma do Mundo, e esquece-se de onde ela vem e para onde vai. Nosso tempo é a era da deificação da matéria e da conseqüente queda dos ideais!

Desse modo, vamos primeiro nos direcionar para aquele elo com o passado, o Rig Veda. Quem sabe de onde vem? Quem pode contar sua origem? Por acaso aqueles que mantiveram o registro desde o grande dilúvio de Atlântida poderiam nomear seus transmissores e contar sobre aqueles que se retiraram para a "Ilha Sagrada".

Entre orações para o princípio supremo, a Alma do Mundo, em primeiro deve vir a famosa Gâyatri, "o verso mais sacro dos *Vedas*". É o seguinte, o que [Horace Hayman] Wilson chama de "tradução de *sir* William Jones de uma interpretação parafrástica":

Adoremos a supremacia do Sol *Divino*, a Cabeça de Deus, Que tudo ilumina, Que tudo recria, de Quem tudo provém, para Quem tudo deve retornar, Quem nós invocamos para direcionar nossos entendimentos acima em nosso progresso para Seu trono sagrado. (*Trabalhos*, XIII.367)

[...]

As interpretações metafísicas e místicas sutis dessa mais sagrada fórmula, especialmente aquelas da escola vedanta, atestam sua santidade. Os números de interpretações que as palavras do mantra têm também são diversos.

Talvez o espírito do pensamento central da religião oriental possa ser mais explicado por outro hino, traduzido por *sir* William Jones. Ele reitera a intuição mais estupenda da alma humana, aquele sentimento de identidade com a Alma do Mundo, em uma litania que diz:

Possa a alma minha, que sobe nas alturas nas minhas horas acordado, como uma centelha etérea, e que até mesmo no meu sonho tem uma ascensão igual, elevando-se para uma longa distância, como uma emanação da luz das luzes, estar unida por meditação devota ao espírito supremamente abençoado e supremamente inteligente!

Possa a alma minha, por uma força similar àquela que o humilde de nascimento exerce em seus trabalhos humildes, e com que os sábios, profundamente versados em ciências, solenizam devidamente seus ritos sacrificiais; aquela alma, que é a primeira oblação colocada dentro de todas as criaturas, estar unida por meditação devota ao espírito supremamente abençoado e supremamente inteligente!

Possa a alma minha, que é um raio de sabedoria perfeita, puro intelecto e existência permanente, que é a inextinguível luz colocada dentro dos corpos criados, sem a qual nenhum ato de bem acontece, estar unida por meditação devota ao espírito supremamente abençoado e supremamente inteligente!

Possa a alma minha, na qual, como essência imortal, possa conter o que for passado, é presente, ou será depois, pela qual o sacrifício, onde sete ministros exercem, é propriamente solenizado; estar unida por meditação devota ao espírito supremamente abençoado e supremamente inteligente!

Possa a alma minha, na qual estão inseridos, como um raio de roda no eixo de um carro, os textos sacros dos vedas; nos quais está entrelaçado tudo que pertence às formas criadas, estar unida por meditação devota ao espírito supremamente abençoado e supremamente inteligente!

Possa a alma minha, que, *distribuída em outros corpos*, guia a humanidade, como um cocheiro guia seus rápidos cavalos com rédeas; aquela alma que está fixa no meu seio, liberta da idade avançada e extremamente rápida no seu curso, estar unida por meditação devota ao espírito supremamente abençoado e supremamente inteligente! (*Trabalhos*, XIII.372-3)

Esse é um exemplo da avançada Teosofia dos vedas...
[...]
As deidades gregas, escandinavas e Mahâbhâratan nós podemos adicionar os panteões de outras nações, e também seus Indras, Zeuses, Jeovás e o restante, cujo "auto-interesse" é explicado ao ver que eles são nada mais que as representações do período de tempo ou manifestações de um certo mundo, porque há 10 milhões de Brahmas, Júpiteres e Jeovás no Cosmos ideal.
[...]

Passemos para a China e o Oriente distante. Lao-tsé, talvez o maior dos mestres chineses, ensina o seguinte, em seu sublime trabalho *Tao-teh-king* ou "The Book of the Perfection of Nature" ["O Livro da Perfeição da Natureza"]:

Havia um tempo quando Céus e Terra não existiam, só um espaço sem limites onde reinava absoluta imobilidade. Todas as coisas visíveis e tudo o que possui existência nasceram nesse espaço a partir de um poderoso princípio, que existia por si mesmo e que fez os céus revolverem e preservou a vida universal, um princípio ao qual a filosofia declara não sabermos o nome, e que por essa razão o designa pela simples apelação Tao, que podemos descrever como a alma universal da Natureza, a energia universal da Natureza ou simplesmente Natureza.

[...]
Eu mostrei acima um espécime de especulação metafísica sutil, e também um exemplo para mostrar a grande inadequação de palavras para expressar idéias. A mente perde-se ao tentar transcender a si própria, até mesmo a ponto de parecer completamente incompreensível àqueles que não abordaram seriamente a contemplação dessa intuição suprema da humanidade, a unidade essencial de todas as coisas.

[...]
Continuando nossas depredações das prateleiras da biblioteca mundial, passemos à antiga Pérsia ou qualquer que seja o país que deu ao mundo a sabedoria do antigo *Avesta*. Escrito em uma linguagem ainda difícil de decifrar, pode muito bem se aproximar do *Vedas* em antiguidade e sua linguagem é referida como um dos primeiros ramos da língua-mãe do sânscrito.

No *Avesta* dos parsis, Zarvâna Akarna, "Time without Bounds" ["Tempo sem Fronteiras"], é do inefável tudo que surge Ahura Mazda, a Alma do Mundo, cujos nomes são muitos. Ele é o ser e a existência una, o único, quem foi, quem é e quem sempre será. Ele é Espírito Puro e o Espírito dos Espíritos, Onisciente e Onipotente, o Soberano Supremo. Ele é beneficente, benevolente e misericordioso. No *Dinkard*, ele é descrito como:

"Soberano Supremo, criador, sábio, defensor, protetor, doador das coisas boas, virtuoso em ações e misericordioso". (II.81)

Vejamos agora o que a Cabala tem para nos ensinar [...].
Solomon ben Yehudah Ibn Gebirol, de Córdoba, o maior dos adeptos da Cabala medieval, canta desse modo a Alma do Mundo, ou o princípio supremo, em um dos seus hinos filosóficos, chamado "The Kether Malkuth" ou "Crown of the Kingdom" ["Coroa do Reino"].

Vós sois Deus, Quem apóia por Vossa Divindade todas as coisas formadas e sustenta todas as existências com Vossa Unidade. Vós sois Deus e não há distinção estabelecida entre Vossa Divindade, Vossa Unidade, Vossa Eternidade e Vossa Existência; pois tudo é um só mistério e, embora os nomes possam ser distintos, todos têm um único significado. Vós sois Sábio, Sabedoria que é fonte de vida, jorrada de Vós, e comparado com Vossa Sabedoria, todo o conhecimento da humanidade é tolice. Vós sois Sábio, por toda a eternidade, e a Sabedoria foi sempre nutrida por Vós. Vós sois Sábio, e Vós não conseguistes Vossa Sabedoria de outro que não vós mesmo. Vós sois Sábio e de Vossa Sabedoria vós tivestes uma Vontade determinante, assim como o trabalhador e o artista, para desenhar a Existência da Não-coisa, como a luz que sai do olho se estende. Vós desenhastes da Fonte de Luz sem a impressão de qualquer selo, isto é, forma, e Vós fizestes tudo sem instrumento (Myer, *Qabbalah*, p. 3).

Veja quão diferente a mente desse erudito judeu considerava a "criação" do Universo da crassa absurdidade do dogma não cumprido da "criação direto do nada". Assim como o artista molda o pote direto da argila, a deidade, da sua sabedoria que é si mesma, emana ou desenvolve uma vontade determinante para desenhar a "existência" da "não-coisa", a potencialidade da mesma sabedoria, pois é a não-coisa que transcende tudo e todas as *coisas* que podemos imaginar, isto é, as maiores concepções do pensamento humano. Mas ela não é mais "nada" do que a deidade é "inconsciente". A não-coisa não é o mesmo que "nada", o não-consciente não é o mesmo que "inconsciente", mas ambos são atributos expressivos da nossa ignorância, enquanto afirmamos que aquele transcende todas as coisas e todas as consciências.

Então nós fazemos bem em considerar as sábias palavras do *Zohar* e aplicar as determinações contidas neste às palavras do hino do mestre da Cabala recém-citado, levando-se em conta que ele não teria permitido que seus pupilos tomassem as palavras de sua instrução como o mistério real. Diz o *Zohar*:

Ai daquele homem que vê na Torá (Lei) somente recitações simples e palavras ordinárias (...) Cada palavra da Torá contém um significado elevado e um mistério sublime. As recitações da Torá são suas vestimentas. Ai daquele que toma esse hábito pela Torá! (*Zohar*, III.152b; em Myer, p. 102).

Ou, novamente, como Orígenes – talvez o mais filosófico de todos os Padres da Igreja – escreve:

Onde podemos encontrar uma mente tão tola como aquela que supõe que Deus agiu como um marido comum e plantou um paraíso no (Jardim do) Éden, em direção ao Oriente; e colocou lá uma árvore da vida visível e palpável, de modo que aquele que provasse de seu fruto por seu dente obteria vida? E, novamente, aquele que partilhava do bem e do mal ao mastigar aquilo que foi retirado da árvore? E se dizem que Deus caminha no paraíso à noite, e Adão esconde-se sob uma árvore, eu não suponho que ninguém duvide de que essas coisas indicam figurativamente certos mistérios, a história acontecendo na aparência e não literalmente. (*Trabalhos*, ed. Clark, 315ff, Bk. iv, c.2.)

Então Orígenes foi discípulo do [platonista] Panteno, após o retorno deste da Índia. Panteno também foi professor de Clemente [de Alexandria]. Mais uma citação do *Zohar*, antes que deixemos a Cabala.

O Antigo dos Antigos, o Desconhecido dos Desconhecidos, tem uma forma, mas também não tem forma alguma. Tem uma forma por meio da qual o Universo é mantido. Também não tem forma alguma, pois Ele não pode ser compreendido. (*Zohar*, "Idria Zuta", iii.288a; Myer, p. 274.)

Passando da Caldéia e da Judéia para o Egito e sua sabedoria respeitável, eis que Gaston Maspero, o erudito egiptólogo francês, no seu livro *Histoire d'Orient*, escreve sobre as idéias dos egípcios sobre a Alma do Mundo:

No princípio era o Nun, o Oceano Primordial, nas Profundezas infinitas do qual pairavam as sementes de todas as coisas. De toda a Eternidade Deus gerou a Si mesmo e deu nascimento a Si Mesmo no Seio dessa Massa Líquida, ainda sem forma e sem uso. Esse Deus dos egípcios, Um Ser apenas perfeito, dotado de conhecimento e inteligência não falaciosa, incompreensível na medida em que ninguém pode dizer no que Ele é compreensível. Ele é o Uno Único Uno, Ele que existe essencialmente, que mora sozinho na substância, único Gerador no Céu e na Terra Que não é gerado, o Pai dos Pais, a Mãe das Mães. (Citado por M. E. Amélineau, *Essai sur le Gnosticisme Egyptien* (*Annals du Musée Guimet*, Tom. xiv.282.)

[...] Um hino a Amon Rá, falando em nome de Amen, diz: "Misterioso em Seu nome mais ainda do que em Seus Nascimentos". E nas invocações, que M. Naville compilou sob o título de *Litanie du Soleil*, o mesmo Deus é chamado de "Senhor das Esferas Escondidas", o "Uno Misterioso", o "Escondido".

Aqui também deve ser colocado um magnífico hino ao Sol, o símbolo da Alma do Mundo, no qual podemos ver permeando o misticismo de ambos os salmos iniciatórios do *Antigo Testamento* e certos conceitos do *Novo*. O hino é assim:

Os Príncipes do Céu diariamente observam a glória da Coroa do Rei, sobre a vossa cabeça, o Príncipe Poderoso, que é a Coroa do Poder, a Coroa da Resistência de Vosso Governo, uma Imagem de Vosso poder.

[...]

Louvor à Vossa Face, Luz Radiante no Firmamento, a Vós, ao Brilhante Senhor do Clamor do Céu, ao Criador e Regente que restitui a justiça a todos os homens, que se delicia em ver Vosso caminhar na Rede de Vosso Esplendor. (Do *Book of the Dead* [Livro dos Mortos] de Uhlemann, citado no *Sôd: The Mysteries of Adoni* [Sôd: Os Mistérios de Adonis], de Dunlap, p. 187.)

Vamos nos direcionar agora a outro livro da Sabedoria e ouvir o que Hermes, o Três-Vezes-Grande, tem a nos dizer sobre o mistério. No tratado chamado *Poimandres*, a mente do mundo, poimandres, a "mente do absoluto", refletida no ego superior do iniciado, fala desse modo à sua consciência inferior:

> Disseste bem, ó tu!, falando tais coisas. Eu mesmo, a mente, estou presente com o santo e bom, o puro e misericordioso, com aqueles vivendo piamente; e minha presença torna-se uma ajuda; e sem demora eles são conhecedores de todas as coisas, e amorosamente conciliam o Pai, e dão graças, louvando e cantando hinos a Ele em extremo... de afeição; e, antes de entregar seu corpo à própria morte, eles abominam os sentidos conhecendo suas operações; ou melhor eu, a mente, não sofrerei as operações do corpo que acontecem, para ser finalizada; por ser porteira, excluirei as entradas do demônio e estabelecerei operações para cortar desejos. (Trad. Chambers, p. 12.)

[Aqui há] algumas dicas para uma interpretação. O Pai está aqui, assim como nas escolas cognatas do misticismo filosófico, o Âtma-Buddhi no Cosmos e no homem, e os hinos, as "músicas das esferas" da natureza setenária do homem que canta em harmonia somente quando o homem se torna um com a grande alma da Natureza...

[...]

Marque bem a curiosa expressão da mente como "porteira", tanto a grande mente como a mente do homem; uma guardando as portas ou portões do Universo setenário, a outra vigiando os portais dos sete "princípios" [do homem].

[...]

Em todas as várias apresentações exotéricas da religião-Sabedoria, a Alma do Mundo era inteligência e estava simbolizada indiferentemente em personificações que eram masculinas e femininas, andróginas e sem sexo; no Egito e na Fenícia, na Babilônia e na China, na Índia e na Grécia.

1.3 "A TAREFA DOS ACADÊMICOS TEOSÓFICOS NO OCIDENTE", *LUCIFER* 8 (MARÇO-AGOSTO 1891), 477-80

Este artigo é muito significativo como um guia para a futura direção dos estudos de Mead. Quando ele escreveu, durante o ano no qual Helena Blavatsky morreu, já estava emergindo da influência dela com seu próprio manifesto sobre o trabalho que os teosofistas ocidentais deveriam fazer. Seu trabalho, lido diante da Convocação da Seção Européia da Sociedade Teosófica, estabelece seu caminho como estando firme nos trilhos das tradições antigas ocidentais. Nesse trabalho, ele mostra sua independência de pensamento e indica em que direção suas linhas de pesquisa o levarão. Ele recomenda o campo ocidental para a indústria teosófica; foi, como ele diz, "praticamente inexaurível por muitas gerações", e ele vê a recuperação e interpreta-

ção de textos da tradíção ocidental como "uma das mais importantes tarefas de nossa Sociedade no Ocidente".

O que Mead usa como argumento é a recuperação da literatura e do pensamento do Ocidente, o trabalho é de "interpretação" e "a retribuição de uma justiça tardia aos pagãos e heréticos, os insultados e rejeitados pioneiros".[57] Claramente, essa "justiça tardia" se refere ao seu desejo de reabilitar os gnósticos que ele chama de "cristãos reais dos primeiros séculos da nossa era". Ele se identifica profundamente com eles, defendendo que "nossos ancestrais gnósticos" são "a encarnação passada da Sociedade Teosófica de hoje".[58] Ele vai mais longe ao declarar seu credo: "a verdadeira gnose é a Teosofia".[59]

Minha intenção é mostrar para essa Convocação [...] o esboço de um campo ocidental para a indústria teosófica que é praticamente inexaurível por muitas gerações. Eu me refiro aos fragmentos de religião, filosofia e mitologia que vieram diretamente até nós dos antigos iniciados e que, quando não inteiramente suprimidos, foram infamemente mal interpretados. Eu penso que essa é uma das tarefas mais importantes da nossa Sociedade no Ocidente, e uma de muito maior valor que o estudo do misticismo de indivíduos, tais como Boehme ou Swedenborg.

A seguir estão algumas das principais fontes de informação a respeito da arcana da iniciação, o velho segredo da Antiguidade e grande mistério dos dias de hoje.

1. Os hinos órficos e homéricos, as profecias de Cibele e outros fragmentos antigos de natureza similar – todos cantos da iniciação e salmos dos mistérios.

2. Os grandes épicos homéricos e hesiódicos; que nossos ancestrais gnósticos, uma encarnação passada da atual Sociedade Teosófica, já foram interpretados até certo ponto como retratando os mistérios da alma e sua peregrinação terrena.

3. A Escola Ioniana de Filosofia grega, encabeçada pelo sábio Tales, que não escreveu nada, como tantos outros grandes professores, mas cujas idéias deixaram uma impressão indelével na sua imediata posteridade.

4. Os vastos tesouros das filosofias pitagórica e platônica, com seu incentivo à reconstrução de uma verdadeira ciência da Matemática. Pois nós lemos que o filósofo Euclides compilou seus XIII livros de Geometria simplesmente para possibilitar a seus discípulos compreenderem

---

57. G. R. S. Mead, *Fragments of a Faith Forgotten* (London & Benares: Theosophical Publishing House, 1900), p. 479.
58. *Ibid.*, p. 477.
59. *Ibid.*, p. 478.

os dois livros restantes, que lidavam com as propriedades dos "sólidos platônicos", o cubo, a pirâmide, etc., esses símbolos místicos do homem e do Universo. O primeiro e o mais exterior grau da escola pitagoreana da iniciação eram chamados os "Matemáticos".

5. Nós temos então as peças gregas, as representações exotéricas dos dramas do mistério, e um mundo de sabedoria a ser aprendido de uma correta interpretação do, digamos, "Elo de Prometeu", ou o "Íon", ou até mesmo do burlesco aristofânico dos mistérios, como contido na comédia "Sapos".

6. Novamente, as referências diretas aos mistérios têm de ser cuidadosamente compiladas e reeditadas por mãos mais reverentes e competentes do que aquelas que têm feito essa tarefa até agora.

7. A Escola Neoplatônica também é um item importante na nossa categoria, e o estudo da filosofia eclética de tais mestres como Ammonius Saccas, Plotino, Porfírio e Jâmblico pode adicionar muito ao nosso conhecimento teosófico, e desse modo reabilitá-los mais uma vez no crédito do público, do qual eles foram injustamente condenados ao ostracismo pela tirania ortodoxa da escola moderna.

8. Sob a unidade geral do Gnosticismo, novamente, nós temos um enorme corpo de literatura mística, alguns dos quais não têm preço. Ninguém pode entender completamente o *Novo Testamento* se não se familiarizou com a terminologia dessas escolas antigas de iniciados, dos cristãos reais dos primeiros séculos da nossa era. Muitas das expressões no *Novo Testamento*, que agora foi traduzido em palavras comuns, são termos puramente técnicos do sistema estupendo da gnose, que desconcertou completamente os estudiosos, mas que é suficientemente compreensível para o teosofista que terá a paciência de dominar a terminologia, pois a verdadeira gnose é a Teosofia.

9. O próximo conjunto de ensinamentos importante é aquele conhecido como a Filosofia Hermética, inspirado por Hermes, o Três-Vezes-Grande. Essa, a fonte paterna, junto com sua variada prole entre os trabalhos alquímicos chegando quase aos nossos dias, é um vasto campo de pesquisa.

10. A seguir nós temos a misteriosa Cabala, seus métodos e interpretações, sem os quais o *Antigo Testamento* deveria sempre permanecer como um livro fechado para o Ocidente.

11. Há também o conjunto enorme de evangelhos apócrifos e heréticos, testamentos e escritos de todos os tipos, de cuja existência o público é na maioria dos casos ignorante. Esse também é um imenso campo de investigação, por existirem mais de mil desses trabalhos.

12. Temos também os *Eddas* dos noruegueses e a *Kalevala* dos finlandeses, as comunicações de nossos ancestrais com os Deuses do Gelo e da Tempestade, e a história do descanso deles após o trabalho

na casa do Pai-Tudo. Também há muito interesse a ser resgatado com relação aos druidas.

13. Por fim, o folclore e as lendas de fadas de todas as nossas nações européias, cobrindo com um véu um mundo de sabedoria, e apenas esperando o levantar do véu para nos ensinar, "cara a cara e sem parábola", sobre a natureza da alma e o estado pós-morte.

Mas chega de falar de fontes de informação de primeira mão, o material inacabado, por assim dizer, que foi moldado e remoldado, arranjado e rearranjado, por um grupo de estudiosos de maior ou menor credibilidade. Com infinito sofrimento e trabalho, eles prepararam os materiais, e na maioria dos casos, usaram-nos ou para apoiar a narrativa com preceitos não cumpridos do Antigo Testamento ou para construir um templo sagrado pseudo científico para a teoria do Mito Solar, a maior deidade do panteão científico.

Nossas fontes de informação de segunda mão também são extensas e incluem os trabalhos de homens como Bryant, Faber, Dupuis, Godfrey Higgins, Bunsen, Kenealy, Dunlap, Wylder, e os entusiastas do falicismo, Payne Knight, Inman, Hargrave Jennings, Forlong, e seus copistas, que se esforçaram por rebaixar as maiores concepções da mente humana ao nível das suas imaginações impuras, como os estábulos do rei Áugias, que a forte torrente de interpretação teosófica sozinha pode purificar.

Esse é o campo de investigação diante dos eruditos teosóficos do Ocidente; um vasto campo realmente, como muitos vão admitir, e uma tarefa impossível se continuarem os métodos analíticos e especializados adotados até agora. Felizmente, porém, há um outro e mais possível método. Nos anos mais recentes, talvez inconscientemente demais, a tendência é de sintetizar esses trabalhos, de modo que nós temos estudos em religião comparada, mitologia comparada, folclore comparado, etc.

Usando um símile, os trabalhadores começaram a separar os materiais para o arquiteto; eles cortaram e moldaram os blocos e as pedras, embora na ignorância da planta do prédio. Porque o mais sábio deles sempre soube que esses esplêndidos blocos de pedra cortada servem para um propósito maior do que apoiar as paredes salientes e os lados abertos das ruínas que colidem rápido do mito judeu, ou até construir o conventículo moderno do mito solar, para o qual é preciso somente uma sétima porção dos materiais, e não dos melhores.

Os construtores, então, esperam pelo arquiteto; este é a Teosofia, o Mestre maçom do Templo da Sabedoria dos séculos XIX e XX, assim como foi por todo o tempo.

H[elena] P[etrovna] B[lavatsky] nos deu mais uma vez o plano da Grande Loja, e aqueles de nós que são aprendizes têm nossos trabalhos cortados na nossa frente por ainda mais um ano. Os dois grandes trabalhos dela, *Isis Unveiled* [Ísis Desvelada] e *A Doutrina Secreta*, fornecem ao estudante inteligente instruções detalhadas.

Ela sozinha abriu as portas do santuário do Grande Arquiteto, para que pudéssemos entrar em alguns de seus aposentos, e deixou as chaves de outros perto de nós. Em outras palavras, o trabalho do estudioso teosófico do presente e do futuro é de interpretação, e com isso, restituir a justiça tardia aos pagãos e heréticos, os insultados e rejeitados pioneiros do progresso em todos os países e eras do nosso mundo ocidental.

Talvez alguém possa dizer: "Por que ir aos tomos velhos e mofados e às concepções dos antigos, em vez de desenvolver nossas próprias intuições espirituais diretamente de dentro de nós?"

A resposta não está muito distante. Porque o ambiente atual sem ajuda é incapaz de despertar essas reminiscências dentro de nós, devemos recorrer a um ambiente mental e artificial, relembrando nas mentes os arredores reais e os pensamentos dos velhos ancestrais sábios, que seus descendentes degenerados têm se preocupado em remover da face da Terra. E temos um exemplo diante de nós. Pois o trabalho de nossa grande professora H. P. Blavatsky não lidou largamente com esses mesmos mofados volumes da Antiguidade?

"A tarefa", portanto, "dos estudiosos teosóficos do Ocidente" é de interpretação. Então, a Sociedade Teosófica deve tornar-se o Hermes dos séculos XIX e XX, o verdadeiro mensageiro dos deuses.

1.4 "UMA MEDIÇÃO DE QUANTO A TEOSOFIA SIGNIFICA PARA MIM", *THE THEOSOPHICAL REVIEW* 39 (SETEMBRO 1906–FEVEREIRO 1907), 517-28

Este artigo tem uma característica quase confessional e é uma expressão eloqüente do comprometimento de vida de Mead com o objetivo de atingir a Sabedoria divina por meio da Teosofia no seu sentido mais amplo.

[...]

O que quer que tire o homem do seu pequeno invólucro e o devolva ao seu grande Eu, mesmo que por um momento, é a energia da Teosofia nele. Esse impulso divino pode ser transmitido pelo entendimento da escrita e a compreensão da fala, ou sem a medição de palavras como nós as entendemos – por meio dessas inteligências elevadas que estão sem voz para os ouvidos físicos, mas que falam a linguagem universal da alma.

O valor e o significado desse mistério? Como alguém pode avaliar tamanha riqueza de significado, tamanho valor inestimável, quando o Espírito de Deus, o sopro divino, começa a inspirar a si mesmo de maneira autoconsciente na essência do ser humano? Como podemos estimar esse bem em termos de avaliação humana, quando cada um desses termos já está exaurido em estimar o simples dom da vida, mesmo no seu modo de vida na morte e morte na vida, ao qual os homens se agarram como a mais preciosa de suas posses?

Vamos refletir sobre a canção sem-fim que a Natureza canta em louvor da vida, da vida mesmo nas suas conhecidas fases de planta ao homem, da alegria da vida correndo pelas veias físicas, e vamos pensar na vida não mais como desconhecida e espontânea, mas impregnada com a luz da verdadeira inteligência, e fazendo nascer na essência humana um prodígio, um ser de nova natureza, homem-anjo ou homem-deus, de poder e habilidade sobre-humanos, que de sua natureza canta uma canção infinitamente mais sábia do que a que qualquer homem pode cantar, na compreensão do valor e significado do real, não em louvor de algum bem selecionado sozinho, mas em louvor das coisas como elas são; uma canção natural que deve ser cantada assim que o significado começar a ser compreendido e os segredos do propósito divino começarem a revelar em todas as coisas presenças obscuras – bem e mal para as dualidades de bem e mal que nós chamamos de homem.

Você diria, talvez: isso não é possível. Minha teosofia responde: é inevitável; é o destino glorioso do homem predeterminado da Sabedoria. Nós não somos o passatempo de uma tirania sem coração, as vítimas de uma inquisição cósmica insensível, o torturador insensato de almas humanas, mas lactentes dos deuses e filhos do Pai dos mundos. Como podemos admirar e louvar de modo suficiente tão maravilhosa prevenção para o nosso bem e sábia Provisão para o nosso bem-estar? E o propósito divino, prevenção e provisão é a Sabedoria – isso é Teosofia.

[...]

Eu não tenho vergonha de uma fé que envergonha toda a assim chamada ciência. A fé sozinha pode remover as montanhas dos nossos atuais preconceitos, que circundam o horizonte da nossa ignorância; a fé teosófica é precursora da gnose, fé essa que nos faz agir corretamente, e é por essa ação somente que vem esse conhecimento supremo. Ele não vem pelo pensamento, nem pelo sonho, nem pela suposição, nem pela meditação. A realização vem pela ação; a realidade está escondida na ação e é revelada pela ação. A fé é a vontade que obriga; não a crença nesse ou naquele credo, mas a determinação do ser humano de eliminar a ilusão da sua presente crucificação na cruz dos opostos, e assim atingir um conhecimento da realidade da grande paixão que sente com tudo que vive e respira, e com a intuição do grande drama no qual o ator uno representa todos os corpos do Universo. A vontade está além de todos os pares de opostos; dentro dos pares de opostos, tudo é desejo.

Essa fé na verdade dominante na divindade potencial do homem não nasceu da ignorância, mas sim do conhecimento; a ignorância não pode alimentar a fé, ela gera crença; a fé vem da vontade, não do desejo. E aquilo que nos faz agir sem amarras e ação é a linguagem do nosso Deus, o discurso que nosso Deus pode entender em todo o seu significado, enquanto os homens podem compreender somente as sobras disso, como se fossem cachorros do discurso humano.

Desse modo, a Teosofia mudou os valores de muitas palavras para mim. Antes eu me preocupava muito pouco com fé, agora eu a estimo muito; antes eu me preocupava muito pouco com conhecimento, agora eu o estimo bastante. Mas a fé com a qual não me preocupava tanto era uma falsa noção do que a fé significava – a confusa noção de que a soma de uma série de crenças resultaria em convicção. Mas a fé de outra ordem é da vontade e do ser, não do intelecto e do desejo; é imediata e independente do tempo. Assim também é com o conhecimento; o conhecimento como humanamente concebido é deduzido e não imediato, é um processo intelectual, e não a expressão da sabedoria na ação, que é a gnose.

A Teosofia já significou muitas coisas para mim; na verdade, ela eventualmente veio a ter tantos significados que meu intelecto não via possibilidade de acomodá-los; a variedade deles era tamanha que eu fiquei perdido na diversidade de detalhes. Agora a Teosofia significa só uma coisa; mas essa única coisa não é uma dentre as muitas coisas; é de outra ordem. É uma vontade não de saber, mas de ser; é o conhecimento de que a gnose é a realização. Esse conhecimento é a morte do conhecimento convencional e o nascimento da Teosofia.

Quanto mais você absorve a Teosofia, mais ela absorve você, que não se cansa dela; isso é impossível, pois ela é o refresco perpétuo, da natureza do sempre se renovar. É o segredo da juventude perpétua dos deuses, a panacéia de todas as vontades, o elixir divino, o segredo da Pedra Filosofal.

Como, então, nós que viemos a ficar sob sua influência benigna, que estamos cientes de sua presença santa, podemos avaliar tão grande mistério? Não, nós não podemos avaliar adequadamente, pois até suas possibilidades são realidades inestimáveis, enquanto em si está o Pleroma da satisfação, realização completa. Mas, se nós pudéssemos estimar ao considerar o que éramos antes de ter consciência de sua existência, e o que somos agora com a fé na essência, então nós podemos calcular uma fração infinitesimal do seu valor em termos da nossa atual procissão no destino.

[...]

Resumindo, é à Teosofia que devemos tudo o que torna a vida possível de ser vivida. O primeiro toque mágico chegou a mim por meio de um livro: foi o *Esoteric Buddhism* [Budismo Esotérico], de Alfred Sinnett. O bastão de Hermes que desperta a alma é o verdadeiro caduceu no plano da atualidade; o verdadeiro caduceu não é símbolo dos poderes do mestre, mas daqueles poderes. Os poderes do mestre são transmitidos por incontáveis mediações. No meu caso, um livro caiu nas minhas mãos, e o poder do livro tocou minha alma, de forma que ficou atento aos poderes por trás do poder do livro. Eu não percebi na época, mas agora sei que deve ter sido o chamado do sangue real em mim, a essência vital de muitas vidas, ou como eu ouvi as vozes do já esquecido passado, vozes como se fossem dos pais, como se a alma tivesse pais para fazê-la nascer no homem, levando a mensagem tão lindamente gravada no "Hino da Alma":

Para ti, nosso filho que está no Egito, saudação!
Acorda e levanta-te de teu sono,
E ouve as palavras da nossa missiva!

Isso foi há mais de 21 anos; mas eu me lembro como se fosse ontem; quão ansioso eu era, agora desperto, quão faminto pelas palavras onde quer que elas estivessem. Porque naqueles dias não havia prateleiras repletas de livros teosóficos modernos destinados ao consumo popular: só *Isis Unveiled* [Ísis Desvelada] e um ano ou dois de números da *The Theosophist*. Isso chegou aos outros de muitas maneiras, mas para mim chegou dessa maneira, e eu tenho um incansável débito de gratidão à Sociedade que se organizou de modo a ajudar a estimular a memória dormente da alma para relembrar o passado e chamar a atenção da alma ao seu glorioso futuro.

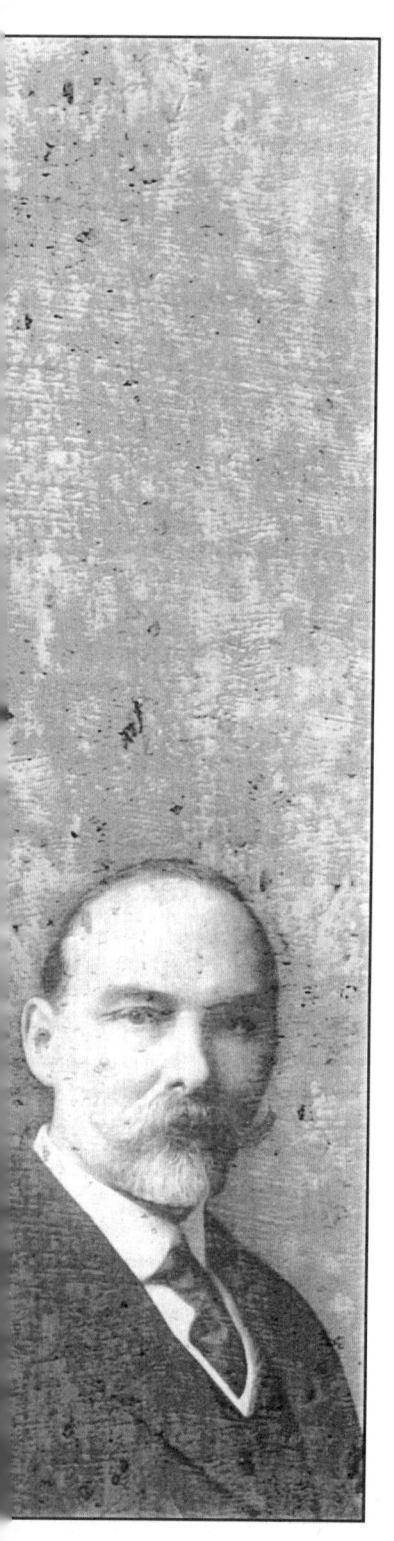

··· II ···

GNOSTICISMO

O Gnosticismo é definido pela exaltação de uma *gnose* espiritual (conhecimento) de Deus e das realidades superiores. As seitas gnósticas dos dois primeiros séculos depois de Cristo refletiram uma miríade de crenças cristãs heterodoxas e foram condenadas pelos Padres da Igreja como heréticas.

Os gnósticos aderiram a uma forma radical de dualismo ontológico entre o bem e o mal. Para eles, Deus era uma deidade escondida, desconhecida e irreconhecível. A criação foi uma série de emanações cosmológicas, personificadas por várias figuras mitológicas conhecidas como eons, geralmente incluindo Cristo e Sofia. A série combinada de eons era conhecida como *Pleroma* (completude), significando a complexa estrutura metafísica do Cosmos além do tempo e do espaço. Abaixo dessa ordem metafísica estava o *histereme* (o mundo da deficiência), que representava o mundo caído da matéria. Esse nosso universo, a fortaleza gnóstica, é produzido não por Deus, mas por um ser inferior conhecido como Demiurgo, ou por um ser demoníaco. A Cosmologia gnóstica sempre contrasta esses dois mundos. O homem está preso na *histereme*, separado do Deus verdadeiro pelo Demiurgo e sua criação defeituosa. Porém, a *gnose* pode devolver ao homem seu direito nato divino. A posse da *gnose* possibilita a alma humana órfã a escalar a hierarquia dos céus por uma ascensão por meio dos eons angélicos enquanto supera a hostil oposição de uma hierarquia equivalente de arcontes demoníacos.

De acordo com os gnósticos, o homem é um ser dual. Ele possui uma alma imortal aprisionada em um corpo físico; seu verdadeiro lar é o mundo superior da luz no Pleroma, mas, como um resultado da queda, ele é enredado nas armadilhas e na impureza da alma. A esse respeito, o conhecimento especial (*gnose*) está primeiro preocupado com a redenção e entrega da alma humana exilada do mal, do mundo material.

O que Mead viu no Gnosticismo? Ele admirava o sincretismo gnóstico e suas tentativas de "reconciliar o irreconciliável, sintetizar a ciência, a filosofia e a religião, criar uma teosofia"[60] na verdade. Na opinião de Mead, a interpretação do Gnosticismo é o campo especial do teosofista: "O estupendo sistema da gnose, que desconcertou tão completamente os estudiosos", é "entendido de modo suficiente pelo teosofista que tem paciência para dominar a terminologia". Como já mencionado, ele vai mais além com uma afirmação de seu próprio credo. Mead afirma que: "A verdadeira gnose é a Teosofia".[61]

Esta última afirmação mostra como Mead identificava a *gnose* com a "sabedoria divina" e um conhecimento espiritual especial de mundos superiores. Porém, tendia a negligenciar o dualismo ontológico exclusivo dos sistemas gnósticos antigos, no qual nosso mundo é sombrio, arruinado e demoníaco. Mead não adotava a trágica visão de mundo do Gnosticismo; em vez disso, ele celebrava a *gnose* da mente (*nous*) encontrada na literatura hermética, que evita um dualismo muito marcado em detrimento de uma aceitação monista desse mundo como fundamentalmente bom. Estudos recentes fizeram claras demarcações entre o Hermetismo e a visão negativa do mundo descrita nos sistemas gnósticos antigos. Para uma recente discussão desse contraste entre as idéias gnósticas e herméticas, veja Roelof van den Broek, "Gnosticism and Hermetism in Antiquity: Two Roads to Salvation" ["Gnosticismo e Hermetismo na Antiguidade: Duas Estradas para a Salvação"], em *Gnosticism and Hermeticism from Antiquity to Modern Times* [Gnosticismo e Hermetismo da Antiguidade aos Tempos Modernos], ed. Roelof van den Broek e Wouter J. Hanegraaff (Albany, New York: State University of New York Press, 1998, pp. 1-20).

A versão de Mead do Gnosticismo e das idéias gnósticas eleva-se: ele via no Gnosticismo um veículo para seu Cristianismo místico – um elo para sua criação representando uma espécie de contra tradição que levava vantagem sobre a tradição recebida do Cristianismo ortodoxo. O que ele encontrou foi um Cristianismo transfigurado.

A literatura moderna sobre o Gnosticismo é mais extensa. Para uma lista de leitura diplomada, veja o apêndice e a bibliografia do livro de Stephan A. Hoeller, *Gnosticism: New Light on the Ancient Tradition of Inner*

---

60. G. R. S. Mead, *Fragments of a Faith Forgotten* (London, 1900), p. 112.
61. *Ibid.*, p. 478.

Knowing [Gnosticismo: Nova Luz sobre a Antiga Tradição do Conhecimento Interior] (Wheaton, IL: Theosophical Publishing House, 2002).

2.1 O *PHILOSOPHUMENA*: O ESQUEMA VALENTINIANO DA GNOSE DA *PISTIS SOFIA, LUCIFER* 6 (MARÇO–AGOSTO 1890), 230-39

Em 1890, Mead publicou uma longa série de artigos contendo sua tradução anotada da Pistis Sofia, *preservada no códice Bruce, descoberta por Moritz Schwartze, o orientalista alemão, em um manuscrito copta, preservado no Museu Britânico. Schwartze transcreveu o texto copta e o traduziu para o latim, e ambos os textos foram publicados por Julius Petermann como* Pistis Sofia. Opus Gnosticum. Valentino Adjudicatum, e codici manuscripto Coptico Londinensi *(Berlim, 1851). O artigo de Mead oferece a primeira tradução inglesa do trabalho. Helena Blavatsky forneceu notas adicionais ao artigo, destacando as correlações entre a gnose valentiniana e a teosofia moderna. As notas são particularmente interessantes no que diz respeito à fórmula aritmética e às figuras cosmológicas.*

Valentino (c.110-175), o líder mais importante entre as seitas gnósticas sírio-egípcias, nasceu no Baixo Egito e foi educado em Alexandria. Na sua tradução, Mead inseriu um resumo geral do sistema valentiniano traduzido do Refutation of All Heresies [*Refutação de Todas as Heresias*], *atribuído a Hipólito, bispo de Óstia (Portus), que foi executado no ano de 222 depois de Cristo. O trabalho também é geralmente mais conhecido como* Philosophumena, *Lib. IV, capítulos 29 et seqq.*

No início, diz (Valentino) que nada foi o que foi gerado. O Pai sozinho *foi*, não gerado sem espaço (ou região), tempo, conselheiro, ou qualquer outra essência ou atributo, capaz de ser compreendido por quaisquer meios. Era sozinho, solitário e parado, *ele mesmo nele mesmo*. Mas por ter o poder de criar (ou emanar), pareceu bom para ele com o tempo gerar e produzir o que era mais bonito e mais perfeito *em si mesmo*, pois não amava a solidão. Pois o Amor, afirma (Valentino), era tudo, mas Amor não é Amor se não há nada a ser amado.

Desse modo, o Pai, solitário como estava, emanou e gerou a Mente e a Verdade, a Duade, que é a Senhora e Início e Mãe de todos os Eons, que eles incluem no Pleroma. E a Mente e a Verdade, tendo emanado do Pai, possuindo o poder da geração como seu pai, imitando o Pai, emanam elas mesmas o Logos e a Vida.[62] E o Logos e a Vida emanam o Homem e a Assembléia (*ekklesia*, Igreja). Mas a Mente e a Verdade, quando viram que suas gerações se tornaram geradoras por sua vez, deram graças ao Pai de Tudo e ofereceram-lhe *10 eons, o número perfeito*. Porque, diz ele, a

---

62. Os verbos nesta passagem são singulares, Mente e Verdade sendo consideradas como uma duade.

Mente e a Verdade não poderiam oferecer número mais perfeito que esse. Pois era necessário que o Pai, que era perfeito, fosse adorado com um número perfeito, e o 10 é perfeito por ser o primeiro número da pluralidade dos dígitos. Mas o Pai era ainda mais perfeito, pois não é um ser gerável; só por meio da única e primeira sizígia, Mente e Verdade, foi possível emanar as *raízes* de todas as coisas que são.

E quando o Logos e a Vida viram que a Mente e a Verdade celebraram o Pai de Tudo (Pai-Tudo) com um número perfeito, o Logos, junto com a Vida, desejou adorar seu pai e mãe, Mente e Verdade. Mas, visto que a Mente e a Verdade foram geradas e não têm sua própria paternidade perfeita, isto é, a qualidade de serem elas mesmas sem pais, o Logos e a Vida não adoram seu pai, a Mente, com um número perfeito, mas com um imperfeito, e oferecem a seus pais *12 Eons*.

As primeiras raízes dos Eons, segundo Valentino, são as seguintes: Mente e Verdade, Logos e Vida, Homem e Assembléia, Dez da Mente e da Verdade e Doze do Logos e da Vida, *oito e 20* no total.[63] Eles são chamados pelos seguintes nomes: Bythius e Mixis, Agêratus e Henôsis, Autophyês e Hêdonê, Akinêtus e Synkrâsis, Monogenês e Makaria. Esses são os Dez Eons, sendo que alguns derivam da Mente e da Verdade e outros do Logos e da Vida. Alguns derivam de novo os Doze do Homem e da Assembléia como estávamos falando, e outros do Logos e da Vida; e os nomes que eles dão a esses Doze são – Paraklêtus e *Pistis*, Patrikus e Elpis, Mêtrikus e Agapê, Aênûs e Synesis, Ekklesiastikus e Makariotes, Thelêtus e *Sofia*.[64]

---

63. Isto é quatro vezes sete, ainda não manifestos até na *Mente Divina*.
64. Veja as hierarquias da Década e da Dodécada (da esquerda para a direita do gráfico)

Década		Dodécada	
Bythius (como Bythus)	Mixis (Mistura)	Paraklêtus (Protetor ou Confortador)	Pistis (Fé ou Confiança)
Agêratus (Aquele que não envelhece)	Henôsis (União ou Unidade)	Patrikus (como Pai)	Elpis (Esperança)
Autophyês (Auto-existente)	Hêdonê (Êxtase)	Mêtrikus (como Mãe)	Agapê (Amor ou Caridade)
Akinêtus (Imóvel)	Synkrâsis (Mescla)	Aênûs (Duradouro e Sempre fluente)	Synesis (Entendimento)
Monogenês (Única criação)	Makaria (Abençoado)	Ekklesiastikus (como Ekklesia)	Makariotes (Felicidade)
		Thelêtus (o Ansiado ou Desejado)	Sofia (Sabedoria)

Agora, o 12º desses 12 e o mais novo dos oito e 20 Eons, de nome Sofia, um eon feminino, observando a multidão e o poder dos eons que foram gerados, retornou para as *profundezas* do Pai e percebeu que todo o restante dos eons, sendo em sua natureza gerados, foi gerado por meio de uma sizígia. Mas só o Pai gerou sem uma sizígia. Desse modo, desejava imitar o Pai e gerar sem sua sizígia, de modo que poderia desempenhar um trabalho não inferior ao do Pai, ignorando que o não-gerável, por ser fundamentalmente início e raiz, e o fundo e a profundeza de tudo, poderia gerar sozinho, enquanto a Sofia, sendo gerada e produzida depois de muitos, não possuía o poder do não-gerável. Pois o não-gerável, ele diz, é todas as coisas juntas, no gerado *o feminino tem o poder de emanar a essência, enquanto o masculino tem o poder de informar a essência emanada pelo feminino*. A Sofia, portanto, emanou a única coisa que poderia, isto é, uma essência sem forma e desinformada (não trabalhada). Isso é o que Moisés afirmou: "A terra é invisível e não formada" (Gênesis 1:2). Isto é, ele diz, a boa e celestial Jerusalém, para a qual Deus prometeu guiar os filhos de Israel, dizendo "Vou levá-los para uma terra de cujo chão brotam leite e mel" (Êxodo 33:3).

E assim a ignorância foi produzida por meio da Sofia no Pleroma, e a amorfia também pela geração (produção) da Sofia; ergueu-se um tumulto no Pleroma com receio de que as gerações (progenia) dos eons tornem-se igualmente amorfas e imperfeitas, e a destruição logo se apodere dos eons. Portanto, todos os eons dirigiram rezas ao Pai para deter a rancorosa Sofia. Pois ela estava chorando e sofrendo por causa do Aborto gerado por ela, assim como é chamado por todos. Desse modo, o Pai apiedou-se das lágrimas de Sofia e dando ouvidos às preces dos eons ordenou mais uma emanação. Por não ter sido ele mesmo quem emanou, mas a Mente e a Verdade que (emanaram) Cristo e o Espírito Santo para a instrução e diferenciação do aborto e para consolar e tranqüilizar as reclamações da Sofia. Então, incluindo Cristo e o Espírito Santo, dá 30 eons. Agora, alguns deles pensam que *ele*˙ (o Espírito Santo) é o 13º eon, enquanto outros mantêm que Sige coexiste com o Pai e que os eons devem ser contados junto com ele. Cristo e o Espírito Santo, então, tendo emanado pelas Mente e Verdade, imediatamente separaram esse Aborto amorfo da Sofia, que foi gerado por ela sozinha sem sua sizígia, dos eons universais, para que os eons perfeitos, vendo isso, não entrassem em confusão por sua amorfia. Para que então o Aborto não aparecesse aos eons perfeitos com sua amorfia, o Pai novamente emanou mais um eon, o Staurus (Cruz ou Tora), que tendo se tornado grande por ter vindo do grande e perfeito Pai, foi lançado na custódia e cerca dos eons, tornando-se o Hôrus (Fronteira) do Pleroma (Completude) e tendo dentro de si os

---

* N.T.: Apesar de Espírito Santo ser um substantivo masculino em português, o autor refere-se a ele no feminino no texto original

30 eons.[65] Agora é chamado de Limite porque *limita* a entrada do Hysterêma (Incompletude, Inferioridade) no Pleroma; novamente, é chamado de Participante porque *participa* do Hysterêma, e a Estaca (ou Tora), porque é fixa, sem inclinação e incapaz de mudar (iluminado, sem arrependimento), para que nada do Hysterêma possa se aproximar dos eons dentro do Pleroma.

Fora desse Limite, Estaca ou Participante, está o que chamamos Ogdôade, que é a Sofia-alienada do Pleroma, que Cristo, pós-emanação da Mente e da Verdade, formou e moldou em um eon perfeito, de nenhuma maneira inferior àqueles dentro do Pleroma. Quando a ausência de Sofia foi moldada, o Cristo e o Espírito Santo, emanados da Mente e da Verdade por não poderem também permanecer fora do Pleroma, ascenderam delas que instruíram para a Mente e a Verdade dentro do Limite, glorificando o Pai junto com o restante dos eons.

Quando havia, por assim dizer, uma unidade de paz e concordância entre todos os eons dentro do Pleroma, pareceu bom para eles não só que deveriam exaltar o Pai por intermédio de suas sizígias, mas que deveriam exaltá-Lo pela oferenda de seus frutos. Todos os 30 eons concordaram em emanar um eon como um fruto comum do Pleroma, como sinal da unidade, unanimidade e paz. Agora a única emanação comum de todos os eons para o Pai é aquilo que eles chamam Fruto Comum do Pleroma. Isso era feito dentro do Pleroma.

Então o Fruto Comum do Pleroma foi emanado, isto é, Jesus (pois esse era seu nome), o grande Sacerdote Superior (ou Pontifex).[66] Agora, a Sofia-alienada do Pleroma, sentindo falta do Cristo que a instruiu e do Espírito Santo, alarmou-se com receio de que perecesse pois, agora que a instruiu e fortaleceu, ele foi retirado. Então ela condoeu-se e estava em grande angústia, ponderando quem era seu instrutor (moldador); qual é o Espírito

---

65. O Staurus ou Cruz (+) é a *potencialidade* do *Positivo* e *Negativo*, ou *Masculino* e *Feminino*, forças da natureza. Eles também são chamados de participantes, porque compartilham da Criação Acima, em sentido abstrato, e da Criação Abaixo, em concreto. No abstrato, o + deixa de existir e torna-se 0, portanto sendo chamado Limite, pois o Abaixo é a Criação Natural do Sexo, enquanto Acima é a Criação de Deus ou da Mente, em outras palavras, do Pleroma ou MAHAT. Nós também temos essa Queda na geração ou a Substituição do Natural pela Criação Divina, tipificada nos Mitos de Saturno emasculando Urano, Zeus, Saturno e Tífon, Osíris.

66. O criador de Ponte, ele que estende o raio para o merecedor ou retira do não merecedor, ele que constrói a "Ponte" entre os Manás Superior e Inferior, isto é, o Antaskarana. Não é necessário afirmar que Jesus e Cristo são entidades distintas; na verdade, como veremos depois, há nada menos que *três* Cristos no esquema gnóstico. Os estudantes esotéricos perceberão que, do ponto de vista microcósmico, Jesus é o Maná Inferior, o raio do Maná Superior, exatamente como, do ponto de vista macrocósmico, corresponde ao Maná, o raio de Mahat, a Mente Divina. Jesus não é Cristo, assim como a Personalidade não é a Individualidade.

Santo; para onde eles partiram; quem os impediu de estarem com ela; e quem invejou seu lindo e abençoado espetáculo. Nesse sofrimento, ela dirigiu-se às preces e suplicando àquele que a abandonou. E com suas preces, o Cristo dentro do Pleroma e todos os outros eons apiedaram-se dela e emitiram do Pleroma seu Fruto Comum, a sizígia da Sofia-alienada e o censor de seus sofrimentos, buscando Cristo. Então o Fruto saiu do Pleroma e a encontrou na primeira das quatro aflições, isto é, temor, angústia, desamparo e necessidade (rogo ou reza), corrigiu seus sofrimentos; mas, ao fazer isso, ele percebeu que não era adequado que essas afeições (ou aflições), que eram dos eons (ou eterno) e peculiares à Sofia, fossem destruídas, nem, por outro lado, que Sofia deveria ter tais aflições como temor, angústia, súplicas e desamparo. De acordo com isso, por ele ser um grande eon e a progenia de todo o Pleroma, fez as aflições dela saírem e as transformou em essência fundamental. E do temor ele fez uma essência relativa à alma (animal); da angústia, uma material; do desamparo, uma demoníaca; da conversão (ou seja, recorrer a qualquer um para ajuda), da reza e da súplica ele fez o caminho do retorno (bem alto), e arrependimento e o poder da essência relativa à alma que é chamado "bem". O Demiurgo foi feito do temor. E esse é o significado da escritura, ele diz: "O temor de Deus é o início da Sabedoria (Sofia)" (Salmo 111:10). Pois esse (temor) foi o início das dores de Sofia. Porque ela estava primeiro em temor, após em angústia, depois em desamparo e então se dirigiu às preces e súplicas. Agora a essência relativa à alma (animal), ele diz, é temerosa e chama-se Lugar no Meio (ou Meio), e o Hebdômado[67] e o Antigo dos Dias; dessa essência surgiu o Demiurgo.

Agora o poder do fogo, diz Valentino, era duplo. Pois há um fogo que tudo devora e que não pode ser extinguido e... [infelizmente ocorre uma lacuna aqui]. Desse tipo de fogo, então, a alma é uma coisa mortal, sendo uma espécie de meio; pois é o Hebdômado e Pausa. Ela está, porém, abaixo da Ogdôade,[68] onde está a Sofia... e o Fruto Comum do Pleroma, mas está acima do Hilo (Matéria) da qual é o Demiurgo.[69] Se, desse modo, ela (a alma) é assimilada pelo nível acima, isto é, a Ogdôade, ela se torna imortal e passa para a Ogdôade, que é, de acordo com Valentino, a Jerusalém Celestial, entretanto, se for assimilada pelo Hilo, isto é, com qualidades materiais, será destruída e perecerá.[70]

Como, portanto, o primeiro e poder maior surgiu da essência relativa à alma... [ocorre uma lacuna aqui] a imagem Diabo, o governante desse

---

67. *Vide* Figura 7; o "Sete" *está* no meio.
68. Estude Figuras 3, 7, 8, 15 e 18.
69. *Vide* Figura 9. O diâmetro horizontal está acima do triângulo maior da matéria.
70. *Vide* Figura 9. Os triângulos em cujas bases estão quatro Fogos são os quartos em todas as séries e, portanto, têm o *ponto crítico*.

mundo; enquando o Belzebu é da essência dos Daimons que são educa-
dos da dúvida (incapacidade ou desamparo), Sofia emergiu do alto, da
Ogdôade para a Hebdômade. O Demiurgo, eles dizem, não sabe de nada,
mas é descuidado e tolo, segundo eles, e não sabe o que faz ou opera. E,
por não saber o que faz, a Sofia opera e fortalece tudo, e quando faz isso,
ele imagina que está fazendo a fundação do mundo; pelo que ele começa
a dizer: "Eu sou Deus e não há outro além de mim" (Deuteronômio 4:35).

A Tétrade Valentiniana, portanto, é a "Fonte contendo as raízes da eterna natureza (lit. corrente eterna)" e a Sofia da qual a fundação material e
relativa à alma (criação) era constituída. E a Sofia é chamada Espírito; o
Demiurgo, Alma; o Diabo, o Governante desse mundo; e Belzebu, o (Governante) dos Daimons. Esses são seus ensinamentos.

Além do mais, há o lado matemático das suas doutrinas; e eles fazem
os 30 eons no Pleroma emanarem de novo outros eons por analogia, para
que o Pleroma resultasse em um número perfeito. Pois assim como os
pitagoreanos dividiram em 12, 30 e 60,[71] eles também subdividem os conteúdos do Pleroma. Os números da Ogdôade também são subdivididos e a
Sofia que, de acordo com eles, é a Mãe de Todos os Viventes e o Fruto
Comum do Pleroma, emanou 70 Logoi,[72] que são Mensageiros celestiais
(anjos) vivendo em Jerusalém, e está acima dos Céus. Pois essa mundana
(Jerusalém) é a Sofia alienada, e o Fruto Comum do Pleroma é seu esposo.
Além do mais, Demiurgo é o emanador das almas, pois ele é a essência das
almas. De acordo com eles, o primeiro é Abraão, e o último, os filhos de
Abraão. O Demiurgo então faz corpos para as almas do material (hílico) e
da essência diabólica. Isso é o que foi dito: "E Deus moldou o homem,
tirando o barro da terra, e aspirando na sua face (ou aparência) o sopro da
vida: e o homem tornou-se alma viva" (Gênesis 2:70). Isso é, de acordo
com eles, o *homem interior*, o (princípio) relativo à alma, morando no corpo material, perecível, imperfeito, moldado da essência diabólica. O último
é o *homem material*, segundo eles, como se fosse uma hospedaria ou habi-
tação, em um tempo a alma sozinha, em outro a alma e os Daimons e em
outro a alma e os Logoi, que são os Logoi espalhados de cima do Fruto
Comum do Pleroma e da Sofia nesse mundo, morando em um corpo Choïc
(isto é, o corpo de "barro" ou "lama" anteriormente mencionado), onde
quer que os Daimons não coabitem com a alma. Isso, diz ele, era o que
estava na Escritura: "Por isso, ajoelho-me perante Deus e Pai e Senhor de
nosso Senhor Jesus Cristo, para que Deus possa garantir que Cristo habite
no interior do homem" (Efésios 3:14, 16-18), isto é, aquele relativo à alma e
não o corpóreo (homem), "que possas ser forte para saber qual a profundeza", por assim dizer, o Pai de Todos, "e a largura", que é a Estaca, o Limite do
Pleroma, "ou comprimento" (ou altura), que é o Pleroma dos eons. Portanto,

---

71. $12 = 4 \times 3, = 2^2 \times 3$: $60 = 12 \times 5, = 3 \times 4 \times 5, = 2^2 \times 3 \times 5$.
72. $70 = 7 \times 10, = 21 + 49, = 3 \times 7 + 7 \times 7$.

diz ele, "o homem anímico (animal) não percebe essas coisas que são do Espírito de Deus, pois ele é tolo" (I Coríntios 2:14). A tolice, diz ele, é o poder do Demiurgo: pois ele era tolo e descuidado e pensou que fosse ele mesmo que estivesse fabricando o mundo, ignorando que era a Sofia, a Mãe, a Ogdôade,[73] que operava tudo para a constituição do mundo para que ele não soubesse.

Todos os profetas, portanto, e a lei balbuciada sob a inspiração do Demiurgo, tolamente não sabem nada, (inspirados por) um Deus tolo, segundo ele. Por qual motivo, o Salvador diz: "Todos que vêm perante mim são ladrões e assaltantes". (João 10: 8), e o Apóstolo: "O mistério que não era desconhecido pelas gerações anteriores" (Efésios 3: 9,10; Romanos 16: 25). Pois nenhum dos profetas falou dessas coisas sobre as quais dissemos; pois elas não eram conhecidas; todas as coisas [ocorre uma lacuna aqui], visto como realmente eles balbuciavam sob a inspiração somente do Demiurgo. Quando, desse modo, a criação (ou constituição) chegou ao fim e a manifestação dos Filhos de Deus, isto é, do Demiurgo, posteriormente aconteceu – a manifestação que esteve escondida e na qual o homem anímico esteve escondido, tendo um véu sobre seu coração – quando, desse modo, o véu teve de ser retirado e esses mistérios percebidos, Jesus nasceu por meio de Maria, a Virgem, segundo o que estava escrito: "O Espírito Santo (Espectro) virá sobre ti', o Espírito é a Sofia, "e o poder do Superior abrigar-se-á em ti", o Superior é o Demiurgo "pois este que nascerá de ti chamar-se-á santo" (Lucas 1: 35). Porque ele não nasceu só do Superior, como aqueles constituídos de acordo com Adão, foram constituídos do Superior sozinho, isto é o Demiurgo. Mas Jesus, o *novo homem,* nasceu do Espírito Santo, isto é, da Sofia e do Demiurgo, para que o Demiurgo pudesse completar o molde e arranjo do corpo, e o Espírito Santo fornecer sua essência, e ele possa ser o Logos da Ogdôade, nascido de Maria.

Atualmente há um grande questionamento entre eles sobre essa doutrina, causa de cismas e divergência. Por isso, sua doutrina está dividida em duas escolas, uma chamada oriental e a outra, italiana. A escola italiana mantém que o corpo de Cristo era anímico (animal), e por causa disso o Espírito desceu como uma pomba no seu batismo, isto é, o Logos da Mãe a Sofia-Acima, assemelhou-se ao seu princípio espiritual *e despertou-o dos mortos.*[74] Isso é o que foi falado, ele disse: "Ele que despertou Cristo dos mortos também vivificará seus corpos mortais" (Romanos 8: 11), quer dizer, seus (corpos) espirituais. Pois é a "lama" que estava sujeita à maldição, "pois és pó e ao pó voltarás" (Gênesis 3:19). A escola oriental, por outro lado, declara

---

73. Sofia, a Ogdôade, é o reflexo da Heptade Plerômica *mais* a Sige; isto é, Sofia, *mais* o Aborto, a Tétrade e *mais* o Fruto Comum, a esposa ou sizígia do Aborto, a Tríade; oito ao todo, a Ogdôade.
74. Os não-iniciados eram sempre chamados de "mortos".

que o corpo do Salvador era espiritual; pois o Espírito Santo, isto é, a Sofia, e o poder do Superior, a arte demiúrgica, caíram sobre Maria para que aquele que foi dado pelo Espírito a Maria fosse moldado.

Além do mais, ele prossegue dizendo, todas as falhas que pertencem aos eons foram retificadas, como também aquelas eram da Ogdôade, isto é, a Sofia-alienada, e aquelas pertencentes ao Hebdômade. (Pois o Demiurgo foi ensinado pela Sofia que não era o único Deus, como imaginava, e que havia outros além dele, como ele supunha; e, sendo instruído desse modo por Sofia, entendeu que havia um superior. Pois ela lhe instruiu, iniciou e ensinou o grande mistério do Pai dos Eons, que ele não contou a ninguém; isto é o que falou a Moisés: "Eu sou o Deus de Abraão, o Deus de Isaac, o Deus de Jacó, e não declarei o nome de Deus a nenhum deles" (Êxodos 6:2,3), ou seja, eu não falei ou revelei o mistério, "Quem é Deus", mas mantive em segredo o mistério que ouvi de Sofia.) Desde que o superior (delitos ou falhas) foi corrigido, pela mesma seqüência foi necessário que aqueles do nosso plano inferior também devessem ser corrigidos. Por causa disso nasceu Jesus, o Salvador, de Maria, para que as falhas (ou erros) fossem corrigidos; assim como o Cristo, que foi pós-emanado pela Mente e Verdade, corrigiu os sofrimentos da Sofia-alienada, ou seja, o Aborto. E

Mapa do Pleroma de acordo com Valentino

novamente o Salvador, nascido de Maria, veio corrigir os sofrimentos da alma. Há, portanto, *três Cristos*, isto é, aquele que foi emanado da Mente e Verdade junto com o Espírito Santo; o Fruto Comum do Pleroma, a sizígia da Sofia-alienada, também chamado de Espírito Santo inferior ao primeiro; e o terceiro, nascido de Maria para a correção da nossa constituição humana.

Nosso autor estava certo em comparar o sistema valentiniano com aqueles de Pitágoras e Platão e em declarar que ele tinha uma base matemática. A *gnose* de todos os tempos e países foi baseada em *leis naturais*, e os diferentes ramos da ciência matemática são somente métodos de expressar essas leis. Para justificar esses sistemas sublimes da Antiguidade e *provar* que estavam baseados em algo mais do que "imaginação supersticiosa", serão mostradas agora algumas figuras e dadas algumas dicas de como interpretá-las. Deve-se, no entanto, lembrar que, como essas figuras são *infinitas*, e que as permutas e combinações de suas propriedades, correspondências e qualidades são igualmente infinitas, não pode ser dado mais do que um esboço muito superficial neste trabalho curto... Espera-se que por essas figuras sejam dadas aos estudantes as provas mais claras das, como Platão diz, "geometrias da deidade".

Primeiro o ○ (Ponto), o *Mônada,* Bythus (o Profundo), o Pai desconhecido e irreconhecível. Depois o △ (Triângulo), Bythus e o primeiro par emanado ou Duade, Nous (Mente) e sua sizígia Aletheia (Verdade). Depois o ▢ (Quadrado), as duas *Duades, Tétrade* ou *Quaternário*, dois masculinos | |, o Logos (Verbo) e Anthrôpos (Homem), dois femininos, suas sizígias Zoe (Vida) e Ekklesia (a Igreja ou Assembléia), *Sete no total.* O Triângulo da *Potencialidade* do Espírito, o Quadrado da *Potencialidade* da Matéria; a Linha Reta Vertical da *Potência* do Espírito, e a Horizontal da *Potência* da Matéria. Depois vem o Pentagrama ☆, o *Pentaedro*, o símbolo misterioso dos Manasputras ou Filhos da Sabedoria, que com suas sizígias, fazem 10, ou a Década; e por fim a Hexalfa, ou triângulos entrelaçados, ✡ o *Hexaedro*, que com suas sizígias fazem 12, ou a *Dodécada*. Esses são os Conteúdos do Pleroma ou Completude, as *Idéias* na *Mente Divina*, 28 no total, pois Bythus ou o Pai não é contado, por ser a *Raiz* de tudo. Os dois círculos pequenos *dentro* do Pleroma são as sizígias Cristo-Pneuma (Cristo e o Espírito Santo), estas são *pós*-emanações, e como tal, de um aspecto, tipificam a descida do Espírito para instruir e envolver a Matéria, que provém *essencialmente* da mesma fonte; e de outro aspecto, a descida ou encarnação dos Kûmaras ou do Ego Superior da Humanidade.

O Círculo do Pleroma é limitado por uma circunferência emanada do Bythus (o Ponto); isso é chamado de Horus (Limite), Staurus (Tora, Estaca ou Cruz) e Metæcheus (Participante); ele cerca o Pleroma (ou Completude) do Hysterême (a Inferioridade ou Incompletude), o maior dos menores Círculos, o Não-manifestado do Manifestado. Dentro do Círculo do Hysterême está o Quadrado da Matéria primordial, ou Caos, emanado pela Sofia, chamado Ektrôma (ou Aborto). Sobre ele há um Triângulo, o *Espírito primordial*, chamado de Fruto Comum do Pleroma, que aparece como uma *unidade*. Note agora que o Triângulo e o Quadrado do Hysterême são *reflexos* do Triângulo e do Quadrado do Pleroma. Finalmente, o plano do papel fechando e penetrando tudo é a Sige (Silêncio).

ALGUMAS DICAS GERAIS SOBRE UMA EXPLICAÇÃO DAS FIGURAS

Em todas as figuras, exceto a Figura 8, o grande axioma hermético "Como acima, assim é embaixo" é anunciado de modo triunfal, assim como a idéia da sizígia, par de opostos. Iniciemos com a Figura 8, lembrando que o Ponto produz a Linha; a Linha, as Superfícies; e as Superfícies, o Sólido.

Nessa figura, nós temos um símbolo do Fogo ou Espírito. A linha vertical no centro da figura é o Fogo mais sutil; esta assenta na forma de triângulos seus ângulos verticais tornando-se menos e menos agudos à medida que suas bases se expandem, e ao mesmo tempo elevam-se para planos mais altos. Seis planos ou bases em tudo e seis triângulos, com a ponta o sétimo. A sétima figura gerada da ponta é o triângulo de ângulo reto, o mais perfeito. Quanto mais agudo o ângulo, mais sutil é o Fogo, até que finalmente chega no ângulo reto, o balanço ou ponto decisivo de todos os ângulos.

Observemos agora o ponto central da figura e o juntemos às extremidades das bases dos triângulos; nós vamos achar que, com o ponto, de novo temos uma segunda série de sete, isto é, o ponto, os dois ângulos agudos, um ângulo reto, dois ângulos obtusos e o diâmetro horizontal da figura. Esses são os Planos *Rupa,* o primeiro setenário sendo os sete Logoi ígneos; o segundo setenário, os sete Globos sobre os quatro planos inferiores do grande setenário. Note novamente as séries de quadriláteros formadas pela interseção das bases e dos lados dos triângulos 2, 4, 6, 8 e 10, o número perfeito. Desse modo, começando da nossa perpendicular, ou *Espírito*, chegamos a uma série de ângulos por meio de todas as variedades de agudezas ao ângulo reto, e passa dele por meio da diversidade de obtusidades ao diâmetro horizontal, *Matéria*.

Esse grande fato pode ser mais bem visto nas Figuras 11-18, em que a mesma série é traçada em quadriláteros retangulares, das quais o balanço ou ponto decisivo é o Quadrado. Claro que deve ser lembrado que somente os *tipos perfeitos* são dados, os tipos intermediários sendo infinitos. Por exemplo, para chegar da Figura 11 à Figura 12 é necessária uma *infinidade* de pontos, da Figura 12 à Figura 13 uma infinidade de linhas, da figura 13 à Figura14 uma infinidade de figuras intermediárias, etc., sete infinidades e sete eternidades ao todo.

Nessas figuras, deve-se notar também que a Vertical expandiu-se e decaiu na Horizontal, mas ao fazer isso, *mudou sua direção*; em outras palavras, a roda girou.

Tendo obtido nossa mais perfeita figura triangular, ou seja, o ângulo reto, vamos proceder traçando as operações de um par desses. Na série de Figuras 1-8, notamos o triângulo do Espírito com um ápice para cima e o triângulo da Matéria com seu ápice para baixo. Deixemos aqueles que desejam entender os dois Círculos ao redor desses triângulos gradualmente se envolvendo até que finalmente se tornam *um* (Figura 7), lembrar os caduceus e refletir sobre o que é dito na *The Secret Doctrine* [A Doutrina Secreta] (vol. I, pp. 550 *et seqq*) sobre a "lemniscata", e também sobre o desenvolvimento de uma célula-gameta (vol. II, pp.117 *et seqq*).

Esses Triângulos produzem Quadrados por suas interseções e nós conseguimos as seguintes séries de Pontos gerados: 1, 4, 9, 16, 25, 36 e 49, que é 1^2, 2^2, 3^2, 4^2, 5^2, 6^2 e 7^2.

Portanto, *49 Fogos* gerados.

No *quarto* estágio, o tipo primordial de fuso (χ) é repetido, mas como uma *dualidade*; nas duas figuras seguintes, essa dualidade se repete, mas em escala cada vez menor até a Figura 8, na qual *desaparece completamente*.

Vamos combinar agora nossas figuras anteriores e obtermos a Figura 9. Tudo é gerado do Ponto (o primeiro Logos). A partir daí, temos seis triângulos descendentes e seis esferas de matéria, que junto com o ponto dão sete. Assim acontece com os triângulos mais fracos e círculos de espírito ascendentes. Ainda os dois pontos de partida são *necessariamente um* na natureza. O diâmetro horizontal não é nem escuro ou claro, nem espírito ou matéria, assim como o círculo circunscrito maior.

A Figura 10 é uma amplificação da Figura 7. Ela é a *Pirâmide Desdobrada* e o "Brahm de face quádrupla", os "quatro Maharahjas", etc. e todos os quaternários, também é a expansão da Tétrade. Note as duas séries de três Quadrados cada e o Ponto no centro, sete ao todo. Veja também que o Quadrado de *Doze Fogos* é limitado pelo Triângulo de *Dez*. A representação da Tétrade Pitagoreana era um triângulo contendo dez Yods.

Nossa figura é um tipo perfeito; se as bordas forem dobradas no ponto central, os Fogos, ou *sizígias*, coincidem e esse processo pode ser repetido até que toda a figura desapareça no Ponto. Mas na natureza o tipo é imperfeito e os Fogos estão a distâncias desiguais, de modo que, ao dobrarmos os quatro cantos, a Pirâmide Sólida é formada, seu eixo espiritual e seus diâmetros basais materiais variam com a proporção do espírito e da matéria em qualquer manifestação.

A Figura 7 nos dá todos os pares e nos inicia no mistério da Reflexão. Desse modo, temos dois 1, dois 2, dois 3, dois 4, dois 5, dois 6, mas só um 7. Aqui então nós temos todos os números gnósticos misteriosos de 1 a 7, depois 8 ou a *Ogdôade* 10 ou a *Década*, e 12 ou a *Dodécada*.

Muito mais na verdade deveria ser escrito, mas talvez já tenha sido dito o suficiente para direcionar a atenção dos estudantes para o mistério dos *49 Fogos* e dar a eles uma chave para a compreensão da, até o momento, desesperançosa obscuridade dos escritores gnósticos aos olhos dos modernos.

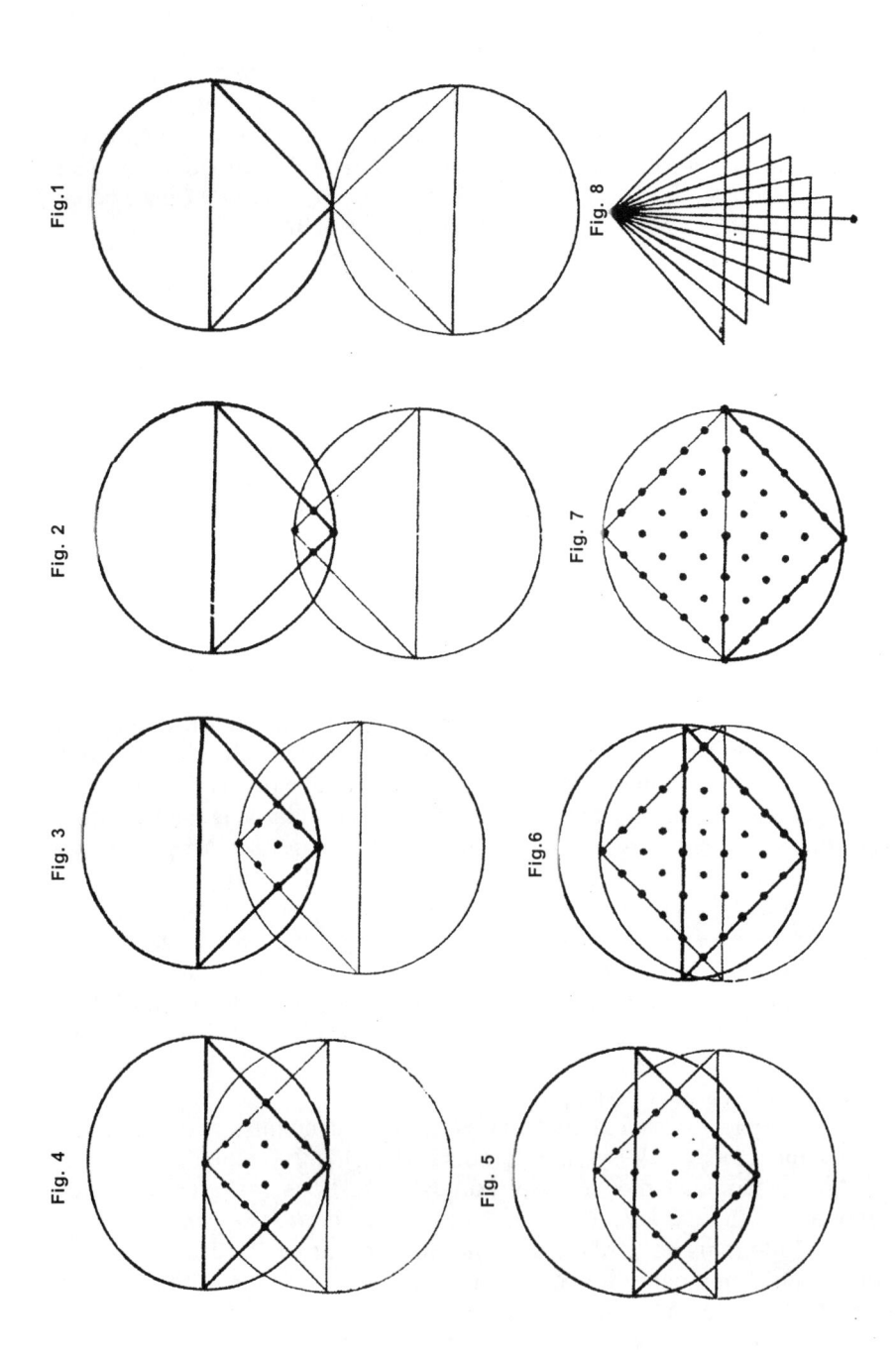

Fig.1

Fig. 2

Fig. 3

Fig. 4

Fig. 5

Fig.6

Fig. 7

Fig. 8

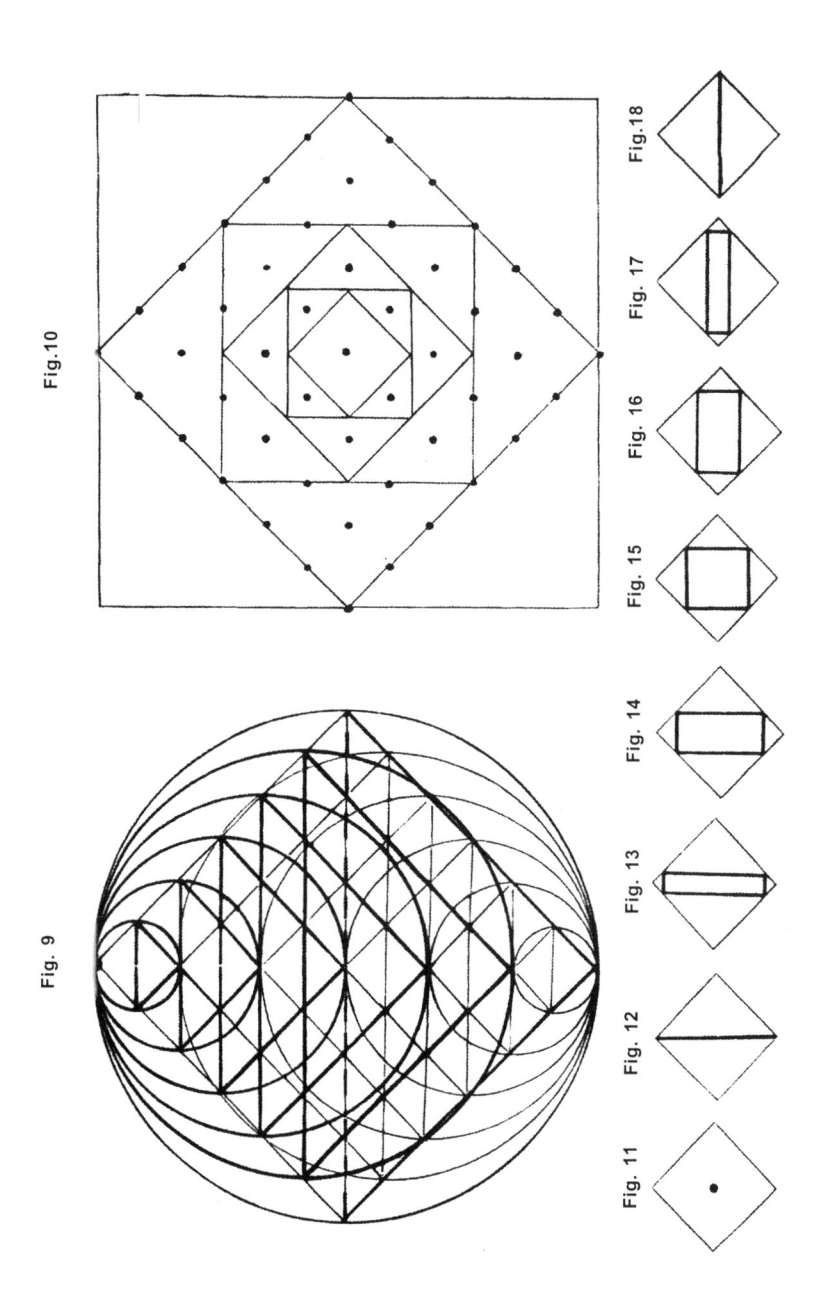

Fig.10

Fig. 9

Fig.18 Fig. 17 Fig. 16 Fig. 15 Fig. 14 Fig. 13 Fig. 12 Fig. 11

2.2 ENOLOGIA VALENTINIANA, UM EXCERTO DO "AMONG THE GNOSTICS OF THE FIRST TWO CENTURIES" ["ENTRE OS GNÓSTICOS DOS DOIS PRIMEIROS SÉCULOS"], *THE THEOSOPHICAL REVIEW* 21 (SETEMBRO 1897 – FEVEREIRO 1898), 33-43

Aqui Mead explica a enologia valentiniana em termos dinâmicos e geométricos, oferecendo desse modo uma comparação interessante com o relato denso e detalhado anterior do esquema valentiniano no Philosophumena. *Uma versão extensa foi publicada no* Fragments of a Faith Forgotten *[Fragmentos de uma Fé Esquecida], segunda edição (London, 1906), pp. 311-28.*

Do mundo dos homens, nossa terra, [o leitor] deve passar em pensamento pelos espaços sublunares, visíveis e invisíveis; daquele lugar, ele deve passar para além do firmamento lunar, os céus, dentro dos espaços etéreos – os mundos estelares, e seus infinitos habitantes, espaços e regiões, ordens e hierarquias – restringidos pelos limites máximos de espaço e tempo, pelo Grande Firmamento, o Anel "Não Passe", que separa o universo fenomenal do universo da realidade fora do espaço e do tempo. É um Limite em todos os lugares e – em nenhum lugar.

Aqui nos despedimos do tempo e do espaço e atingimos a região do paradoxo, pois o homem mortal ainda tem de falar em termos de coisas fenomenais – chamando de região, embora não seja uma região; falando disso como um Eon Vivente, conquanto transcenda a vida; louvando-a como um Mundo de Luz, se bem que sua luz seja treva aos nossos olhos mortais, por causa da superabundância de seu brilho.

Isso é o Pleroma, o mundo da perfeição, de tipos perfeitos e perfeita harmonia. A mente retira-se dele, incapaz de compreender, e o espírito dentro dela grita para o homem com uma voz que não aceita recusa: "Mais adiante; mais além; e além". Então há Silêncio; nenhuma palavra, nenhum símbolo, pode auxiliar mais. A Mente é muda, o espírito está em paz, repousando no Silêncio Supremo da contemplação, da união com o Divino, o Grande Profundo – Profundidade, o interior das coisas, aquilo que permeia tudo, *atravessa* tudo.

Os valentinianos são considerados os iniciadores dessa concepção de Bythus, ou o Abismo da Profundidade; mas isso é um erro. Basilides já mostrou que era impossível nomear Deus além de tudo; devemos pensar que os valentinianos não alcançaram tão óbvia verdade? De modo algum; alguns deles ensinaram sobre o Além, o Profundo, uma hierarquia de Profundos; e, de forma muito curiosa, encontramos no códice Brucianus essas hierarquias, e também as vemos adotadas no tratado da *Pistis Sofia*. Que absurdo então buscar um "início" na infinitude, essa concepção como um início estava em um nível baixo da escala do ser; nós podemos falar do "início" de algum universo fenomenal especial, mas há uma infinitude de tais universos, e a infinitude não tem um início.

Além do Pleroma, ou tipo ideal de todos os universos, havia – o quê? Silêncios mais inexprimíveis que o Silêncio e Profundezas mais profundas que o Profundo! Como os valentinianos ririam da noção de atribuir uma teoria monística ou dualística à sua intuição do que está além do Ser, e fazer disso a base da divisão delas nas escolas oriental e ocidental! Mas isso é o que Hipólito e muitos críticos modernos fizeram.

Vamos então deixar o mistério no Silêncio daquela Profundeza do além Ser – um Silêncio que excluiu o Pleroma das Profundezas do além Ser por um Limite ainda maior que o Grande Firmamento. Esse Limite mais alto estava entre as mais íntimas profundezas do próprio Pleroma, o mundo interior, assim como o Grande Limite estava além das profundezas do fenomenal mundo exterior. A idéia contornada pelo termo "profundeza" leva o pensamento para longe de todas as idéias da matéria tridimensional, como a conhecemos, e introduz a noção de "através" em todas as direções ao mesmo tempo, bem como dentro e fora.

Depois, temos de tratar do "ser" do Pleroma dos eons. Todo "ser", na sua "Plenitude de Ser" (Pleroma), era por sua vez uma "plenitude" ou perfeição, e a natureza da vida desses "seres" era anunciada nos seus nomes. Eles eram chamados de eons ou "eternidades", pois estavam fora de tempo e espaço. Tudo fora do Pleroma, por assim dizer, tudo no universo fenomenal, pelo contrário, era uma "imagem" ou deficiência. O mundo fenomenal era, portanto, chamado por nomes como o Kênoma ou "Vazio", a Imagem, etc.

É, no entanto, evidente que, até atingirmos o mundo fenomenal, nenhuma linguagem humana pode nos servir para expressar os modos de ser que transcendem as operações cosmogônicas. E ainda o gênio gnóstico teve a audácia de achar algum método pelo qual poderia prenunciar a maneira de ser dos eons, que eram *ex hypothesi* fora do tempo e espaço.

Pitágoras e Platão, e os instrutores nos mistérios, declararam que a matéria física era basicamente de natureza geométrica, que em todas as coisas "Deus geometriza". Portanto, os cinco sólidos regulares formam o auge do conhecimento geométrico da escola platônica. Em razão da atenção dada a esses sólidos por essa escola, a posteridade chamou os cinco de Sólidos Platônicos. O todo dos Elementos de Euclides, diz Próclus, era uma introdução à ciência dos sólidos perfeitos. Acredita-se que esses poliedros estejam presentes não só na formação da Terra, mas de todos os gêneros, espécies e indivíduos do Universo material.

[...]

Foi ao longo dessa linha de pensamento que os pensadores valentinianos foram procurar por um *simbolismo* existente, que pudesse prenunciar de algum modo a maneira de ser dos eons. Da região da matéria poliédrica definida, a ordem desta, embora invisível a olho nu, pode ainda ser imaginada na mente, o simbolismo passou a abranger mais, do molecular ao atômico... Os sólidos regulares eram o acontecimento na matéria física de certos sistemas do equilíbrio perfeito de "pontos" no espaço. Esses pontos não eram meras abstrações matemáticas, mas verdadeiros centros de força, possuindo certas relações uns com os outros, equilibrados por uma lei de polaridade ou sizígia. Essa era a região do átomo. O átomo era uma coisa viva de força, uma esfera, a figura mais perfeita, para sempre se contraindo e expandindo, geradora de todos os movimentos, ainda que automotivados, e de outro ponto de vista imóveis, por serem pertencentes às "fundações da terra".

Foi esse campo da natureza que a gnose valentiniana escolheu como símbolo vivo do Eon Vivo. Claro que o símbolo era imensidades removidas da realidade, mas o tipo vivo que reside nos tipos mais simples da formação da matéria física estava de qualquer forma mais perto da realidade do que qualquer figura física morta. Portanto, o "átomo" universal e seus modos mais simples de ser diferenciado foram tomados como símbolos do mundo eon, o Pleroma, o mundo da vida e da luz, além do tempo e do espaço, o coração imorredouro das eternidades.

[...] Uma figura plana é somente uma sombra, e isso também pode ser dito de um sólido morto; é o sistema de força vivo por trás ou dentro do último que é a primeira faísca de vida na série. Para ver isso mais claramente, pegue um símbolo, familiar, os triângulos entrelaçados ou "Selo de Salomão". Nos sólidos, esse símbolo é representado por dois tetraedros mutuamente interpenetrados; dessa união surgem o cubo e o octaedro. O dodecaedro e icosaedro vêm do encontro mútuo de cinco tetraedros, uma quintuplicação. Desse modo, temos nossos cinco sólidos regulares. O tipo fundamental é o tetraedro e o sistema de força por trás dele consiste em dois pares de átomos, ou uma sizígia dupla ou casal, em equilíbrio perfeito. A natureza do relacionamento desses átomos ou esferas entre cada um deles, e da interação de seus movimentos, é o modo de vida ou ser do símbolo; e, quando isso é aprendido, o símbolo vive, e desse modo, as forças que o sólido "sombra dos mortos" simboliza estão nas mãos do solucionador do "mistério". Uma forma de magia antiga, praticada especialmente no Egito, consistia em uma extensão mais complicada dessa idéia, que vagava muito além dos limites dos símbolos geométricos. Não é necessário dizer que a grande maioria daqueles que praticaram a arte não tinha a menor idéia das "razões" de seus desempenhos. Magia, para a maioria, nunca foi uma coisa racional. [...]

Vamos olhar agora a gnose valentiniana simbolizada no universo ideal, o modelo de todos os universos – o átomo primordial ou mônada, seus movimentos e modos de autodiferenciação e auto-emanação dentro de si mesmo. O objeto de sua contemplação era idêntico ao do mundo das idéias ou do mundo noético de Platão; o mundo da luz do Irã antigo; o "ovo eterno" ou modelo a partir do qual surgem todos os universos do Khem antigo; a "semente resplandecente" ou hiranya-garbha dos *Upanishads*.

Primeiro temos o conceito da esfera infinita da Luz, que transcende a glória do sol mais brilhante, como a glória do Sol transcende a chama de uma luz rápida; Luz além do pensamento. Como ainda não há nada além de Luz infinita, ainda através dela há algo sempre acontecendo, como se fosse do e para seu centro, que é todo lugar e lugar nenhum, um sopro sempre sendo expirado e inspirado, uma energia sem-fim que nada humano pode perceber ou saber. É o sopro da Vida do Universo no ponto zero do ser, para usar termos familiares aos estudantes teosóficos.

Vamos proceder agora ao que podemos chamar de mudança de estado, mas devemos lembrar que todos os estados que estamos tentando desse modo simbolizar na realidade existem simultaneamente; e, embora no pensamento nós temos de levar até o fim uma espécie de emanação ou evolução, é na realidade um estado de consciência infinito sempre existente fora do tempo e do espaço.

Em um "centro" sempre pulsante (que está em todo lugar e em lugar nenhum), algo se levanta um pouco menos brilhante do que a Luz transcendente, outro modo de movimento, que iremos simbolizar como um redemoinho oval ou em formato de ovo, sempre se expandindo e se retraindo. Dentro dele, dois focos desenvolvem-se gradualmente, à medida que pulsa e se expande. A periferia do envelope contrai-se no meio pela ação dos dois focos, os símbolos do equilíbrio, do positivo e do negativo, a lei da sizígia ou dos pares. Eles se separam, mas sempre se movimentando ao redor de um centro comum; Bythus e Ennoea, Profundidade e Pensamento, formam a primeira sizígia de eons, simbolizada como duas esferas movimentando-se ao redor de um centro comum. Quando separados, eles são de alguma forma diferentemente afetados pela grande expiração e inspiração, ainda que cada um manifeste as qualidades do outro. Um é positivo; o outro, negativo; e essas qualidades são comunicadas ao todo da grande esfera de luz, pois eles estão em todos os lugares e em lugar nenhum. A polaridade é, dessa forma, exposta por ser um modo de ser do Pleroma; a lei da sizígia é afirmada.

Mas, com a dualidade aparecendo, a multiplicidade deve seguir e não só ela, como também a universalidade. Pois o Pleroma precisa ser simultaneamente o modelo do Uno, Muitos e Todos e o monoteísmo, politeísmo e panteísmo devem cada um achar sua fonte nele.

[...]

Desse modo, temos esferas girando, cada uma positiva-negativa em si, mas positiva ou negativa na sua relação com a outra. Em pensamento nós tratamos uma como positiva, a outra como negativa, e assim seguem as mudanças de modo. Como as esferas gêmeas giram ao redor de um centro comum, elas sempre se expandem e contraem; quando se tocam, da negativa um "véu" ou "névoa" é irradiado, como se fossem "linhas" na grande esfera de luz.

A lei da densificação e diferenciação perpétua está declarada. A cada contato, a esfera negativa torna-se cada vez mais escura e passiva, embora na realidade o eon "mais inferior" transcenda o resplendor mais brilhante no Universo. A esfera de luz negativa desenvolve-se em uma progenia, diferencia sua substância, impregnada pela esfera de luz positiva. Quer dizer, o mundo da luz é diferenciado em "planos" de ser; há "véus" e "firmamentos". Mas quantos e de quais tipos?

[...] a primeira hierarquia eônica do Pleroma valentiniano é invariavelmente dito ser uma ogdôade ou grupo de oito, que às vezes era considerado uma tétrade dual – em símbolos existentes, o sistema de equilíbrio por trás de dois tetraedros igualmente interpenetrados.

Um ponto de interesse que não deve ser negligenciado, entretanto, é percebido pela consideração do modo ogdoádico do Pleroma. O Bythus e a Ennoea não são mais considerados como um par único; Ennoea, a esfera negativa, produziu frutos. Ela é agora o *modelo* da Natureza de "sete mantos", Ísis; enquanto Bythus é o Grande Profundo ou o "Redemoinho de Água", Osíris, o éter. A esfera negativa é agora sete esferas, ela mesma e seis iguais a ela e à esfera positiva – isto é, três pares de eons. Aqui temos os modelos da esfera única de semelhança e das sete esferas de diferença do mundo da alma pitagoreano e platônico. A Ogdôade e o Hebdômade dos basilides também têm aqui seus modelos.

Portanto, tendo declarado a lei da dualidade ou sizígia, nós encontramos em seguida a lei da triplicidade afirmada na tríade das sizígias na qual a esfera negativa é diferenciada. Esses são os três grandes estados ou espaços do Pleroma, e as sizígias, ou modos de polaridade, dessas fases chamavam-se Mente-Verdade, Mundo-Vida e Homem-Igreja, por motivos de algum modo obscuros e aos quais voltaremos depois.

Em seguida, contam-nos sobre uma dodécada e década de eons que devem sua existência a uma ou outra das sizígias da ogdôade. [...]

Devemos, portanto, considerar as principais fases do Pleroma por serem aquelas simbolizadas pela ogdôade, a dodécada e a década; não que uma venha da outra na realidade – elas existem juntas eternamente –, mas porque os símbolos existentes são descritos em um mito dramático...

A ogdôade é um termo que conota as operações dos processos existentes por trás do símbolo dos dois tetraedros interpenetrados e, portanto, inclui todas as permutas da sua progenia complementar (o cubo e o octaedro). Desse modo, a ogdôade era dividida em tétrade superior e inferior, em várias outras maneiras, incluindo o 1 e o 7 como descrito anteriormente; o 1 e o 7 podem ser representados pelo caso geométrico curioso que diz que, se considerarmos sete círculos iguais, sendo que seis são agrupados ao redor do círculo central, cada circunferência respectivamente irá tocar dois círculos adjacentes e aquele no centro, enquanto um círculo maior pode ser traçado ao redor dos sete. Essa é só a sombra de um símbolo, e é usada somente como algo mnemônico, mas o caso é curioso e tais verdades naturais não eram só consideradas pelos platonistas, como também pelos modernos, especialmente quando têm a ver com as mais perfeitas figuras – círculos e esferas, os símbolos naturais das perfeições ou plerômata.

Chegamos agora a um estágio em que a diferenciação da simplicidade primordial é representada por grupos de 12; o modo de ser do Pleroma agora é a dodécada. É um caso curioso: se nós imaginarmos um espaço enorme repleto de esferas, todas de igual diâmetro e em contato mútuo, devemos descobrir que cada esfera era cercada por exatamente outras 12 esferas; e mais, se nós imaginarmos as esferas sendo elásticas e a pressão exercida na ligação de um desses sistemas em todos os lados de uma vez, a esfera central ou 13ª assumiria um formato dodecagonal – na verdade, um dodecaedro rômbico.

Se lembrarmos que há uma menção freqüente a um "13° eon", que até o momento confundiu todos os comentadores; que os filósofos pitagoreanos, platonistas e indianos afirmaram que o dodecaedro era o símbolo do Universo material; que aqueles que praticam vidência atualmente nos asseguram que o campo de atividade do átomo está contido em um dodecaedro e que os "12" signos do zodíaco têm até o momento permanecido uma mera hipótese irracional – então devemos estar satisfeitos por haver uma boa razão para insistir no dodecaedro como uma importante fase do ser eônico.

Além disso, cada fase do Pleroma é considerada positiva em relação à fase seguinte. Desse modo, o Pleroma como um todo é positivo em relação ao estágio diádico; neste, Bythus é positivo em relação à Ennoea, que se torna variada e sétupla; o estágio sétuplo é positivo em relação ao da dodécada, que consiste em 13 esferas.

Se pensarmos na dodécada como um dodecaedro, deveremos lidar com o universo fenomenal, e desse modo estar fora do Pleroma; aqui estamos lidando com o modelo vivo por trás, no mundo eon, isto é, do sistema de 13 esferas que sucede ao dodecaedro no mundo físico.

Cada um desses 13 contém em si mesmo os sete modelos de ser da fase precedente e, desse modo, em todo o sistema de 13, há na realidade uma progenia numerosa. Essas são os filhos daquela fase de ser que chamamos de multiplicidade da similaridade, isto é, o oceano atômico de esferas contíguas iguais e elas, por sua vez sofrem uma mudança que resultará em um arranjo harmonioso ou perfeição a ser finalmente denotado pelo número perfeito 10, a década.

Como então vamos da dodécada até a década, da matéria atômica até a forma perfeita? Talvez deste modo: toda esfera é viva, movendo-se de todos os modos de uma só vez, e ainda em outro sentido sem movimento. Os modos de movimento externo são para cima, para baixo, direita, esquerda, para trás, para a frente, ao redor – sete ao todo; a esses devemos adicionar para dentro e para fora, um movimento que não podemos imaginar. E desse modo atingimos uma fase de ser por meio da década ou 10, que inicia outra série de movimentos em um plano superior (1, 2, 3, etc., e daí 11, 12, 13, etc.).

Os sete movimentos, ou modos de vida, em todo o sistema das 13 esferas, são simples na grande esfera que circunda a 13^a – a 14^a ou limite do sistema –, mas nas 13 esferas subordinadas, os modos de movimento agem e reagem uns nos outros, como cada esfera tem contato com tantas outras e produz um número de outros modos de natureza subordinada, a saber: (7 x 13) ou 91. Se a essas adicionarmos as sete medidas simples de movimento, ao todo teremos 98 (91 + 7) diferentes modos. A esses adicionamos os dois modos superiores, a inspiração e expiração, e ao todo temos 100. Veremos mais tarde a maneira com que os valentinianos adicionaram os dois necessários, introduzindo Cristo e o Espírito Santo no mito do Pleroma-drama. O 100 é a perfeição (10 x 10) do número perfeito.

Desse modo, o 100 obtido, ao longo da linha de desenvolvimento da ogdôade e da dodécada, pela adição de dois novos fatores, ou a operação de uma nova sizígia, levou a outro caminho de simplificação ao 10, o número da consumação.

Agora os números dos eons-raízes no Pleroma eram 30 (8 + 12 + 10), ao qual podemos acrescentar Cristo e o Espírito Santo – os representativos do Bythus e Sige (Silêncio) além do Pleroma – e finalmente o Aquilo que está além de tudo –, e então chegamos a 33, o número do panteão védico das 33 deidades, os 8 Vasus, 12 Ādityas e 11 "Rudras", com Rudra na sua cabeça, e Céu e Terra.

O número 100 também dá uma dica de que forma explicar a ordem das fases subordinadas do Pleroma como encontradas no sistema atribuído por Hipólito ao Doceta, em que é feita a menção de "dobra trinta, dobra sessenta, dobra cem".

2.3 "MYSTIC COSMOGONY" ["COSMOGONIA MÍSTICA"], *THE THEOSOPHICAL REVIEW* 43 (SETEMBRO 1908-FEVEREIRO 1909), 233-42

Neste texto, Mead discute a Cosmologia como uma forma de contemplação mística. Seu tom é arrebatador e revela a inspiração extática que Mead derivou da leitura da literatura gnóstica. Publicado primeiro como um artigo em 1908-09, este texto apareceu posteriormente como um capítulo no volume Some Mystical Adventures [*Algumas Aventuras Místicas*] *(London, 1910), pp. 254-69, do qual este texto foi tirado.*

[...]

A cosmogonia segue de perto a teogonia. A modelagem do mundo tem sua gênese nas energias vitais da mente divina. A Antiguidade concebeu essas energias vitais como inteligências e as "personificou". O último termo é geralmente usado nessa conexão como indicação da natureza singular da mente antiga; a Antiguidade sonhou com os deuses na existência; eles são a "estrutura sem base" da sua fantasia infantil. E ainda aqueles que assim falam, que estão sempre prontos para apontar o que eles consideram ser a tolice de dias passados, são, em geral, as mesmas mentes que elaboram uma teoria sutil a respeito da "pessoa" da deidade, e insistem em que precisamente essa "personalidade" é o elemento divino no Deus de seu amor.

Não poderia ser aquilo que tem precisamente o mesmo instinto no homem que se expressa nos dois exemplos? Que na noção-raiz, a idéia-viva, que está escondida atrás da palavra "pessoa", atrás da "máscara", há uma verdade profunda e que fora desse poder criativo da imaginação, o poder de vestir-se na imagem de si mesmo, não haveria mundo de manifestação?

De qualquer forma, é como algumas cosmogonias estabeleceram os inícios das coisas: o divino primeiro se veste com a imagem de si mesmo.

Assim também é com o homem; ele primeiro veste os deuses na imagem de sua mais íntima natureza; ele os personifica como modos de sua própria consciência maior.

Tudo isso era nativo dele quando ainda se sentia próximo à Natureza, quando sentia em vez de pensar, quando seguia os instintos em vez de raciocinar. Mas por muitos séculos o sentimento de proximidade com a Natureza foi gradualmente enfraquecendo pelo jogo poderoso daquela forma de mente peculiar ao homem, até que ele atingiu um estágio em que se encontra divorciado da Natureza, de tal maneira que a trata como algo estranho e distante dele. Ele agora desenvolveu o poder da auto-separação em um grande nível, de modo que não pode mais sentir com os sentimentos dos homens da Antiguidade. Seus ancestrais tornaram-se completos estranhos para ele, quase tão difíceis de entender quanto são os animais.

Ele parece, no momento, em qualquer caso nas pessoas dos pensadores mais reconhecidos do Ocidente, estar absolutamente convencido de que nenhum outro modo de pensar possa existir, exceto seu próprio modo. Ele não acreditará que a mente tem muitos modos, todos nativos da Grande Mente, que o homem tem em si as promessas e o potencial de todos esses modos. Dizer que a Natureza pensa, ele considera um completo abuso da linguagem, "mera" metáfora e rapsódia poética, de nenhum valor científico. A Natureza tem até sentimentos, ele não permitirá; falar de amor e ódio entre os elementos é para ele uma fantasia pueril que a mente culturada cultivou. A única alegria dessa mente pode quase parecer o deleite de expelir a vida de todas as formas e dissecar seus cadáveres.

Completamente diferentes eram os homens da Antiguidade. Eles sentiam mais aberta e profundamente, em grandes ondas de emoção, e imaginavam mais livremente e com maior fluidez. Eles estavam, em resumo, mais do lado da vida das coisas do que da forma. A maravilhosa mente microscópica do minúsculo detalhe ainda não foi desenvolvida. Talvez nós possamos chamar essas fases de Fluida e de Era Cristal, respectivamente.

Que os métodos empregados para a instrução da humanidade nessas duas eras deveriam ser diferentes, não é surpresa; na verdade, é justamente o que esperaríamos. O principal requisito do período anterior era que seus sentimentos e imaginações deveriam ser cheios de expansão e satisfação; as pessoas eram muito mais naturais do que são hoje, e portanto, muito mais psíquicas, embora de maneira mais fluida e indefinida. A era atual, pelo contrário, busca satisfação em tais assuntos por causa de sua mente. Ela não procura mais a vida, porém luz; seu único objetivo é polir as facetas da mente, pois elas poderiam refletir a luz com um brilho ainda maior. Ela exclui, portanto, todo sentimento e emoção, que são de uma natureza "aquosa", como os inimigos mais mortais da ciência; por isso seu antagonismo com a religião, que preserva largamente a maneira antiga de instrução, e assim fazendo, apela para o que na maioria dos casos é um lado mais profundo e elementar da natureza do homem do que sua comparativamente tardia razão desenvolvida – para algo muito mais antigo nele do que o novo modo de mente que ele criou para si mesmo e que agora, pela dureza adamantina e suas facetas distintas, reflete tão brilhante luz, que ele se deslumbra em pensar nessa luz refletida lançada em objetos externos como muito mais precisa do que a vida profunda que está dentro dele, e penetra seu ser mais interior.

Por mais estranho que possa parecer à mente moderna, cuja única ambição é endurecer e formalizar a si mesma, de modo que possa refletir a luz com maior brilho, a mente antiga concebeu o conhecimento em um estilo totalmente diferente. Ela não se cristalizou até ser uma ponta endurecida, mas permanecendo fluida, sabia que o modo de conhecimento cabível à sua natureza era pelo intercurso e mistura. Sua experiência era, de acordo com o ensinamento universal do passado que se misturaria com inteligências maiores do que ela, que poderia ter intercurso com os deuses. Isso, em termos mais gerais e aplicado às maiores mentes da Antiguidade, é o solo da experiência no qual todos os recitais mitológicos genuínos são baseados.

Mas devemos distinguir os mitos baseados na experiência genuína dessa natureza das cópias imperfeitas dos originais que foram postas em circulação por aqueles que não tiveram uma experiência imediata e que, no decorrer do tempo, por causa da natureza imperfeita dos meios de transmissão, perderam totalmente suas características originais. Os mitos preservados pelos iniciados da Antiguidade diferiam muito daqueles em circulação entre as pessoas. Poucos dos primeiros chegaram até nós, muito desfigurados; os mitos populares e lendas populares, no entanto, abundam, e eles são julgados no todo pelos estudiosos modernos.

Nessa aventura prestamos atenção somente ao método da mitologia genuína baseada na experiência; a história da utilização do material original nos interesses das pretensões nacionais ou clericais, embora de grande interesse, pode ser omitida.

A idéia principal era de que o homem não era separado do Universo e que, ao considerar a criação do Universo, o homem está na realidade considerando como sua maior criação. Porém, é mais do que isso: a história, embora mostrada em termos de tempo, é na verdade uma história eterna que está sempre acontecendo e a única maneira de entendê-la de verdade é experimentando-a.

Como é conhecido por muitos, o fim ao qual a mística genuína almejava era fazer nascer seu verdadeiro corpo cósmico e, desse modo, tornar-se um deus; em outras palavras, a regeneração dele próprio, visto que ele deveria primeiro experimentar todos os estágios de cosmogênese em sua natureza. Assim como na ciência mitológica houve os sucessivos estágios de teogonia, cosmogonia e antropogênese, também na escala ascendente do Retorno há uma cosmogênese e uma teogênese. Hoje ouvimos muito falar sobre o nascimento da "consciência cósmica". Mas isso não é nada novo, é o velho segredo. Para ter a consciência cósmica, para contatar a grande alma das coisas, o homem deve primeiro desenvolver em si um organismo cósmico e gradualmente nascer como homem-Deus, tornando-se próximo da grande mente.

Esse é o segredo mais íntimo prenunciado nos grandes mistérios da Antiguidade. Vários termos podem ser usados, inúmeros detalhes elaborados, mas é sempre o único e mesmo mistério que é escondido e revelado. Há um acontecimento, uma reviravolta e um retorno. O acontecimento está na ignorância; o retorno, no acontecimento – isto é, na experiência vital. Vendo que essa ascensão é um contínuo dar à luz o Eu maior, a experiência base no caminho do retorno é sempre da natureza de um desenvolvimento "ordenado", uma "cosmo"-gênese. Portanto, para o iniciado espiritualmente da Antiguidade, os mitos da gênese do mundo não contam simplesmente a história do nascimento de um universo externo a ele, mas revelam o modo no qual seu próprio universo foi gerado dentro dele.

Por causa de sua ignorância sobre essa grande verdade da iniciação espiritual, encontramos uma repreensão aos seus discípulos colocada na boca do mestre em um evangelho gnóstico cristão.

> Por quanto tempo serei indulgente convosco, por quanto tempo padecerei por vós? Vós ainda não sabeis e sois ignorantes? Não sabeis e não entendeis que sois anjos, arcanjos, deuses e senhores, todos governantes, todos grandes invisíveis, todos do meio, daquela região que está à direita, todos os grandes e as emanações de Luz como toda sua glória, que vós sois tudo, de vós mesmos e em vós mesmos, de uma massa e uma matéria e uma substância? (*Pistis Sofia*, 247, 248)

Para a maioria de nós, excluídos como estamos da profundeza do nosso ser por uma cerca impermeável de opinião falsa e hábitos danosos – hábitos de vida e pensamento que são tão poderosos que se tornaram agora não apenas nossa segunda, mas nossa primeira natureza –, tais ecos de ensinamento dos mistérios antigos parecem ser os sonhos fervorosos de uma imaginação entusiástica que desaparece no dia claro do fato científico.

Mas há uns poucos que devendo ou a uma certa graça divina ou, que é a mesma coisa, à restauração de uma memória mais profunda que as impressões de nossa consciência física, reconhecem nesses ecos o som da voz que enuncia palavras da maior verdade e mais profunda sabedoria.

Para estes, essas são palavras de poder que tornam acessíveis panoramas de uma visão tão gloriosa que eles anseiam com toda a sua alma romper os laços da prisão do hábito do pensamento e da vida ao qual se sentem presos. Pois o coração neles clama como os discípulos no evangelho gnóstico:

> Quando, portanto, o Salvador disse essas palavras, os discípulos aproximaram-se e clamaram todos juntos, dizendo:
> "Ó Salvador, vós nos animastes com o excessivamente grande frenesi por causa da altura transcendente que vós revelastes para nós, e vós exaltastes nossas almas, e elas tornaram-se caminhos, nos quais viajamos para ficar junto a vós, pois eles aparecem de vós. Agora, portanto, por causa das alturas transcendentes que vós revelastes para nós, nossas almas entraram em frenesi, e elas labutam imensamente, ansiando saírem de nós para a altura da região de vosso reino". (*Pistis Sofia*, 279, 280)

Esse é o frenesi divino, o divino amor apaixonado da alma, a agitação dentro das profundezas do oceano do nosso ser que deverá trazer à tona a perfeição – "tudo em tudo, fora de todos os poderes compostos".

A cosmogonia assim concebida torna-se de interesse vital e imediato. Não é mais uma questão de correspondência e analogia somente, como quando dizemos: assim como o homem se desenvolveu do gameta, também faz o Universo que nasce do ovo cósmico. É a intuição de uma mais íntima realidade. O *mystes* dessa maneira ousa declarar que, na verdade, seu corpo real, palavras e sistemas de palavras estão a todo momento entrando e saindo da existência, que os infinitamente pequeno e grande não estão na verdade distinguidos por tamanho ou duração dos dias, mas que o interior e o exterior combinam-se e misturam-se eternamente. Deixe-o atualizar-se e a "carapaça do Eu", o limite que agora o pressiona, será dissolvido e o interior e o exterior misturar-se-ão na união perfeita da auto-realização.

Agora toda a tendência do pensamento e da vida moderna é fazer esse limite ainda mais rígido. É, portanto, de maior importância livrar-se dessa tirania, mas para fazer isso devemos primeiro perceber que ela existe. Se nós não sentirmos isso como limitação e constrição, não podemos nem começar a nos libertar.

Mas, se sentimos, podemos colocar-nos em movimento, de todas as maneiras em nosso poder, libertar-nos da *maya* da presente opinião e despir os hábitos das coisas com as quais ficamos acostumados. E um dos meios mais úteis que estão à mão é alegremente nos banhar nas águas vitais das melhores fontes que temos, e profundamente respirar na atmosfera da mais superior inspiração que nos foi concedida.

A cosmogonia mística é, portanto, objeto do maior interesse e importância, pois somos compelidos a todo momento a ultrapassar a fronteira do estado atual das observações e hipótese científicas e entrar em um domínio do pensamento e da experiência que é verdadeiramente de natureza cósmica, em comparação com nossas presentes limitações humanas.

Mas muitos de nós não têm o equipamento mental que serve para esse estudo, e clamam: isso é muito difícil para mim! Por um lado, é verdade que o estudo da cosmogonia exige um maior discernimento intelectual e conhecimento de tudo o que a ciência moderna pode nos ensinar. Mas há outro lado. O conhecimento intelectual é uma coisa, mas a gnose vital é outra. A cosmogonia pode ser objeto de contemplação. Deixe que o amante dessas coisas perceba que a natureza escondida da cosmogonia é como a descrevemos e um novo modo de abordagem começa gradualmente a se apresentar.

A mente, como dissemos, não é de um único modo, não é apenas da natureza do intelecto formal humano, como esse termo é geralmente conhecido, mas também da natureza da inteligência, daqueles instintos mais profundos que sentem coisas maiores em vez de esforçar-se por obrigar estas a se acomodarem à configuração das formas de nossas mentes. Essa inteligência é feminina, fluida e vital, modo da mente, e nela mesma é sem forma e, portanto, capaz de receber e conceber idéias vivas, indiferentes das sucessões no tempo e procissões no espaço.

A cosmogonia mística não pode ser apenas considerada por falar de coisas cósmicas, mas também tratada do ponto de vista da união: isso pode ser considerado como ensinamento sobre os acontecimentos dentro da substância do homem no momento anterior ao tornar-se "cósmico", o início do Cristo-nascido, depois da concepção imaculada. Pois, assim como o mundo tem períodos de ser construído e desconstruído, a substância e a natureza do homem são uma desconstrução e construção em todos os grandes momentos.

Em um nascimento normal, há no corpo materno uma cessação de atividade em certas direções, por determinados períodos, antes do nascimento da prole. Assim também acontece na gênese da consciência "cósmica"; há uma cessação de periodicidade na substância materna do homem, anterior ao nascimento daquela consciência maior, que anuncia o nascimento da unidade verdadeira. Há uma mudança de direção na substância interior do homem. O nascimento da consciência universal, a do todo, deve ser o começo de um mundo. Toda mente tem sua própria direção, toda pessoa tem seu alcance de visão ou consciência, e quando qualquer um alcança a consciência do todo, ele faz nascer um novo mundo – ainda que seja o mesmo mundo.

Em resumo, a cosmogonia mística pode ser considerada anunciando o nascimento do próprio mundo verdadeiro do homem na sua iniciação do pequeno naquele que é o grande, sua passagem dos mistérios menores da geração ao mistério maior da regeneração, do homem ao super-homem e daí ao Cristo.

2.4 A TEOSOFIA DE SIMÃO MAGO, RETIRADA DO "SIMON MAGUS" ["SIMÃO MAGO"], *LUCIFER* 11 (SETEMBRO 1892-FEVEREIRO 1893), 119-31 (PP. 119, 128-31)

Em 1892 Mead começou um longo artigo em série sobre Simão Mago na Lucifer, *publicado posteriormente como sua primeira monografia no mesmo ano. Como Mead menciona na introdução, todos no Cristianismo ouviram falar de Simão, o Mago, e como Pedro, o Apóstolo, o repreendeu nos "Atos dos Apóstolos". A lenda também diz que em Roma esse feiticeiro tentou voar com a ajuda de demônios e Pedro o fez cair de ponta-cabeça e falecer.*

Simon Magus (c. 15 a.C.-53 d.C), filho de um feiticeiro judeu, nasceu na Samaria e foi educado em Alexandria. O interesse de Mead derivava do fato de que os Padres da Igreja consideravam-no fundador da primeira heresia da era cristã e, desse modo, originador dos sistemas gnósticos de pensamento.

Essa suposição estava incorreta, mas a teosofia de Simão é o primeiro sistema que entrou em conflito com o Cristianismo ortodoxo. Mead também acreditava que Simon foi mal-entendido e mal representado por seus oponentes ortodoxos. Mead pensava que o atual renascimento da Teosofia jogou muita luz sobre os ensinamentos de Simon. Em seu artigo, Mead tenta mostrar o simonianismo como idêntico em seus fundamentos à filosofia esotérica de todas as grandes religiões. Na seção final de seu trabalho, reproduzida aqui, Mead mostra que Simon ensinou um sistema de Teosofia.

Tratando da escatologia e do início das coisas, a mente humana é sempre cercada das mesmas dificuldades e, não importa quão grande pode ser o esforço do intelecto em transcender a si mesmo, o finito deve sempre falhar ao tentar compreender o infinito. Como as palavras podem definir pouco sobre aquilo que até todo o universo fenomenal falha em expressar! A mudança do uno em muitos não é para ser descrita. Como a deidade-tudo se torna a trindade primordial é o problema eterno estabelecido para a solução do homem. Nenhum sistema de religião ou filosofia explicou esse mistério inexplicável, pois não pode ser entendido pela alma incorporada, cuja visão e compreensão são embaçadas pela vulgaridade de seu envelope físico. Até a alma iluminada que deixa seu edifício da prisão para banhar-se na luz da infinitude pode apenas lembrar dos raios da gloriosa visão assim que retorna de novo à Terra.

E esse também é o ensinamento de Simon quando ele diz:

> Eu digo que há muitos deuses, mas um Deus dentre todos esses, incompreensível e desconhecido para todos... um Poder de Luz imensurável e inefável, cuja grandeza é considerada incompreensível, um Poder que o fabricante do mundo não conhece.

Esse é um dogma fundamental da gnose em todas as regiões e eras. A deidade demiúrgica não é a deidade-tudo, pois há uma sucessão infinita de universos, cada um com sua deidade particular, seu Brahma, para usar o termo hindu, mas Brahma não é AQUELE que é Para-Brahman, que está além do Brahma.

Essa visão da gnose simoniana foi antecipada no *Rig Veda* (x. 129), cujo texto, com ótima tradução de Colebrooke, é o seguinte:

AQUELE de onde toda a criação veio,
Seja criada pela Sua vontade ou que ela estivesse muda,
O Vidente Mais Alto que está no mais alto Céu,
Ele sabe – ou talvez até Ele não saiba.

Em se tratando da emanação, evolução, criação ou qualquer outro termo que possa ser dado ao processo de manifestação, por essa razão, os professores lidam somente com um universo particular, a raiz não manifesta, e causa universal de todos os universos, sendo a razão, potencialmente, no silêncio incompreensível. Pois na "língua do inefável" há muitas "palavras", cada universo com seu Logos.

[...]

É de se presumir que os simonianos têm ensinamentos distintos [em enologia], como é evidenciado pelo título de seu trabalho perdido, *The Book of the Four Angles and Points of the World* [O Livro dos Quatro Ângulos e Pontos do Mundo]. Os quatro angulos eram conectados com as quatro cabeças ou quatro correntes e o "rio saindo do Éden para a água do Jardim". Essas correntes têm analogia em todos os planos e cosmicamente são da mesma natureza que o Âkâsha-Gangâ – o Ganges no oceano akáshico do espaço – e o restante dos rios nos escritos purânicos dos hindus.

[...]

DIAGRAMA DA ENOLOGIA SIMONIANA

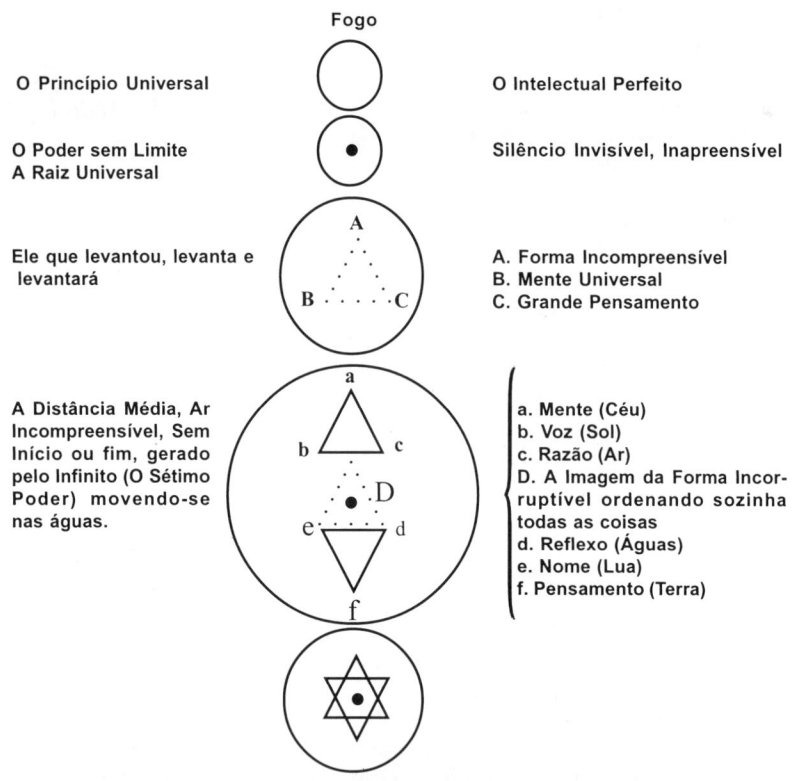

Fogo

O Princípio Universal   O Intelectual Perfeito

O Poder sem Limite   Silêncio Invisível, Inapreensível
A Raiz Universal

Ele que levantou, levanta e   A. Forma Incompreensível
levantará   B. Mente Universal
     C. Grande Pensamento

A Distância Média, Ar   a. Mente (Céu)
Incompreensível, Sem   b. Voz (Sol)
Início ou fim, gerado   c. Razão (Ar)
pelo Infinito (O Sétimo   D. A Imagem da Forma Incor-
Poder) movendo-se   ruptível ordenando sozinha
nas águas.   todas as coisas
     d. Reflexo (Águas)
     e. Nome (Lua)
     f. Pensamento (Terra)

As Regiões Baixas do Mundo feitas pelos Anjos e Poderes que foram
gerados pelo Pensamento.[1]

1. A. Aphthartos Morphê. B. Nous tôn Holôn c. Epinoia Megalê. D. Eikôn. a. Nous. b. Phônê c. Logismos d. Enthumêsis e. Onoma f. Epinoia.

O próximo estágio é o modelo não manifesto potencial da trindade, o Três em Um e o Um em Três, as Potencialidades de Vishnu, Brahma e Shiva, os Poderes Preservativo, Emanativo e Regenerativo – o Logos Supremo, a Concepção Universal e a Sabedoria Potencial chamada Simon, a Forma Incorruptível, Mente Universal e Grande Pensamento. Essa Forma Incorruptível é o Paradigma de Todas as Formas, chamada Vishva Rupâm ou Tudo-Forma e o Param Pupâm ou Forma Suprema, no *Bhagavad Gita* (xi. 47), falado também sobre o Param Nidhânam ou Casa do Tesouro Suprema (xi. 18, 38), que Simon também chama de Casa do Tesouro ou Armazém, uma idéia encontrada em muitos sistemas e mais elaborada naquele da *Pistis Sofia*.

Entre esse Mundo Divino, o Eon Triplo Não manifesto e o Mundo dos Homens está a Distância Média – as Águas do Espaço diferenciadas pela Imagem ou Reflexo do Logos Triplo meditando sobre eles. Como há três Mundos, o Divino, Médio e Baixo, que foram bem nomeados pelos valentinianos como Pneumático (ou Espiritual), Psíquico (ou Mundo Anímico) e Hílico (ou Material), também na Distância Média temos três planos ou degraus, até sete. Essa Distância Média contém as Esferas Invisíveis entre o Mundo Físico e Divino. A elas, os Iniciados e *Iluminatti*, os Professores Espirituais, de todas as eras, devotaram muita exposição e explanação. Ela é divina e infernal ao mesmo tempo, pois as partes superiores – para usar uma frase que é desajeitada e enganosa, mas que não pode ser evitada – são puras e espirituais; conseqüentemente, as partes baixas são corruptas e manchadas. A lei da analogia, visualização e reflexão confirma-se em todo departamento da natureza emanativa e, embora idéias puras e espirituais viessem aos homens dessa área da Distância Média, ela também recebe de volta do homem as impressões de seus pensamentos impuros e desejos, de modo que as partes baixas são mais faltosas até do que o mundo físico, pois os pensamentos e paixões secretos do homem são mais faltosos do que as ações que ele executa. Portanto, há um Céu e um Inferno na Distância Média, um estado Pneumático e um Hílico.

O Senhor desse Mundo Médio é Um em seu próprio Eon, mas é na realidade um reflexo da radiação tripla do Logos Não manifesto, o Espírito andando nas Águas. Desse modo, todas as suas emanações e criações são triplas. A Luz tripla acima e a Escuridão tripla embaixo, força e matéria, ou espírito e matéria, ambas possuem seu ser e oposição aparente à Mente "ordenando sozinha todas as coisas".

O Diagrama, para ser mais compreensível, deve ser de tal modo arranjado, mentalmente, que cada uma dessas esferas se encontra dentro ou interpenetrando a de baixo. Portanto, desse ponto de vista, o centro é uma posição mais importante do que a de cima ou a de baixo. Externo a tudo está o Universo Físico, feito pelos Anjos Hílicos, quer dizer, aqueles emanados pelo Pensamento, Epinoia, como representando a Mãe Terra Primeva, ou Matéria; não a Terra que conhecemos, mas a Terra Adâmica dos filósofos, as Potências da Matéria, que Eugenius Philalethes nos assegura, em sua honra, que nenhum homem jamais viu. Essa Terra é, em um sentido, o Protilo que os mais avançados dos nossos químicos modernos estão procurando como o Elemento Materno Único.

A idéia do Espírito de Deus movendo-se sobre as águas é muito linda, e nós finalmente desenvolvemos em detalhes nas escrituras hindus. Por exemplo, no *Vishnu Purâna* (trad. Wilson, i. 55ff), nós encontramos uma descrição da emanação do Universo atual pelo Espírito Supremo, no início do atual Kalpa ou Eon, uma infinidade de Kalpas e Universos estendendo-se por trás. Isso ele cria dotado da qualidade da bondade, ou a potência pneumática. Para as três qualidades (ou Gunas) da Natureza (Prakriti) são as potências pneumática, psíquica e hílica das Águas de Simon.

No término do passado (ou Pâdma) Kalpa, o divino Brahma, dotado da qualidade da bondade, acordou de sua noite de sono e olhou para o vácuo do Universo. Ele, o supremo Nârâyana, o incompreensível, o reino de todas as criaturas, investido da forma de Brahma, o deus sem início, o criador de todas as coisas, de quem com respeito ao seu nome Nârâyana, o deus que tem a forma de Brahma, a origem imperecível do mundo, este verso é repetido: "As águas são chamadas Nârâ, porque elas são a prole de Nara (o espírito supremo) e, como nelas, seu primeiro (Ayana) progresso (na figura de Brahma) aconteceu, ele é a partir desse momento chamado Nârâyana (aquele cujo lugar de movimento era a água)".

[...]

Substancialmente, a mesma afirmação é feita no *Linga*, *Vâyu* e *Mârkandeya Purânas*, e que o *Bhâgavata* explica melhor como se segue:

Purusha (o Espírito), tendo dividido o ovo (o universo ideal na semente), em sua emissão no início, desejando um lugar de movimento (Ayanam) para ele, puro ele criou as águas puras.

No *Vishnu Purâna*, novamente, Brahma, falando aos Celestiais, diz:

Eu, Mahâdeva (Shiva), e vocês todos são Nârâyana.

O lindo símbolo do Espírito divino movendo-se e meditando sobre as aguas primordiais do espaço – Águas que, à medida que acontece a diferenciação, tornam-se mais e mais turbulentas – é muito gráfico para exigir maior explicação. É muito glorificado e santificado pelo consentimento da humanidade para satisfazer menos do que nossa maior admiração.

2.5. HELENA DE TIRO, EXCERTOS DO "SIMON MAGUS", *LUCIFER* 10 (MARÇO–AGOSTO 1892), 318-20, 386

O interesse de Mead em Simon Magus levou-o a recontar as histórias de Simon do Novo Testamento, os Padres da Igreja e as lendas de Clementino e a origem medieval. O relato dado a seguir é tirado do Ireneus (Contra Hereses, I, xxiii, 1–4), *reimpresso em* Opera, *ed. Adolphus Stieren (Leipzig, 1848). Nesse relato, Simon introduz Helena de Tiro como o princípio-Sofia dentro de sua enologia gnóstica e como um arquétipo feminino uma vez manifesto em Helena de Tróia. Os infamadores de Simon, incluindo Ireneus, condenam Simon como um charlatão e Helena como uma prostituta. Ezra Pound reconhece que seu interesse em Simon Magus surgiu de uma das palestras de Mead na Sociedade da Busca, na qual Mead citou a versão de Hipólito da* Revelação. *Em seu posterior 1919 Cantos, Pound introduz Helena de Tróia. Suas idéias sobre a união da mente (masculino) e pensamento (feminino) rastreiam a terminologia gnóstica que ele absorveu de G. R. S. Mead [Leon Surette,* A Light from Eleusis: a

Study of Ezra Pound's Cantos [*Uma Luz de Elêusis: um Estudo dos Cantos de Ezra Pound*] *(Oxford Clarendon Press, 1979), pp. 60-63].*

1. Simão era um samaritano, o mago notório de quem Lucas, o discípulo e partidário dos apóstolos, diz: "Mas há um camarada de nome Simão, que praticou a arte da magia em seu estado e liderou o povo dos samaritanos dizendo que ele era grande, que todos lhe ouviam, do pequeno ao grande dizendo: 'Ele é o Poder de Deus, que é chamado Grande'. Agora eles dão atenção a ele porque ele os tirou de seu juízo com seu fenômeno mágico". Esse Simão, portanto, fingia ser um crente, pensando que os apóstolos também fizeram suas curas por magia, e não pelo poder de Deus e supondo que sua adição com o Espírito Santo pela imposição das mãos naqueles que acreditavam em Deus por meio de quem Cristo Jesus estava rezando por eles – que isso era feito por algum conhecimento mágico superior e oferecendo dinheiro aos apóstolos, de modo que ele pudesse obter o poder de dar o Espírito Santo para quem ele quisesse, ele recebeu essa resposta de Pedro: "Teu dinheiro perece contigo, desde que pensaste que a posse do dom de Deus é obtida com dinheiro, pois tu não és nem parte nem porção nesse mundo, pois teu coração não é direito perante Deus. Pois eu o vejo no fel da amargura e no elo da iniqüidade".

E como o mago ainda se recusasse a acreditar em Deus, de forma ambiciosa ele esforçou-se para disputar com os apóstolos, para que também fosse considerado de grande renome, estendendo suas investigações sobre a magia universal, de modo que encontrou muita consternação, tanto que se diz que foi honrado com uma estátua por causa de seu conhecimento de magia por Claudius César.

Ele, portanto, foi glorificado por muitos como um deus e ensinou que era somente ele que, na verdade, aparecia entre os judeus como o Filho, enquanto em Samaria ele descendia do Pai e no restante das nações veio como o Espírito Santo. Que ele era o poder mais superior, a saber, o Pai acima de tudo, e que ele se permitia ser chamado por qualquer nome que o homem quisesse.

2. Agora o séqüito do samaritano Simão, de quem todas as heresias surgiram, era composto dos seguintes materiais.

Ele levou com ele certa Helena, uma prostituta da cidade fenícia de Tiro, depois de comprar sua liberdade, dizendo que ela era primeira concepção (ou pensamento) de sua mente, a mãe de todos, por quem no início concebeu na mente a feitura dos anjos e arcanjos. Que esse pensamento, saindo dele e sabendo que era a vontade do Pai dela, desceu às regiões baixas e gerou os anjos e poderes, por quem ele disse que esse mundo foi feito. E depois que os gerou, ela foi impedida por eles pela inveja, pois eles não desejavam ser pensados como a progenia uns dos outros. Em relação a ele, era totalmente desconhecido para eles, e foi esse pensamento, feito prisioneiro pelos poderes e anjos, que foi emanado por ela. E ela sofreu toda forma de indignidade nas mãos deles, para impedir que ela reascendesse ao Pai, até mesmo sendo presa no corpo humano e transmigrando para outros corpos femininos, como de um vaso para outro. Ela também estava naquela Helena, por quem aconteceu a Guerra de Tróia, pela que Stesichorus foi desprovido da visão quando falou horrores dela em seus poemas; depois, quando se arrependeu, escreveu a chamada recantação, na qual canta elogios a ela, e recupera sua visão. Então ela, transmigrando de corpo em corpo, e por isso também continuamente sofrendo indignidade, ao fim de tudo até trabalhou em um bordel; e ela era a "ovelha desgarrada".

3. Pelo que ele também teve de vir retirá-la pela primeira vez e libertá-la de seus grilhões, e também para garantir salvação aos homens por seu "conhecimento". Pois, como os anjos estavam administrando mal o mundo, visto que cada um deles desejava o reino, ele veio resolver as questões, e desceu transformando-se e sendo feito como os poderes e principalidades e anjos, de modo que apareceu aos homens como um semelhante, embora não fosse homem, e pensou-se que sofreu em Judéia, embora na verdade tenha sofrido. Os profetas também falaram suas profecias sob a inspiração dos anjos que fizeram o mundo, porque aqueles que acreditavam nele e em sua Helena não prestaram atenção a eles, e seguiram seu próprio prazer por serem livres, pois os homens eram salvos por sua graça, e não pelas boas ações. Pois boas ações não estão de acordo com a natureza, mas com o acidente, de maneira que os anjos que fizeram o mundo o têm renunciado, por tais preceitos escravizando os homens. Pelo que ele também fez novas promessas que o mundo deveria ser dissolvido e aqueles que estavam com ele seriam libertos da lei daqueles que fizeram o mundo.

4. Pelo que os sacerdotes iniciados vivem imoralmente. E todos aqueles que praticam as artes mágicas com as melhores de suas habilidades. Eles usam exorcismos e encantamentos. Poções de amor também e feitiços e o que eles chamam "familiares" e "emissores de sonhos" e o restante das artes curiosas são cultivados por eles. Eles também têm uma imagem de Simão feita em semelhança com Júpiter e de Helena como Minerva, e eles as adoram e têm uma designação do seu fundador mais impiedosamente pensado, sendo chamados simonianos, dos quais a gnose, falsamente chamada, deriva sua origem, como se pode aprender de suas próprias afirmativas.

[p. 386]

O seguinte texto de Simão Revelation [Revelação] *está contido no* Philosophumena *de Hipólito, vi. 18. Mead usou* Refutatio Omnium Hæresium, *ed. L. Duncker e F. G. Schneidewin (Göttingen, 1859). Aqui, Simão descreve-se como mente e sua parceira Helena como pensamento, sugerindo a similaridade com a cosmologia gnóstica em termos de opostos, masculino e feminino, às sizígias do sistema valentiniano.*

Simão fala a respeito [do céu e da terra] na *Revelation* [Revelação] como se segue:

A você, portanto, eu digo o que digo e escrevo o que escrevo. E a escrita é esta:

Nos Eons universais há dois brotos, sem início ou fim, nascendo de uma Raiz que é o Poder invisível, o Silêncio inapreensível. Desses brotos um é manifestado em cima, que é o Grande Poder, a Mente Universal que ordena todas as coisas, masculino, e o outro (é manifestado) debaixo, do Grande Pensamento, feminino, produzindo todas as coisas.

Por essa razão, fazendo par um com o outro, eles se unem e manifestam a Distância Média, o Ar incompreensível, sem início ou fim. Neste, é o Pai que sustenta todas as coisas e nutre essas coisas que têm um início e um fim.

Esse é Ele que levantou, levanta e levantar-se-á, um poder masculino-feminino como o preexistente Poder sem Limite, que não tem nem início nem fim, existindo em si mesmo. Pois é dele que o Pensamento em si procede e transforma-se em dois.

Então Ele era um, pois a tinha em si; ele estava sozinho, embora não no início, embora preexistente, mas sendo manifesto dele para ele mesmo, ele tornou-se segundo. Nem era ele chamado de Pai antes que (Pensamento) a chamou de Pai.

Por essa razão, produzindo ele mesmo por ele mesmo, ele manifestou a si próprio seu Pensamento, então também o Pensamento que era manifestado não fez o Pai, mas, contemplando-o, escondeu-o – isso é o Poder – nela, e é masculino-feminino, Poder e Pensamento.

Desse modo, eles são um par sendo um, pois não há diferença entre Poder e Pensamento. Das coisas de cima é descoberto o Poder e, das de baixo, Pensamento.

Da mesma maneira que foi manifestado deles, embora sendo um, é encontrado como dois, o masculino-feminino tendo o feminino em si. Portanto, a Mente está no Pensamento – coisas inseparáveis uma da outra – que, embora sendo um, é encontrado como dois.

2.6 ABRAXAS, UM EXCERTO DO *FRAGMENTS OF A FAITH FORGOTTEN* [FRAGMENTOS DE UMA FÉ ESQUECIDA], SEGUNDA EDIÇÃO (LONDON E BENARES: THEOSOPHICAL PUBLISHING HOUSE, 1906), PP. 280-83

Além de seus comentários sobre o sistema gnóstico valentiniano, Mead também examinou o sistema de Basilides (c. 85-145) de Alexandria. O sistema basilideano foi discutido por Ireneu, que descreveu em termos similares aos da gnose valentiniana, e Hipólito, que fez um relato muito diferente, envolvendo o Pai ou ser supremo que criou a "semente" contendo os três degraus ou tipos da divina criação. Basilides atribuiu grande importância ao eon Abraxas, que ele identificava com uma hierarquia inferior. No seu livro The Gnostics and their Remains *[Os Gnósticos e seus Vestígios],* Charles W. King *reproduziu fotos de um número de pedras preciosas gravadas com a imagem de Abraxas. C. G. Jung era fascinado pela figura de Abraxas, que ele conheceu do livro de Albrecht Dieterich* Abraxas: Studien der Religionsgeschichte des spätern Altertums *(Leipzig, 1891) e do livro de Mead* Fragments of a Faith Forgotten *[Fragmentos de uma Fé Esquecida] (1900).*

Abraxas aparece de forma proeminente no livro de Jung Seven Sermons to the Dead *[Sete Sermões aos Mortos] e era conhecido entre os seguidores de Jung. Por meio de seu encontro com a psicanálise jungiana em 1916-17, Hermann Hesse trabalhou a idéia em seu romance* Demian *(1919), que celebra Abraxas como o deus abarcando tanto o claro como o escuro, o bem e o mal.*

O deus dos basilidianos, [os heresiologistas] disseram, era certo Abraxas ou Abrasax, que era o governante do primeiro céu, os quais não eram menos que 365. Esse poder era assim denominado porque a soma dos valores numéricos das letras gregas no nome Abrasax resultou em 365, o número de dias do ano.

Nós aprendemos, no entanto, com Hipólito (II), que essa parte do sistema tem a ver com um estágio mais inferior da criação do que o Deus além de tudo. Não está, porém, claro se a idéia do Abrasax deve ser identificada com o grande governante da Ogdôade, ou o governante da Hebdômade e a região dos "proasteioi até o éter". Em qualquer caso, os 365 "céus" pertenciam às considerações astrológicas e genéticas da ciência oculta egípcia e caldeana e representavam, de um ponto de vista, os 365 "aspectos" dos corpos celestes (durante o ano) como refletidos na superfície da "atmosfera" da Terra ou envelope, que se estendia até a Lua.

Agora, é curioso notar que no tratado da *Pistis Sofia* os mistérios da embriologia são consumados por uma hierarquia de poderes elementais, ou construtores, 365 em número, que seguem os preceitos da lei cármica e moldam o novo corpo de acordo com ações do passado. O todo é estabelecido em grandes detalhes, e também o esquema astrológico de um governante sobre quatro, que por sua vez cada um governa sobre 90, constituindo ao todo 365 poderes.

Até que Schwartze traduziu esse tratado do cóptico, em 1895, não havia uma luz jogada sobre a idéia Abrasax e isso somente dois anos depois que Miller, em 1851, publicou sua edição do *The Philosophumena,* fornecendo desse modo material para provar que a opinião universal até o momento de que "Abrasax" era o nome basilidiano para Deus, sobretudo era um erro grosseiro baseado na ignorância ou má representação. Deve também ser notado que o tratado anônimo antigo que preenche o superior MS do códice Bruciano faz grande uso do número 365 entre suas hierarquias sem-fim, mas em nenhum lugar menciona o nome Abrasax.

As forças elementares que moldam o corpo são os servos mais inferiores da lei cármica. Eram presumivelmente esses poderes inferiores que criaram o Abrasax do populacho. O Deus acima de tudo é o governante supremo de uma galáxia sem-fim de governantes, deuses, arcanjos, autoridades e poderes, todos eles superiores a 365.

Na verdade, os mistérios do mundo não visto eram tão intricados de detalhes que até aqueles que dedicavam as vidas a eles com constância incansável mal conseguiam entender algum dos processos inferiores, embora a idéia geral fosse simples o bastante e desse modo Basilides impôs um silêncio de cinco anos aos discípulos, e declarou que "só um dos mil ou dois dos 10 mil" poderiam realmente receber a gnose, que era a consumação de muitas vidas de esforço. Curiosamente essa mesma frase também é encontrada no tratado da *Pistis Sofia.*

O termo Abrasax é bem conhecido dos estudantes do Gnosticismo por causa do número de gemas nas quais é encontrado e que são atribuídas aos seguidores de Basilides; além dos grandes estudiosos continentais que trataram do assunto, neste país [Charles W.] King dedicou muito de seu tratado ao assunto. As melhores e atuais autoridades, entretanto, são da opinião de "que não há evidência tangível para atribuir quaisquer gemas conhecidas ao basilidianismo ou a qualquer outra forma de Gnosticismo".

Na verdade, na questão Abrasax, como em todas as outras coisas, o Gnosticismo seguiu sua tendência natural de exceder toda forma de crença ou até superstição. Sem dúvida, o populacho ignorante acreditou por muito tempo em Abrasax como o grande poder que governava o nascimento e os assuntos do cotidiano, de acordo com as noções astrológicas, talismãs, invocações e o restante do aparato que a mente vulgar sempre reclama, de uma forma ou de outra, estavam todos inscritos com esse "nome de poder". Por trás da superstição, porém, há certos fatos ocultos, de natureza tal que, claro, os astrólogos vulgares e fabricantes de talismãs eram ignorantes. Esses fatos, no entanto, parecem ter sido conhecidos pelos doutores da gnose, que encontraram o lugar ideal para eles nos sistemas universais. Portanto Abrasax, o grande deus dos ignorantes, foi colocado entre as hierarquias inferiores da gnose e a idéia popular sobre ele foi atribuída aos poderes inferiores de formação do corpo físico.

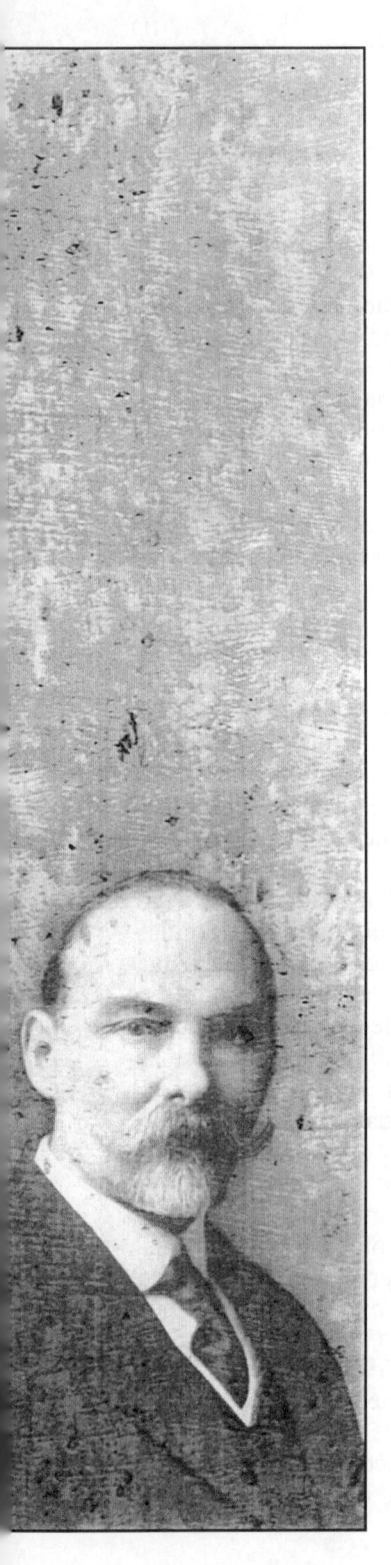

III

HERMETISMO

Mead talvez estivesse mais à vontade com a literatura sagrada de Hermes Trismegisto, "um mundo de grande beleza e pureza de sentimento, criado pela devoção e inteligência de uma dentre as muitas fraternidades do mundo antigo". Nessa "religião da mente", ele encontrou um culto da gnose e devoção unidas de forma inseparável, um casamento de alma e mente, de vida e luz, "a união inefável de Deus, a Mãe e Deus, o Pai no Homem Divino, o Logos, o Único-Primogênito do Mistério dos Mistérios".[75]

Mead descreveu a religião da mente como de iniciação, de aperfeiçoamento perpétuo. A Mente é o que conhece, mas também é o objeto de todo o conhecimento. Ela conhece a si mesma sozinha, não havendo nada mais a conhecer fora a Mente. Mead acrescenta que a Mente instrui eternamente o homem por meio do corpo, da alma e da mente. O homem, desse modo, começa a mudar da mente, alma e corpo pequenos que ele tinha para o Grande Corpo, a Grande Alma e a Mente do Grande homem. Todos os seus sentidos e energias são colocados no trabalho de auto-iniciação nos Mistérios de Deus.

O mais famoso e influente texto hermético, descoberto em 1460, é o *Corpus Hermeticum*, que traz 18 tratados escritos em grego nos séculos II e III depois de Cristo. Esses tratados são endereçados

---

75. G. R. S. Mead, "The Religion of the Mind", *The Theosophical Review* 38 (mar.-ago. 1906), 319-26 (p. 321).

a várias pessoas: alguns de Hermes para seu filho e discípulo Tat, outros de Hermes para seu discípulo Asclépio e confrades; há ainda outros, incluindo o famoso livro *Poimandres* (The Divine Pymander) [O Pymander Divino], do deus Mente ou Nous (Intelecto Supremo) para Hermes. Mead prezava esses livros do *Corpus Hermeticum* como "eminentemente teosóficos e excessivamente lindos". Em sua opinião, eles continham doutrinas de valor extraordinário, traziam o carimbo de uma inteligência dominante e foram fatores vitais para a gênese do Cristianismo.

Ao longo dos tratados, Hermes Trismegisto representa o papel de iniciador da sabedoria e dos mistérios. O homem é convocado para tornar-se igual a Deus, para apreender Deus. "Veja que poder tens e que velocidade! Podes fazer todas essas coisas e Deus não pode? Reflete sobre Deus como tendo dentro d'Ele as idéias: o Cosmos, Ele mesmo, o todo. Se não te tornas igual a Deus, não podes entendê-Lo. O semelhante é entendido pelo semelhante." (CH. 11.20.)

Mead fez uma comparação reveladora entre a simplicidade da gnose trismegística da mente e a desconcertante complexidade e imensidades sem-fim das enologias gnósticas. Ele as viu como dois aspectos do mesmo mistério: a primeira era condicionada pela razão e lógica platônicas, enquanto a segunda se elevava em alturas transcendentes da visão e do apocalipse. Ele admitiu mergulhar nas profundezas das intuições espirituais gnósticas, mas reconhecia que essa intoxicação do espírito pode ser um grande perigo a todas as mentes, com exceção das mais equilibradas. Por outro lado, os sermões trismegísticos mostram que tais arrebatamentos e visões são privilégios daqueles na *gnose*, mas forçam o discípulo a trazer tudo ao teste da razão prática, "para que a substância vital recebida de cima possa ser digerida corretamente pela mente pura e adequadamente usada para nutrir a natureza embaixo".[76] Nesses comentários, Mead chegou perto de reconhecer a disjunção espiritual inerente ao dualismo ontológico da enologia e da doutrina gnósticas. Ao integrar a gnose com o pensamento humano e o propósito no mundo, o Hermetismo superou a desvalorização gnóstica desse mundo e a visão trágica do lugar do homem na Natureza.

Para uma edição legível do *Corpus Hermeticum*, vide *The Way of Hermes: The Corpus Hermeticum* [O Caminho de Hermes: O Corpus Hermeticum], traduzido por Clement Salaman, Dorine van Oyen e William D. Wharton (London: Duckworth, 1999). Uma recente edição acadêmica contém um histórico extenso e comentários teológicos, Brian P. Copenhaver, *Hermetica: The Greek Corpus Hermeticum and the Latin Asclepius in a new English translation, with notes and introduction* [O Corpus Hermeticum grego e o Asclépio latino em uma nova tradução inglesa, com notas e introdução] (Cambridge: University Press, 1992).

---

76. G .R. S. Mead, "The Gnosis of the Mind", *The Theosophical Review* 38 (mar.-ago. 1906), 501-10 (p. 507).

3.1 "O PASTOR DOS HOMENS", *THE THEOSOPHICAL REVIEW* 23 (SETEMBRO 1898-FEVEREIRO 1899), 323-34

Nesse primeiro livro do Corpus Hermeticum, *o Pymander Divino, ou Pastor dos Homens, apresenta-se como Nous, ou Mente, para Hermes Trismegisto e oferece-se para instruí-lo nos mistérios esotéricos da mente do homem como um espelho de Deus. Com ênfase na vontade, tanto divina como humana, Nous instrui-nos a refletir o Universo em nossas mentes e a compreender a essência divina na Natureza. Nós somos equipados e aptos a fazer isso porque o ser humano possui um intelecto divino. O Universo é repleto de manifestação de Deus, e com nosso intelecto divino podemos decifrar os símbolos que ele contém que apontam para Deus. De modo diferente dos gnósticos, devemos, portanto, interessar-nos por tudo que existe no mundo. O concreto e o particular são importantes, como encarnação e corporificação; são as maneiras pelas quais Deus se faz conhecido por nós. A humanidade é convocada para um trabalho regenerativo de reascensão e reintegração com o divino e, dessa forma, o projeto hermético é de trasmutação do inferior, mais básico e material, para o superior, mais refinado e espiritual. A esse respeito, faz claramente um paralelo com a Alquimia, que floresceu junto com o Hermetismo na Alexandria da Antiguidade. O primeiro livro tipifica a literatura hermética, ao apresentar um guia ou figura mentora que ajuda a erguer almas com um novo despertar para sua natureza divina, auxiliando na sua transmutação espiritual e liderando-as em direção ao seu destino celeste.*

O texto de Mead é baseado no livro de Gustavus Parthey (ed.), Hermetis Trismegisti Poemander *(Berlim: F. Nicolaus, 1854).*

[1] Ocorreu uma vez, em um tempo que minha mente estava meditando sobre as coisas-que-são, meu pensamento estava elevado a uma grande altura, os sentidos de meu corpo estavam retidos – assim como os homens que estão prostrados com sono depois da fartura e do excesso, ou pela fadiga do corpo. Pareceu-me um ser mais do que vasto, em tamanho além de todos os limites, que me chamou e disse: O que tu ouvirias e verias, e o que tens em mente para aprender e saber? E eu respondi: [2] Quem sois vós? E ele disse: Eu sou o Pastor do Homem, mente de todo conhecimento, eu sei o que tu desejas e estou em todo lugar contigo. [3] E eu respondi: Eu anseio aprender as coisas-que-são e compreender sua natureza e conhecer Deus. Isto é, eu disse, o que eu desejo ouvir. Ele respondeu-me: Guarda em tua mente o que gostarias de saber e eu te ensinarei.

[4] Até mesmo com essas palavras seu aspecto mudou e imediatamente, em um piscar de olhos, todas as coisas foram abertas para mim e eu vejo uma visão sem limite, todas as coisas transformadas em luz – doce, alegre luz. E eu fui transportado enquanto olhava. Mas, pouco tempo depois,

a escuridão espalhou-se abaixo, aterradora às vezes e pesarosa, de formato de espiral. E então eu pareci ver a escuridão mudar para alguma forma de natureza fluida, jogada de lá para cá além de todo poder das palavras, arrotando fumaça como se fosse de fogo e gemendo um barulho que supera todas as descrições. Mas, depois, um grito inarticulado veio dela. [5] [Depois disso] fora da luz uma "palavra" santa desceu sobre a natureza e para cima, para a luz, saiu fogo puro da natureza fluida. Claro, lancinante e ativo era o fogo. O ar também, sendo claro, atrás do espírito seguiu e da terra e da água subiu ao fogo, de modo que parecia pender daí. Mas a terra e a água ficaram tão misturadas que uma da outra nenhum homem podia discernir. Mesmo assim, elas moviam-se para ouvir por causa da "palavra-espírito" que meditava sobre elas.

[6] Então, disse-me o Pastor: Entendeste o que significa a visão? Não que eu *devesse* saber, eu disse. Aquela Luz, ele disse, sou eu, a Mente, teu Deus, anterior à Natureza Fluida que apareceu da Escuridão, aquela Palavra de Luz da Mente é o Filho de Deus. O que quereis dizer?, eu disse. Saiba que o que vê em ti e escutas é a Palavra de Deus, a Mente é Pai-Deus. Elas não estão separadas uma das outras, somente na união é que a Vida consiste. Agradecido estou a vós, eu disse. Então, entende a Luz, ele respondeu, e faz amigos com ela.

[7] E, falando dessa forma, ele olhou demoradamente para mim, de maneira que eu tremi ao seu olhar. Mas, quando ele curvou a cabeça, vi na minha mente que a luz estava em poderes que nenhum homem poderia enumerar, a ordem mundial cresceu além de todo limite e o fogo, cercado por um mais superior poder e agora subjugado, chegou a um impasse. E quando eu vi essas coisas, entendi a razão da palavra do Pastor.

[8] Mas como eu estava em grande admiração, ele disse-me de novo: Tu observaste dentro da tua mente a Forma Arquétipa cujo ser está antes do início sem-fim. Assim falou o Pastor. E eu disse: De onde os elementos da natureza têm seu ser? Ao que ele respondeu: Da Vontade de Deus, a Natureza recebeu a Palavra, e olhando para a amplidão do Cosmos copiou por meio de seus próprios elementos e pelo nascimento das almas. [9] E Deus-a-Mente, sendo masculino e feminino, com Luz e Vida existindo, pela Palavra gerou outra Mente Criativa, que, Deus do Fogo e do Espírito, criou Sete Governantes que fecharam o mundo perceptível pelo sentido. Os homens chamam seu governo de Destino.

[10] Imediatamente de fora dos elementos decrescentes, o Mundo Racional de Deus saltou para a criação pura da Natureza, e estava unido com a Mente Criativa, pois era co-essencial a ela. E os elementos decrescentes da Natureza, sendo desse modo privados da Razão, permaneceram matéria pura. [11] Então a Mente Criativa (junto com o Mundo Racional), ele que cerca as esferas e as gira com seu redemoinho, colocou em movimento suas criações e deixou-as girar de um início sem limite para um fim interminável, pois elas começam sempre que terminam. Era a circulação

dessas esferas governada pela vontade da Mente, que dos elementos de-crescentes gerou vidas irracionais, pois Ele não conferiu Razão a elas. O ar gerou coisas aladas; a água, coisas que nadam; a terra e a água separaram-se uma da outra como a Mente quis e, de seu seio, a terra produziu as vidas que tinha, coisas quadrúpedes e répteis, bestas selvagens e mansas.

[12] Mas a Mente do Pai-Tudo, sendo Vida e Luz, criou um "Ho-mem" co-igual a Ele, por quem Ele se apaixonou, Seu próprio Filho, pois ele era admiravelmente belo, a imagem de seu pai. Na verdade, Deus apaixo-nou-se por Sua própria Forma, e para ele concedeu tudo de Suas criações. [13] Mas quando [o Homem] olhou para baixo, para o que o Criador criou no Pai, ele também desejou criar. [14] E então ele separou-se do Pai, mu-dando seu estado para a esfera criativa. Possuído de toda autoridade, ele olhou para as criaturas de seus irmãos. Elas apaixonaram-se por ele, e cada um deu uma parte de sua hóstia. E, depois disso, ele aprendeu bem sua essência e tornou-se um participante na sua natureza; ele tinha uma mente para abrir bem o caminho na fronteira das esferas e para esgotar a força daquilo pressionado sobre o fogo.

Então aquele que autoridade possui sobre as vidas mortais do mun-do e sobre coisas irracionais despontava da Harmonia, abrindo o caminho na força dos círculos, e mostrou para a Natureza decrescente a bela Forma de Deus. E quando ele viu que a Forma de beleza que pode nunca saciar, que agora possuía dentro de si cada energia única de [todos] os sete Governantes, bem como da própria forma de Deus, ela sorriu amoro-samente, pois ela viu a imagem da forma do Homem sobre a água, sua sombra na terra. Ele, por sua vez, uma forma olhando como ele mesmo, existindo nele mesmo, sobre a água, amava e ansiava reunir-se com ela, e com a vontade veio a ação, e então ele vivificou a forma desprovida de razão. E a Natureza tomou o objeto de seu amor e envolveu-se completa-mente nele e eles misturaram-se, pois eram amantes. [15] E esse é o motivo por que, além de todas as criaturas na terra, o homem é duplo, mortal por causa do corpo, mas, por causa do essencial, é imortal. Embo-ra imortal e possuidor de controle sobre tudo, ainda é sujeito às coisas da morte estabelecidas pelo Destino. Portanto, embora acima da Harmonia, dentro da Harmonia ele se tornou um escravo. Embora masculino-femini-no, por ser vindo de um pai masculino-feminino... e embora seja insone, ele ainda é dominado pelo sono.

[16] Após isso, minha mente [sussurrou]: Eu *também* sou enamorada da Palavra. O Pastor disse: Esse é o mistério mantido escondido até hoje. A Natureza abraçada pelo homem gerou uma maravilha, ó tão maravilhosa. Pois ele tinha a natureza da harmonia do Sete – ele que, disse a ti, era o Pai e o Espírito – a Natureza não tardou, mas imediatamente gerou sete "Ho-mens", em correspondência com as naturezas dos Sete, masculina-femini-na e sublime.

Depois disso, eu disse: Ó Pastor, agora estou cheio de grande desejo e anseio ouvir, não fujais. O Pastor disse: Fica calado, pois eu ainda não te expus o primeiro discurso. Vê! Estou quieto, eu disse.

[17] De tal modo que, como eu disse, a geração desses sete aconteceu. O ar era uma mulher e a água encheu-se de desejo, ela tirou sua maturidade do fogo e do espírito etéreo. E a Natureza gerou molduras para caber a forma do homem, pois o "homem" tinha agora Vida e Luz transformadas em alma e mente. E desse modo continuou todas as extensões do mundo do sentido, até que o período cíclico desses princípios e classes chegasse ao fim.

[18] Agora escuta a segunda parte do discurso que desejaste ouvir. Com o ciclo terminado, o laço que os unia estava solto pela vontade de Deus. Pois todas as criaturas, sendo masculinas-femininas, ao mesmo tempo com o homem foram separadas, algumas se tornando masculinas em parte delas, outras iguais se tornando femininas. Deus imediatamente disse a Palavra sagrada: Aumentai e multiplicai-vos em multidão, criadores e criaturas, e ele que tinha em mente nele, deixe-o saber que é imortal e a causa da morte é o amor pelo corpo, e [deixe-o conhecer] todas as coisas-que-são.

[19] Sobre Sua palavra, Sua Premeditação efetivou por meio do Destino e da Harmonia acasalamentos e suas gerações foram fundadas. E então todas as coisas foram multiplicadas de acordo com seu gênero. E ele, que reconheceu a si mesmo, ensinou aquele Bem que transcende a abundância, mas aquele que seu corpo ama – aquele corpo que vem da falta do amor permanece vagando na Escuridão e sofrendo, por meio de seus sentidos, coisas de morte. [20] O que é o grande pecado, eu disse, que os ignorantes cometem que eles deveriam ser desprovidos da imortalidade? Tu pareceste, ele disse, ó tu, não dar atenção ao que ouviste. Não te falei para *pensar*? Eu penso e lembro e dou-vos graças. Se tu pensaste [após isso], ele disse, conta-me: Por que merecem a morte aqueles que estão na morte? É porque a escuridão pesarosa *decai* antes de pegar um corpo para si, nisso consiste a natureza fluida, e nisso o corpo no mundo do sentido, e desse corpo a morte bebe.

[21] Correto era teu pensamento, ó tu. Mas, como ele que medita, vai para Deus, como disse a Palavra de Deus? E eu respondi: o Pai Universal consiste em Luz e Vida, e d'Ele o Homem nasceu. Disseste bem, ele gritou. Deus é Luz e Vida, Ele é o Pai de quem o Homem nasceu. Se tu então aprendeste que realmente *és* tu mesmo da Vida e da Luz, e que tu por acaso estás fora delas, tu retornarás de novo para a Vida. Assim o Pastor falou. Mas contai-me mais, Mente, eu gritei, como eu cheguei à Vida. E meu Deus respondeu: O homem que tem a Mente dentro dele, deixa [esse homem] conhecer-te a ti mesmo. [22] Então, eu disse, não são todos os homens que têm a Mente? Disseste bem, ó tu, assim falando. Eu, Mente, estou presente entre os homens santos e bons, os puros e misericordiosos, os que vivem piamente. [Para estes] minha presença tornou-se uma ajuda e imediatamente eles conhecem todas as coisas e suplicam ao Pai em

contentamento e dão graças a Ele, invocando-O em louvor e cantando hinos em total submissão a Ele no seu amor ardente. E sempre que eles entregam seus corpos à morte que é prevista, voltam-se a eles com aversão de suas sensações, do conhecimento de como as coisas operam. Não, sou eu, a Mente, que não deixarei as operações que recaem sobre os corpos, executando seus fins. Por ser o porteiro, eu fecharei [todas] as entradas, cortando as ações mentais que as energias abjetas e maléficas induzem.

[23] Mas, para o insensível, o pecaminoso, o depravado, o invejoso e o avarento, e aqueles que assassínios cometem e amam impiedades, estou bem longe, cedendo meu lugar ao daimon torturante, que acentuou o fogo e apressou-os por meio dos sentidos, desse modo restituindo-os o mais prontamente para transgressões da lei; para que eles se encontrem com o maior tormento, eles não cessam de incitar suas paixões insaciáveis até chegar a apetites excessivos, pois nas trevas ele lutou. Desse modo, ele representou o carrasco, aumentando mais e mais o fogo sobre eles.

[24] Ensinastes-me bem, como eu desejava, ó Mente. E agora, eu disse, contai-me mais sobre a passagem como ela é. Ao que o Pastor disse: Quando o corpo material é dissolvido, primeiro ele abandona o corpo em direção ao trabalho de mudança, e daí, a forma que tinha desaparece. Depois ele abandona seu modo de vida, desprovido de toda energia, para o daimon. Os sentidos do corpo em seguida voltam a suas fontes, separam-se e juntam-se de novo nas energias [da Natureza], e [finalmente] suas paixões e desejos recolhem-se àquela natureza privada de razão. [25] É depois disso que ele se apressa para ir à Harmonia.

Para a primeira zona, ele entrega o poder de crescimento e minguar; para a segunda [zona], ardil do mal e falsidade, para que eles não ajam mais; para a terceira, o logro dos desejos, para que eles também sejam inativos; para a quarta, sua arrogância dominante, para que seu domínio seja perdido; para a quinta, sua ousadia profana e a impulsividade da audácia; para a sexta, o enriquecimento por meios maléficos, para que estes percam seu poder; e para a sétima zona, a falsidade que fica de emboscada.

[26] E então, com todos os efeitos da Harmonia retirados dele, vestido do poder correto, ele chegou àquela natureza que o homem chama de "oitava", e lá com "aqueles-que-são" cantou hinos ao Pai. Os que estavam lá saudaram sua vinda com alegria, e ele tendo como eles uma permanência passageira, ouve mais os poderes que estão acima da esfera além do sete, cantando doces canções de louvor a Deus. E então eles, em um bando, vão à casa do Pai, de seus próprios interiores oferecem-se aos poderes e, desse modo, tornando-se poderes, eles estão em Deus. Esse é o Bem Maior para aqueles que gnose têm – tornar-se uno com Deus. Por que deverias atrasar-te? Desde que tu recebeste, deverias merecer ter o caminho apontado, para que por meio de ti a raça do tipo mortal possa por [nosso] Deus ser salva.

[27] Quando disse isso, o Pastor misturou-se com os poderes. Mas eu, com graças e orações a Ele que é o Pai de todos os poderes universais, levantei-me, cheio do poder que ele jorrou em mim e cheio do que me ensinou da natureza do tudo e da visão mais grandiosa. E eu comecei a pregar aos homens a beleza da devoção e o encanto da gnose: Ó vós povo, pessoas nascidas da terra, vós quem doastes-vos à bebida, ao sono e à ignorância de Deus, ficai sóbrios agora, cessai vosso excesso, cessai de deslumbrar-vos com o sono irracional.

[28] Quando eles ouviram [minha voz], vieram unanimemente. Depois do que eu disse: Vós nascidos da terra, por que vos entregais à morte, se podeis ter o poder de compartilhar a imortalidade? Arrependei-vos, ó Vós, que caminhais em erro de braços dados e fazeis da ignorância a companheira de vossa mesa, saí vós da luz escura e tomai vossa parte na imortalidade, abandonando a decadência.

[29] Alguns deles com gracejos nos lábios partiram de mim, abandonando-se ao caminho da morte, outros novamente rogaram para ser ensinados, lançando-se aos meus pés. Mas eu os fiz levantar e fiz-me o guia da humanidade, dando-lhes razões, como e de que maneira eles deveriam ser salvos. Eu cultivei neles palavras de sabedoria, água imortal foi dada a eles para beberem. E quando veio o entardecer e os raios de sol começaram a se pôr, eu pedi que todos dessem graças a Deus. E quando eles terminaram de dar graças, cada um retornou ao seu local de descanso.

[30] Mas eu escrevi em meu coração a bondade do Pastor, e com a minha esperança completa mais do que regozijei, pois o sono do corpo tornou-se o despertar da alma e o fechar dos olhos – verdadeira visão, grávida de meu silêncio de Bem e os enunciados de meu discurso geradores de coisas boas. Tudo isso recaiu sobre mim da minha Mente, isto é, o Pastor, a Razão de todo o conhecimento, por meio de quem, sendo inspirado por Deus, eu alcancei a verdade. O motivo pelo qual, com toda minha alma e força, graças dou ao Pai-Deus.

[31] Santo sois Vós, ó Deus, o Pai dos universos. Santo sois Vós, ó Deus, cujo conselho é melhorado por meio de Vossos poderes. Santo sois Vós, ó Deus, que desejastes ser conhecido e sois conhecido por vós mesmo. Santo sois Vós, que constituiu em Razão as coisas-que-são. Santo sois Vós, à imagem de quem foi feita a natureza-Tudo. Santo sois Vós, que a Natureza não formou. Santo sois Vós, mais poderoso que o poder. Santo sois Vós, transcendendo toda excelência. Santo sois Vós, Vós sois maior que todo louvor. Aceitai as ofertas puras da minha razão, de alma e coração para sempre direcionada a Vós, ó Vós indizível, inefável, Cujo nome nada, exceto o silêncio, pode exprimir. [32] Dai ouvidos a mim rogando para que nunca possa falhar com a gnose, gnose que é a natureza do nosso ser comum, e preenchei-me com Vosso poder, e com essa Vossa graça iluminou aqueles irmãos da minha raça que estão na ignorância, mas que ainda são Vossos Filhos. Por essa causa confio em Vós, e em Vós testemunho,

eu vou para a Luz e a Vida. Abençoado seja Vós, ó Pai, Vosso Homem santo seria como Vós sois santo, até mesmo Vós destes a ele total poder [para ser].

3.2. "CONCERNENTE A 'O PASTOR' DE HERMES" O TRÊS-VEZES-GRANDE", *THE THEOSOPHICAL REVIEW* 23 (SETEMBRO 1898-FEVEREIRO 1899), 392-400

Esta leitura é o comentário de Mead sobre o primeiro livro do Corpus Hermeticum. *Será evidente que ele usa a terminologia teosófica em palavras, tais como "carma", "reencarnação", "veículos inferiores" e "duplo etéreo".*

Esse sublime tratado merece maior atenção de todo estudante de Teosofia. Atrasar-nos-ia apontar os pontos de contato íntimos entre "O Pastor" e as doutrinas das grandes escolas gnósticas, especialmente a corrente de tradição da qual Basilides e Valentino eram elos notáveis, ou compará-lo com a tradição grega de Orfeu por meio de Pitágoras e Platão, ao grande ressurgimento da "Filosofia" própria de Plotino a Próclus, ou mostrar sua afinidade com as aspirações e práticas dos chassidim e dos essênios, os terapêuticos e suas comunidades aliadas, entre os judeus e os egípcios. O todo das minhas dissertações, trabalhos, artigos e notas serve para o propósito único de demonstrar a *igualdade* de empenho feito por aqueles que seguiam a vida espiritual e estudavam a ciência da alma nos primeiros séculos de que estamos tratando. *O Pastor dos Homens* é um tratado de iniciação espiritual e é da mesma fonte de onde vem a "literatura inspirada" do período...

[...]

Ao escritor em profundo estado meditativo é mostrada uma visão da gênese do "Universo sensível", deste nosso Universo, e recebe instruções sobre sua natureza e a do homem. Em outras palavras, ele passa por uma certa iniciação espiritual que recebe das mãos de seu Mestre... Por um breve momento o discípulo entra em contato com a Mente-Mestra, o Grande Iniciador, a Mente de todo conhecimento, além do que ele não pode ainda esperar. Ele está uno com sua Mente, a fonte de seu ser. "Eu sou teu Deus" – o Deus dentro de ti.

Quando a sua visão espiritual se abre pela primeira vez, ele é transportado para o mundo da Luz, que vê primeiro como uma Luz pura e simples, quer dizer, para um reflexo do estado eterno do eterno-ser, o Universo *eterno*, do qual todos os universos, todos os mundos, todos os homens e átomos são na verdade aparências transitórias incontáveis, não importando quão vastos podem ser seus *períodos de tempo* em anos mortais.

Então, no Oceano de Luz, ele vê aparecer o nascimento do mundo. A Escuridão é o resíduo insolúvel deixado do universo passado do qual o mundo que é para ser será a reencarnação. É a princípio a ausência de Luz, um núcleo que um dia se tornará matéria. É um vórtice induzido com aquele movimento espiral do qual nenhuma ciência ainda explicou a origem. Desse modo, uma área é formada na qual o mundo futuro se manifesta.

O vórtice vazio da escuridão transforma-se em "algo", uma "natureza fluida", um caos balançando tumultuosamente e lançando um estrondo que atinge o observador místico com pavor e o enche de uma tristeza inefável, pois é oposta à alegria da Luz. A "névoa" espalha-se ao redor do núcleo de escuridão e, como o movimento caótico começa a acalmar-se, ele finalmente – em incalculáveis eons do nosso tempo – começa de maneira gradual a lançar um som que carrega uma fraca semelhança com a maravilhosa música da Luz, ainda inarticulada, pois as letras do nome do novo mundo ainda não eram soletradas, o caos da desordem não se transformara no Cosmos da ordem.

Mesmo assim, essa aproximação mais fraca de um grito de ajuda é o suficiente, imediatamente da Luz por todos os lados escorre no caos um poder de razão e ordem, força e sabedoria. É o Logos de Deus, o poder da ordem eterna ideal afirmando-se no caos bruto, o plasma do mundo que será.

Imediatamente há a separação do plasma do mundo em três elementos primordiais, estados ou palavras, "fogo", "ar" e um terceiro que só depois, como um estágio posterior da evolução, é separado em "água" e "terra". Pois ainda não só a matéria física não existe, até a matéria sutil não foi depositada.

Os três estados primordiais da substância introduzidos ou ordenados pela razão, são produtos diretos do Logos e da Natureza; eles são todos elementos *racionais*.

O ovo do mundo tem agora três camadas: "fogo", "ar" e o terceiro elemento, um aparentemente "dentro" do outro, o "fogo" em contato imediato com a Luz, mas ainda excluído dela, aprisionado e controlado por um "forte poder", um grande limite ou fronteira, "contra o que ninguém prevalecerá até que o Dia 'Esteja Conosco'". O estado caótico do plasma do mundo é assim subjugado e confinado em uma área própria.

Mas a percepção dessa "fronteira" não era possível para os esforços desamparados do pupilo. Primeiro ele viu a Luz simples e então gradualmente essa Luz ficou obscurecida pela expansão e pelo vórtice caótico do mundo. Ele agora está capacitado, pelo poder de seu Mestre, a ver mais dentro das coisas. Ele vê, como a nomenclatura teosófica falaria, "de um plano superior". A Luz não é mais um simples "algo", ela é revelada em infinitos poderes, em uma ordem harmoniosa que é o tipo ideal de todos os universos. Ele é então habilitado a ver o "poder dominante" que determinou os limites da área do mundo, que era à primeira vista sem limite.

A "Forma Arquétipa" do § 8 refere-se à "luz em poderes que nenhum homem pode enumerar" do § 7. Isso foi, como dissemos, a visão do tipo eterno de todos os universos, sobre o qual o autor sabiamente não diz nada e as escolas gnósticas desperdiçaram uma riqueza de criatividade ousada em suas *heaven-storming*. Eles falaram de uma verdade dominante eterna, sobre a qual não só nenhuma palavra pode expressar, mas que nenhum cérebro humano pode compreender. Ainda eles eram "videntes" e não meros "especuladores" como os racionalistas acreditavam. Esse é o "mundo das idéias" de Platão. O "surgimento" do mundo sensível, contam-nos, é apenas a "cópia" de seu tipo eterno.

Três momentos ou fases da evolução, emanação ou criação, pois não precisamos brigar por causa dos termos, nascem na mente. Essas três fases são marcadas pela aparição: (i) do Logos ou da Razão Divina, (ii) do Segundo ou da Mente Criativa ou Demiurgo e (iii) do Homem. Cada um, por sua vez, energiza a Natureza e a capacita a copiar o tipo eterno.

(i) O Logos fora do Caos produz os três elementos racionais do mundo ou primordiais. O Caos, quando ela se torna ordenada, é chamado Natureza, a causa substancial dos elementos. Desse modo, fora da substância dos três mundos primordiais, ela produz elementos subordinados ou substâncias, concebendo-as após sua gravidez pela Razão Divina e por uma imitação do tipo eterno dos poderes do Mundo da Luz. Ela gera os vários graus de substância sutil (pois a matéria ainda não veio à existência) e também "almas". Agora essas "almas" parecem ser as mesmas coisas que subseqüentemente surgem quando a matéria física aparece na existência como minerais e plantas.

(ii) O Pai, por meio do Logos, fora da Natureza produz uma Segunda Mente, de novo um reflexo d'Ele mesmo; em outras palavras, um instrumento da criação, ou em vez disso uma limitação cármica, de *considerar* o mundo, de acordo com o tipo, que imediatamente gera Sete Governantes ou fronteiras do mundo sensível, de acordo com o tipo eterno.

A Mente Demiúrgica era o Deus do Fogo e Espírito (§ 9), isto é, o governante do mais puro dos elementos primordiais e da substância do Logos. Ele é aquele referido acima (§ 7), eu acho, como o "poder dominante". Ele é o construtor cármico do Universo, de acordo com os carmas dos universos do passado dos quais é o filho.

Para dentro da Mente Criativa, como se esta fosse um núcleo, é atraído todo poder do Logos que antes energizava os três elementos primordiais e eles são deixados sem o poder, irracionais, e permanecem pura matéria. Não deve ser esquecido, no entanto, que eles já receberam a marca da razão e foram arrumados em ordem e lugar e que a Natureza-do-tudo e suas produções são masculino-femininas, isso quer dizer nem apenas masculinas nem femininas, mas possuíam toda a potência autocriativa.

Os meios pelos quais o Construtor do Mundo, sob a inspiração da Razão Divina, impõe condições cármicas sobre o universo futuro são as Sete Esferas sempre se movimentando, que claramente não são nossos planetas físicos, pois "terra-e-água" ainda não se separaram. Da movimentação dessas esferas são produzidas "almas" animais – "vidas irracionais".

Parece que muitos detalhes foram omitidos nesse rápido resumo dos processos primordiais. Há uma mudança na natureza desses elementos, outra fase deles. As sete esferas, por serem as criações da Mente, devem ser de uma mesma natureza que ela, isto é, "ígnea". Elas são os sete Círculos de Fogo, cercando o "ar" e a "água-terra" que agora se separa em "terra" e "água". Os "três-mundos" descem um plano. As "almas" animais são produzidas rapidamente pelas Esferas e também são presumivelmente de uma natureza ígnea, com "corpos" de sutis ar, água e terra, pois a Terra não era tão sólida como é agora.

Chega de falar da evolução das "vidas irracionais", a produção dos "elementos decrescentes" sob a lei da evolução cármica. A natureza desenvolveu a "alma" irracional, a "mente" racional, e o "homem" agora desce para encontrá-la.

(iii) Chegamos agora ao mistério do Homem. A Vontade do Pai-de-Tudo tem três fases de Ser, a primeira como o Logos ordenando a *substância* do Universo, na qual todos "vivemos, movimentamo-nos e temos nosso ser" – o Preservador, a segunda como a Mente, o Agente Cármico ou Regulador – o Criador, e a terceira como o Homem, o Salvador, o Liberador – o Regenerador. Na eternidade os três são um, no tempo eles parecem ser diferentes.

O Homem é a Imagem do Pai-de-Tudo, Seu "único primogênito" Filho, autogerado da Luz e da Vida – a eterna natureza do Pai.

O Homem resume nele todas as funções, tanto do Logos, o doador-de-substância, como da Mente, a doadora-da-forma, todas as potências estão nele, ele é Senhor de tudo.

O princípio predominante de toda a manifestação do mundo é o Amor, *Amor do Homem*. O Pai apaixona-se por Seu Filho e dá a ele toda autoridade; os filhos de seu irmão, as criações da Mente, as Sete Esferas também se apaixonam por ele e dão-lhe seu melhor; a Natureza anseia por ele e dá a ele toda a sua riqueza. Pois o Homem é a Imagem do Deus Eterno, a perfeição completa de todo o Universo, ele é o Deus manifesto.

Até agora, toda a Natureza fora escrava do Destino, tinha seu curso inevitável fluindo de acordo com os carmas do passado; nenhuma das almas-da-natureza e das vidas irracionais teve o poder de quebrar os elos estabelecidos. Essa vitória foi reservada só ao Homem, e para esse fim ele brilhou através das Sete Esferas, de modo que foi visto pela Natureza abaixo. E imediatamente todo o seu coração e ser saíram para a forma gloriosa cuja sombra caiu sobre seu seio de água e o Homem, observando a sombra dele mesmo sobre o seio da Natureza, amou-a e deu vida a ela, essa sombra era o "homem", que impregnado pelo Homem superior, tornou-se mente humana. Esse homem "sombra" é abraçado pela Natureza, ela envolve-se nele com amor, unindo sua alma e a mente dele em um forte abraço, pois Homem e Natureza são amantes.

O Homem, agora em sua descida, no contato com a Natureza, tornou-se individualizado e transformou-se em alma e mente, reflexos temporais das eternas Vida e Luz.

Nos § 16 e § 17, um mistério concernente ao corpo do homem é sugerido, o qual sou incapaz de entender claramente. Entretanto, está claro que o corpo (sutil?) do homem tem dentro de si como altas potencialidades as almas de natureza irracional, pois o fogo e o éter estão em suas composições, e tem aparentemente sete tipos fundamentais, cada qual pode transcender o poder das sete esferas. Parece que a alma do homem veio de cima (§ 17), "pois o homem, agora da Luz e da Vida, transformou-se em alma e mente". Portanto, a alma e a mente no caso do homem são permutações do Homem e não produções da Natureza. Pois essa alma do homem é racional, enquanto a alma com a qual a Natureza encobre essa alma racional é irracional.

E então o primeiro grande ciclo da manifestação chegou ao fim, todo ele masculino-feminino, enquanto o segundo ciclo é distinguido pela separação dos sexos.

O segundo discurso é tão claro que quase não precisa de comentário algum.

A ética e a ciência do ensinamento são bem simples. O corpo, sendo o produto dos elementos decrescentes nascidos, deve ser dissolvido; o amor pelo corpo é, portanto, o amor pelo perecível. O amor verdadeiro é aquele pelo Homem imperecível e imortal, a Imagem do Pai.

O corpo é irrepreensível, a entrega do homem à desilusão de suas sensações é o erro. Essas sensações continuarão ativas, é impossível matá-las, mas é possível, por meio da Mente, a "porteira", excluí-las da natureza interna e recusar-se a deixá-las influenciar a mente.

O "daimon" ou gênio do § 23 é o reflexo individual do Demiurgo Cósmico ou Mente, o agente cármico. É ele quem intensifica o fogo da paixão com o combustível que fornecemos para ele.

No § 24, temos uma descrição do caminho de ascensão das áreas físicas para as espirituais, a "passagem como ela é agora", pois em um estágio anterior ou posterior de evolução as fases podem ser diferentes.

Os veículos e as qualidades inferiores passam gradualmente da atividade para a latência. Os hábitos ou caráter geral são cedidos ao gênio, o agente cármico que os ressuscitará em um nascimento posterior.

Em minhas notas sobre a Visão de Êr... apontei que o "modo de vida" é claramente o mesmo que a "vida" ou amostra de vida que as almas escolhem antes do renascimento. Eu sugeri que, pelo que nossos estudantes investigaram até agora, esse "modo de vida" pode ser nada mais que o molde do chamado "duplo etéreo".

A natureza da paixão e do desejo, parte irracional da alma que o homem deriva da Natureza, é deixada em seus depositórios cármicos apropriados. Não se deve, porém, supor que a "influência" das esferas seja necessariamente má. As esferas simplesmente fornecem à alma irracional energias ou forças que podem ser usadas para o bem ou para o mal. Elas são simplesmente forças.

Tendo passado pela região da alma, o homem entra na mente, o Ego superior, e lá está reconciliado com as experiências eternas de todas as suas vidas terrenas passadas, com tudo dele que for merecedor da imortalidade, esses seus "eus" são chamados graficamente "aqueles-que-são". Eles são a "coroa das vidas poderosas" cantadas pelo Oráculo Pítias quando da celebração da morte de Plotino.

É, porém, quando essa coroa resplandece com todas as suas jóias que o homem pode passar ainda mais alto ao mundo eterno, o Nirvana. Não até que esteja perfeito essa paz abençoada e alegria são possíveis para ele. Ele deve retornar para conquistar as glórias de sua coroa em uma batalha com o mundo inferior.

Mas, se seu último nascimento é alcançado e o fim da peregrinação chega, "em uma laçada", com todos os seus poderes e conquistas unidos, ele passa além da fronteira. Ele não é mais um homem individual, mas um grande Ser, uno com o Logos e todos os poderes divinos.

Esse Grande Um era o Pastor que instruiu e depois "se misturou com os poderes". Ele era um Mestre.

E esse é o objetivo maravilhoso que se coloca diante de cada um de nós, cada Filho do Homem, cada homem, pois somos todos Filhos de Deus.

3.3 "A TAÇA MÍSTICA", *THE THEOSOPHICAL REVIEW* 23 (SETEMBRO 1898-FEVEREIRO 1899), 438-45

A Taça ou Mônada
Um sermão de Hermes Trismegisto ao seu Filho Tat

[1] HERMES. Com razão, não com as mãos, o criador do Mundo fez o Mundo universal, de modo que devemos pensar n'Ele como todo lugar e todo-ser, o Autor de todas as coisas, Uno e Único, por Sua vontade todos os seres foram criados. Pois [até] Seu corpo é algo que homem nenhum pode tocar, ou ver, ou medir, um corpo inextensível que nada pode conter. Não é nem fogo, nem água, nem ar oú sopro, ainda que todos eles venham de Seu corpo. Sendo bom, Ele desejou consagrar esse [corpo] a Ele mesmo, arrumar a Terra e adorná-la.

[2] Então, para baixo [para a Terra] Ele mandou a "ordem" de sua estrutura divina – o homem, um ente vivo que não pode morrer, mas também algo que morre. E sobre [todas as outras] vidas e o mundo, o homem sobrepujou-se por causa de sua razão e sua mente. Pois o homem tornou-se contemplador das obras de Deus maravilhava-se e esforçava-se para conhecer seu autor.

[3] Razão de fato, ó Tat, entre todos os homens Ele distribuiu, mas mente ainda não, não que Ele relutasse, pois relutância não vinha d'Ele, mas tinha seu lugar embaixo, dentro das almas dos homens que não têm mente.

Tat. Por que então Deus, ó pai, não entregou uma quantidade de mente?

Hermes. Ele queria, meu filho, tê-la instalado no meio das almas, como se fosse um prêmio.

[4] Tat. E onde Ele a instalou?

Hermes. Ele encheu uma poderosa taça com ela, mandou-a para baixo, colocando junto [dela] um arauto, a quem Ele deu o comando de fazer uma proclamação aos corações dos homens. Batizai-vos com esse batismo da taça, o que o coração pode fazer, vós que tendes fé podeis ascender a Ele que mandou a taça para baixo, vós que sabeis para que viestes a ser! Aqueles que entenderam as novas do arauto e mergulharam-se na mente tornaram-se partícipes na gnose, e quando eles "receberam a mente", tornaram-se "homens perfeitos". Mas aqueles que não entenderam as novas, estes, visto que possuem a ajuda da razão [somente] e não da mente, ignoram por que vieram a existir e de que forma. [5] Os sentidos de tais homens são como os das criaturas irracionais, e como [toda] a sua constituição está nos seus sentimentos e impulsos, eles falham em toda a apreciação dessas coisas que realmente valem a pena ser contempladas. Eles centram seu pensamento nos prazeres do corpo e seus apetites, na crença de que por isso vieram a existir. Mas aqueles que receberam o dom de Deus, estes, Tat, ao compararmos suas ações, de seus elos de morte libertaram-se, pois eles abarcaram em sua mente todas as coisas, coisas na terra, no céu e sobre o céu, se houver algo. E tendo levantado sua visão ao Bem, e tendo-O avistado, eles olham para sua curta permanência aqui como um infortúnio e, apesar de tudo, tanto das coisas corpóreas como as incorpóreas, eles apressam sua ida ao Uno e Único. [6] Isto é, ó Tat, a ciência da mente, visão divina das coisas, Deus-conhecimento está aí, pois a taça é de Deus.

Tat. Pai, Eu também pretendo ser batizado.

Hermes. A menos que tu primeiro odiasses teu corpo, filho, tu não podes te amar. Mas, se amas a ti mesmo, deverás ter a mente e, tendo a mente, possuirás a ciência.

Tat. Pai, o que queres dizer?

Hermes. Não é possível, meu filho, te entregares a ambos, digo às coisas perecíveis e às coisas divinas. Por ver que as coisas existentes são pares, corpóreas e incorpóreas, [um par] em que o perecível e o divino são vistos, ao homem que tem o arbítrio é deixada a escolha de um ou de outro, pois nunca o par deve ser reunido. E nessas almas a que a escolha é dada, o minguar de um causa o crescimento do outro. [7] Agora a escolha do melhor não só prova uma sorte mais justa para aquele que a faz – ver isso faz do homem um Deus –, mas também mostra sua devoção a Deus. Enquanto a pior escolha, embora destrua o *homem*, só perturba a harmonia de Deus nessa extensão, que como os cortejos enchem a rua e obstruem seu caminho em vão, os homens desfilam pelo mundo levados pelos prazeres de seus corpos.

[8] Sendo assim, ó Tat, o que vem de Deus foi e será nosso, mas aquilo que depende de nós mesmos deixa seguir em frente e sem atraso, pois não é Deus, somos nós as causas das coisas maléficas, preferindo-as às boas. Viste, filho, quantos são os corpos pelos quais devemos passar, quantos são os coros de anjos, quão vasto o sistema dos cursos estelares (ao longo do qual está nosso caminho), para apressarmo-nos em direção ao Uno e Único Deus. Pois para o Bem não há "outro suporte", Ele não tem elos, é sem-fim, pois Seu eu é sem início, mas para nós parecia ter um – a gnose. [9] Na verdade, a gnose não é *Seu* início, mas nos assegura de que seu início *seja conhecido*. Vamos segurar, portanto, o início e passar rapidamente por tudo [que devemos passar]. É muito difícil deixar as coisas com as quais estamos acostumados, que encontram nosso olhar por todo lado e nos colocam de volta no antigo caminho. As aparências deleitam-nos, enquanto coisas que não aparecem dificultam a crença. Os demônios são as coisas mais aparentes, enquanto O Bem nunca pode mostrar-Se, pois Ele não tem nem forma nem figura. Portanto, O Bem é somente como Ele mesmo e diferente de todas as outras coisas, pois é impossível que *aquele que não tem corpo* faça-se visível por qualquer *um*.

[10] A superioridade do "igual" em relação ao "diferente" e a inferioridade do "diferente" em relação ao "igual" consistem nisso. A Unidade, sendo fonte e raiz de tudo, existe em tudo como fonte e raiz. Sem [essa] fonte é nada, enquanto a fonte é do nada, mas ela mesma, por ser fonte de todo o resto. É ela mesma sua fonte, já que não há outra. A Unidade, então, sendo fonte, contém todos os números, mas não é contida por nenhum, produzia todos os números, mas não era produzida por nenhum.

[11] Agora tudo o que é criado é imperfeito, é divisível, para aumentar o sujeito e diminuir, mas com o perfeito não ocorre nenhuma dessas coisas. Agora aquele que pode ser aumentado aumenta da Unidade, mas sucumbe por sua fraqueza quando não pode mais conter o um.

E agora, ó Tat, a imagem de Deus foi esboçada para ti e, se tu te demorares atentamente nela e a observares com os olhos do coração, acredita, filho, tu encontrarás o caminho que te levarás, acima, não, tua imagem tornar-se-á teu guia, porque a visão [divina] tem seu charme peculiar, segura e atrai para si quem conseguir abrir os olhos, assim como, eles dizem, o ímã [atrai] o ferro.

Comentário

Há uma pequena necessidade de comentário sobre esse lindo pequeno tratado, tão claros e lúcidos são os grandes princípios da gnose mostrados pelo filósofo-místico que os redigiu há muitos séculos.

Deus é considerado aqui como O Bem, como o objetivo ao qual todas as coisas tendem, o mais desejável. Ele não pode ser "visto" até pelos olhos espirituais do coração. Seu corpo apenas, sua "imagem", o "único elemento", a natureza interna do Eu do homem, a mente, que transcende a razão, é o único meio que temos de conhecê-Lo.

A "taça" é a mente universal, a "unidade", a "mônada", a fonte de nosso existir e de tudo o mais no Universo. *Conhecê-la* é o prêmio que as almas devem ganhar.

Seria interessante especular que conexão essa "taça" da iniciação tem com a posterior tradição do Graal, que obscureceu o caráter universal do símbolo com traduções cristãs populares, embora, é indubitável, os divulgadores ocidentais daquela iniciação fizeram isso para preservar a vida de seus pupilos das perseguições bárbaras de uma ignorante e intolerante Igreja.[77]

Note também a reivindicação modesta [9]. A gnose não é um fim em si mesma, é apenas o *início* do verdadeiro conhecimento de Deus. Eles que receberam o batismo da mente, a "iniciação búdica", para usar os termos teosóficos modernos, tornam-se "homens perfeitos", não "perfeitos". Não até que eles são *homens* completos, previamente eles não tinham a consciência da mente. Esses homens sabem por que vieram a existir, o propósito da vida. Eles tornam-se *conscientemente* imortais, sua imortalidade não é mais uma *crença*, é um *fato de conhecimento*. Eles ganharam sua liberdade da morte e conhecem a real constituição do mundo até o princípio do Bem, quer dizer, até o estado nirvânico de consciência. Não até, entretanto, entrarem no Nirvana que eles se tornam um com O Bem. Eles vislumbraram a vista ou visão do Nirvana, mas não entraram nele. Essa visão suprema antes da iniciação final é uma determinação de como eles devem ser. Que eles se tornaram deuses é verdade agora, ou, em outras palavras, aproveitam do mesmo estado de consciência que os deuses, mas há um estado superior, quando eles estão unos com o próprio Deus.

3.4 "A GNOSE DA MENTE", *THE THEOSOPHICAL REVIEW* 38 (MARÇO-AGOSTO 1906), 501-10

Em um artigo relacionado, "A Religião da Mente", também publicado em 1906, Mead fez um entusiasmado tributo à filosofia hermética como

---

77. Ainda que Wagner, porém, posteriormente tenha percebido a verdade universal subjazendo à lenda e a tenha feito viver novamente na melodia imortal. Assim é como o grande mestre da música e da canção descreve a visão do Graal: "Para o olhar capturado daquele ansioso por amor celestial, a atmosfera azul do céu parece a princípio condensar-se em uma maravilhosa, quase imperceptível, mas estonteantemente linda visão. Então, com crescente precisão, o anfitrião angelical milagreiro é delineado em infinitas linhas delicadas como, carregando o vaso santo no meio, ele insensivelmente desce das alturas esplendorosas do céu. À medida que a visão se torna mais e mais distinta... o coração pulsa com a dor do êxtase... e quando finalmente o Graal se mostra na maravilha da realidade descortinada... o cérebro do observador vacila – ele caiu em um estado de aniquilação adoradora... Com um casto regozijo, o anfitrião angelical retorna às alturas do céu, desaparecendo no nada de onde emanou".

a *"Filosofia Verdadeira e Ciência Pura da Natureza e do Homem, é uma das mais belas formas de Sabedoria das Eras, é Teosofia (Sabedoria) e Teosebeia (Adoração) em harmonia – a Religião da Mente. É Religião, verdadeira devoção, piedade e adoração, as corretas atividade e passividade da Mente, a gnose das coisas que são e do Caminho do Bem que conduz o homem a Deus"*. The Theosophical Review 38 *(março-agosto 1906), 319-26 (p. 319). Nesta leitura do artigo acompanhante, Mead elabora sobre a gnose do Hermetismo. Mais uma vez, Mead identifica a gnose com uma forma de Teosofia (sabedoria divina), em vez de um conhecimento redentor, que pode redimir o homem de um mundo caído e negro como nos antigos sistemas gnósticos.*

[...] O termo mais geral, pelo qual [os discípulos do Três-vezes-grande Hermes] chamavam sua ciência, filosofia e religião era gnose, ela ocorre em todo sermão, excerto e fragmento da literatura que possuem. A doutrina e disciplina da Mente, a Alimentadora do homem e Pastora da alma do homem, são resumidas nessa mais oportuna palavra – gnose.

[...] A gnose para eles começou com o Conhecimento do Homem, para ser consumada no fim do aperfeiçoamento pelo Conhecimento de Deus ou Sabedoria Divina.

[...]

A gnose começou, continuou e terminou no conhecimento do Eu, a reflexão do Conhecimento do Eu, do Eu de Tudo. De modo que, se dissermos que a gnose era outra coisa senão a ciência do mundo, não queremos dizer que ela exclui algo, mas somente que considerava todas as artes humanas e ciências como insuficientes, incompletas, imperfeitas.

Na verdade, é bem evidente de todas as formas que os autores dos estudos trismegísticos, ao mostrarem suas intuições sobre as coisas-que-são e ao enfeitarem as idéias vivas que nascem em seus corações e cabeças, fazem uso da filosofia, da ciência e da arte do seu tempo.

[...] A ciência humana está sempre mudando e, se mostrarmos as aparições das idéias certas e das verdades estimulantes da gnose como podemos obter nas formas sempre mutáveis da ciência desenvolvida, podemos, na verdade, fazer muito para popularizar o olhar sobre os mistérios do nosso tempo.

Os documentos que foram preservados dos copistas da tradição trismegística são produtos de várias mentes e escritos por muitas mãos...

[...] Toda a teoria da realização estava condicionada pelo fato de que o homem em corpo, alma e mente era um mundo em si mesmo – um mundo pequeno, é verdade, desde que ele esteja contente em representar a parte de uma "procissão de Fado", mas seu Destino é maior do que aquele Fado, ou melhor, digamos, sua Inconsciência é Fado, sua Consciência será seu Destino. O homem é um pequeno mundo, pequeno no sentido de pessoal, individual, separado, mas um mundo para tudo aquilo – uma mônada. E o destino do homem é que ele deve tornar-se a

Mônada das mônadas, ou a Mente de Deus – o Cosmos, não só como é percebido pelos sentidos como tudo que é, aquele que se move e não se move, o Grande Corpo e a Grande Alma das coisas, mas também como é concebido pela mente, como a Grandeza Inteligível de todas as grandezas, a Idéia de todas as idéias, a Mente e Razão de Deus, Seu próprio autocriado Filho, o Único-primôgenito, o Amado.

Nesse fato transcendente de todos os fatos é fundada a única disciplina e método da gnose da Mente. O Mistério dos mistérios é o Homem ou Mente. Mas essa nomeação do Mistério não deveria ser entendida como excluindo Corpo e Alma. A Mente é a Pessoa das pessoas, a Presença das presenças. Tempo, espaço e casualidade são condicionados pela Mente. Mas essa Mente, o Homem Verdadeiro, não é a mente escravizada pela casualidade, espaço e tempo. Por outro lado, é apenas essa mente escravizada, essa procissão do Fado, a forma do servo, que é a aparência que esconde a potencialidade de tornar-se Tudo, de tornar-se o Eon, a Presença – isto é, a subsistência de todas as coisas presentes, em todos os momentos do tempo, pontos do espaço e todos a causa e efeito instantâneos no Seio do Fado.

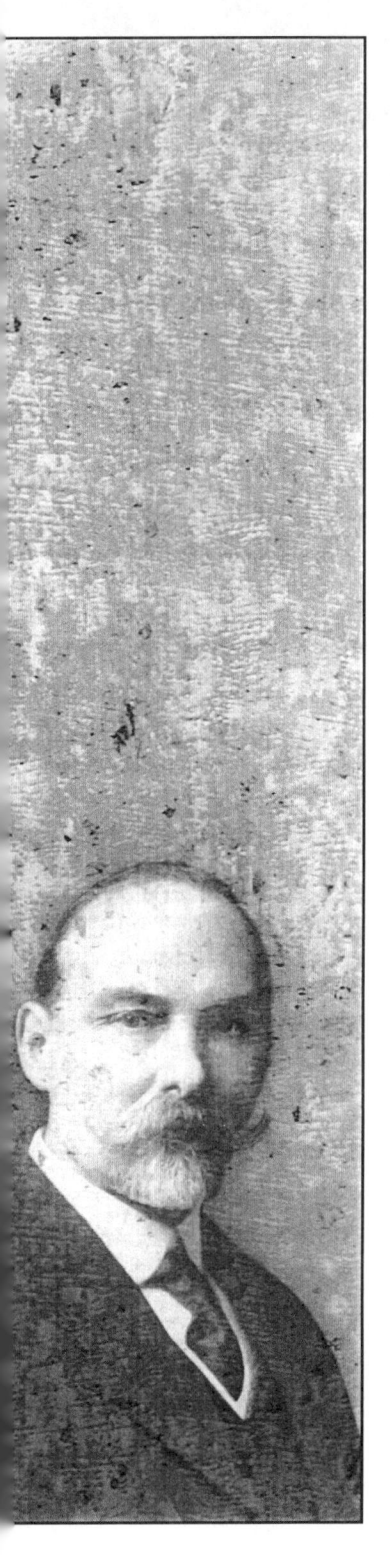

IV

CRISTIANISMO ESOTÉRICO

Embora atado à mitologia egípcia, à magia caldense e ao misticismo judeu, o Gnosticismo era uma mistura de crenças cristãs heterodoxas unidas na defesa da importância de Cristo na salvação humana. Os gnósticos especulavam muito sobre os aspectos divinos e humanos de Jesus, seus antepassados e sua família e sobre o nascimento virginal. Os evangelhos apócrifos gnósticos descreveram obscuros incidentes da sua infância. Certos gnósticos negavam a encarnação: se Cristo era um ser divino, perfeito e eterno, ele não poderia ter se tornado carne, pois a matéria é maléfica e impura. Outros negavam que Cristo pudesse assumir qualquer aspecto de natureza humana, pois isso implicaria imperfeição e deficiência. Outros autores gnósticos sugeriram que Jesus era um homem bom, no qual o Cristo, o Logos, encarnou no momento de seu batismo por João. Outros ainda consideravam a crucificação como uma ilusão ou o destino de um substituto e rejeitaram sua importância teológica.

A personalidade de Jesus causou dificuldades aos gnósticos, alguns o vendo simplesmente como um homem bom e santo, enquanto do outro lado do espectro ele era considerado a descida do Logos de Deus, ou o próprio Deus. A aparente contradição entre um Deus em sofrimento e o rei do Universo levou os gnósticos a justapor as naturezas humana e divina de Jesus. Uma nítida distinção era feita entre Cristo, o eon divino ou "homem" perfeito, e Jesus, a personalidade. O Deus em Cristo não sofreu, o homem inferior, Jesus, padeceu (vide 4.2 e 4.4). Alternativamente, Cristo não estava realmente encarnado em Jesus, mas assumiu um corpo fantasmagórico chamado Jesus. A idéia de que um alto iniciado pode usar um corpo fantasmagórico ou ilusório, que aparece e desaparece quando quiser, e que o corpo de outra pessoa pode ser tomado por um mestre da sabedoria ocorre freqüentemente nos textos gnósticos e em sua cristologia, especialmente levando-se em conta os ensinamentos de Cristo após sua ressurreição.

Na opinião de Mead, o Gnosticismo, derivado como foi da interação da Grécia com as idéias religiosas orientais e os cultos de mistério da Caldéia, Babilônia, Pérsia e possivelmente Índia, foi uma grande força na universalização do Cristianismo. Mead seguiu o teólogo alemão Adolf Harnack, ao ver o Gnosticismo como uma rápida helenização do Cristianismo. Como a idéia dos gnósticos do Deus verdadeiro diferia das noções populares de deidade, também os gnósticos pensavam que as palavras de Jesus continham um significado interior e esotérico para os iniciados, além do seu significado literal e ético para as pessoas comuns. Muitos evangelhos e apocalipses gnósticos foram desse modo compostos sob a inspiração espiritual, todos reivindicando ser os ensinamentos de Jesus depois de sua ressurreição dos mortos e conhecimento de um novo nível de ser.

Mead estava particularmente interessado nas origens do Cristianismo. Entre seus trabalhos sobre esse assunto estão: The Gospels and the Gospel [Os Evangelhos e o Evangelho] (1902) e Did Jesus Live 100 B.C? [Jesus viveu em 100 a.C.?] (1903), ambos publicados em série em volumes anteriores da The Theosophical Review. Seu estudo dos evangelhos cobria assuntos como o problema sinótico, suas autorias e autoridades e da natureza especial do Quarto Evangelho. Seu trabalho sobre Jesus examinou um número de fontes judaicas incluindo as histórias de Jesus no Talmude, o Toldoth Jeschu, e comentários de Epifânio, que defendia a idéia de que uma figura messiânica Jesus-Jeschu fez milagres, pregava seu ministério e foi condenado à morte muito antes que o relato do Evangelho. As investigações do vidente Charles Leadbeater levaram-no a concordar com Mead que Jesus nasceu em 105 a.C., tornou-se um essênio, foi treinado por homens do Egito e da Índia e viajou para o Egito, onde ele foi iniciado. Esse Jesus desistiu de seu corpo para Cristo usá-lo.

A teosofia de Blavatsky tendia a comparar as religiões orientais com o Cristianismo, em detrimento do último. Seus sucessores, entretanto, eram atentos à necessidade de assimilar a religião em voga do Ocidente para manter um apelo direto aos europeus. Perto da virada do século, Leadbeater e Annie Besant escreveram sobre o lado esotérico do Cristianismo. O livro de Leadbeater, The Christian Creed [O Credo Cristão] (1899), deu uma interpretação oculta das doutrinas cristãs que mais tarde ficaram conhecidas como Cristianismo teosófico. As palestras de Besant sobre Cristianismo esotérico, ministradas no verão de 1898, instigaram o trabalho de Mead sobre Gnosticismo cristão. Elas foram posteriormente publicadas como

Esoteric Christianity or The Lesser Mysteries [O Cristianismo Esotérico ou os Mistérios Menores] (1901) e enfatizam os aspectos ocultos dos ensinamentos de Cristo. Seu livro faz uma referência freqüente aos mistérios de Jesus em suas declarações aos apóstolos, em São Paulo, e nos Padres da Igreja, tais como São Clemente de Alexandria e seu pupilo, Orígenes. Ela também se refere ao trabalho de Mead sobre Plotino e em particular ao seu *Pistis Sofia*, no qual Jesus passa 11 anos instruindo seus discípulos nos mistérios após levantar dos mortos (*vide* 4.1).

Dessa maneira, podemos ver como a erudição de Mead no mistério-Cristo exercitou uma influência modificadora sobre a tendência orientalizante da posterior teosofia blavatskiana e, assim, assegurou seu maior apelo.

4.1 "O PRIMEIRO LIVRO DO PISTIS SOFIA", DO *PISTIS SOFIA* (LONDRES: THE THEOSOPHICAL PUBLISHING HOUSE, 1896), PP. 1-10, 15

Em 1890, Mead publicou um longo artigo em série na Lucifer *contendo sua tradução anotada do* Pistis Sofia, *preservado no* códice Bruce, *descoberto por* Moritz Schwartze, *o orientalista alemão, em um manuscrito copta preservado no Museu Britânico. Schwartze transcreveu o texto copta e traduziu-o para o latim, e ambos os textos foram publicados por Julius Petermann como* Pistis Sofia. Opus Gnosticum. Valentino adjudicatum, e codici manuscripto Coptico Londinensi (*Berlim, 1851). Mead, com isso, ofereceu a primeira tradução inglesa desse evangelho gnóstico baseado na versão latina de Schwartze. Uma edição revisada do artigo em série foi publicada como um livro em 1896.*

A revelação de Jesus aos seus discípulos sobre os mistérios cosmológicos, logo depois da sua ressurreição dos mortos, simboliza a literatura dos segredos gnósticos pretendida somente aos iniciados.

Aconteceu que quando Jesus levantou dos mortos, passou 11 anos falando com seus discípulos e instruindo-os apenas até as regiões dos primeiros estatutos, e até as regiões do primeiro mistério, o mistério dentro do véu, dentro do primeiro estatuto, que é o quarto e 20º mistério e abaixo desses os que estão no segundo espaço do primeiro mistério, que está antes de todos os mistérios – o pai à semelhança de uma pomba.

E Jesus disse aos seus discípulos: "Eu vim daquele primeiro mistério, que também é o último mistério, o quarto e 20º". Os discípulos não conheciam aquele mistério nem entendiam que havia algo dentro dele, mas eles acharam que o mistério na verdade era o chefe do Pleroma, e o cabeça de tudo o que existe, e pensaram que isso fosse o fim de todos os fins, pois Jesus disse a eles, referindo-se ao mistério: "Ele cercava o primeiro estatuto e as cinco impressões, e a grande luz, e os cinco defensores e até todo o tesouro da luz".

Além disso, Jesus não disse a eles a distribuição completa de todas as regiões do grande invisível, e dos três triplos poderes e dos quatro e 20 mistérios, com todas as suas regiões e eons, e suas ordens, de acordo com a maneira de sua distribuição, pois elas são emanações do grande invisível, nem contou sobre seus não gerados, autogerados e gerados, seus doadores de luz e debilitados, seus governantes e autoridades, seus senhores e arcanjos, seus anjos e decanos, seus trabalhadores e todos os habitantes de suas esferas, e todas as ordens de cada um deles.

Jesus também não contou aos seus discípulos toda a distribuição das emanações do tesouro nem suas ordens, de acordo com as quais eles eram distribuídos, nem contou a eles seus salvadores, de acordo com as ordens de cada um como eles são, nem contou quais são os guardiões que estão ao lado de cada [portão] do tesouro da luz, nem a região do salvador dos gêmeos, que é o filho do filho, nem as regiões dos três améns, para quais regiões eles são distribuídos, nem contou a eles em qual região estão as cinco árvores, ou os sete améns, que também são as sete vozes, qual é sua região de acordo com a maneira de sua distribuição.

Jesus também não contou de que tipo são os cinco defensores, ou em que região eles foram gerados, nem disse como a grande luz emanou, ou de qual região ela foi gerada, mas ele simplesmente falou a eles e ensinou-os que existem, sem falar de suas emanações e da ordem de suas regiões. Isso explica por que eles não sabiam que havia outras regiões dentro do mistério.

Ele também não contou aos seus discípulos: "Eu passo por essa ou essa região até entrar no mistério, ou [quando] sair", mas, ao instruí-los, disse: "Eu vim daquele mistério". E isso é porque eles pensaram, no que diz respeito àquele mistério, que era o fim dos fins, que era o chefe do Pleroma, e que era o próprio Pleroma. Pois Jesus disse aos seus discípulos: "É aquele mistério que cercava todos os pleromas de que falei, desde o dia no qual eu primeiro vos encontrei até este dia". E isso é, portanto, porque os discípulos pensavam que não havia nada dentro daquele mistério.

Aconteceu, portanto, que os discípulos estavam sentados juntos no Monte das Oliveiras, falando sobre essas coisas, regozijando-se com grande alegria, e excessivamente alegres e dizendo uns aos outros: "Benditos nós que estamos diante de todos os homens que estão na terra, pois o Salvador revelou-se para nós, e nós recebemos toda a sua completude e perfeição". E enquanto eles diziam isso uns aos outros, Jesus sentava-se um pouco isolado deles.

Aconteceu, portanto, no 15º dia do mês de Tobe, o dia da lua cheia; naquele dia, quando o sol nasceu na sua ida e depois dele veio uma grande onda de luz brilhando muito, não havia medida da luz com a qual estava cercado, pois ela veio da luz das luzes, e daquele último mistério, quer dizer, o quarto e 20º mistério, dos interiores para os exteriores nas ordens do segundo espaço do primeiro mistério. E essa onda de luz precipitou-se sobre Jesus e cercou-o completamente. Ele estava sentado longe de seus discípulos e brilhava demais, não havia medida para a luz na qual estava. Mas os discípulos não viram Jesus por causa da grande luz em que ele estava, ou que vinha dele. Eles enxergaram só a luz, soltando grandes raios de luz. E os raios de luz não eram todos iguais, mas a luz era de todos os gêneros e tipos, da menor para a maior parte, cada [raio] mais admirável que outro, em uma maneira infinita, em uma grande glória de luz imensurável, que se estendia da terra até os céus. E quando os discípulos viram a luz, ficaram com muito medo e confusos.

Aconteceu, portanto, quando essa onda de luz veio sobre Jesus, e gradualmente o cercou, que Jesus foi conduzido ou se elevou brilhando demais em uma luz imensurável. E os discípulos observaram-no, nenhum deles falava, até que ele entrou no céu. Eles permaneciam em silêncio. Essas coisas aconteceram no 15º dia da Lua, quando ela estava cheia no mês de Tobe.

Aconteceu, quando Jesus ascendeu ao céu, após a terceira hora, que todos os poderes do céu ficaram confusos, e todos eram jogados uns contra os outros, eles e todos os seus eons, todas as suas regiões, e suas ordens, e toda a terra tremia, e todos os seus habitantes. E a confusão instalou-se entre todos os homens do mundo e sobre seus discípulos, e todos pensaram que o mundo seria destruído.

[...]

Na nona hora da manhã, os céus se abriram e eles viram Jesus descendo, brilhando muito, não havia medida da luz que o cercava, pois ele brilhava mais do que quando ascendeu aos céus, de modo que é impossível descrever a luz em que ele estava. Jesus soltou raios muito brilhantes. Eles não tinham medida nem eram raios de igual luminosidade, mas eram de todas as figuras e tipos, alguns mais admiráveis que os outros de maneira infinita. E eles eram todos luz pura em toda a parte e ao mesmo tempo...

Aconteceu, quando os discípulos viram essas coisas, que eles tiveram muito medo e ficaram agitados. Mas Jesus, o compadecido e misericordioso, quando viu que seus discípulos estavam em grande confusão, falou a eles, dizendo: "Tomai coragem. Sou eu, não tenhais medo".

[...]

Então Jesus trouxe para si a glória dessa luz; feito isso, os discípulos tomaram coragem e vieram até Jesus, colocaram-se todos juntos aos seus pés e adoraram-no, regozijando-se com grande alegria. Eles disseram a ele: "Mestre, onde fostes vós? Ou para que ministério fostes? Ou para que são todas essas confusões e tremores que aconteceram?".

Então Jesus, o compadecido, disse a eles: "Regozijai-vos e ficai contentes por essa hora, pois eu fui para regiões de onde vim. Desse dia em diante, portanto, falarei convosco livremente, do início da verdade até sua completude, e falarei convosco cara a cara sem parábola. Dessa hora em diante não esconderei nada de vós sobre as coisas que pertencem às alturas e daquelas regiões da verdade, pois autoridade foi dada a mim pelo inefável e pelo primeiro mistério de todos os mistérios para falar a vós, do início ao fim, dos interiores aos exteriores e dos exteriores aos interiores. Prestai atenção, portanto, para que eu possa contar-vos essas coisas".

[...]

Aconteceu, quando Jesus terminou de falar dessas coisas aos seus discípulos, que ele novamente continuou sua conversa, e disse a eles: "Vede, eu coloquei minha veste e todo o poder foi entregue a mim pelo primeiro mistério. Só mais um momento e eu contarei a vós o mistério do Pleroma e do Pleroma do Pleroma. Não esconderei nada de vós nessa hora, mas no estado da perfeição, eu vos aperfeiçoarei em todo o Pleroma e toda perfeição, e todo mistério, pois tem coisas, na verdade, que são a perfeição de todas as perfeições, o Pleroma de todos os pleromas e a gnose de todas as gnoses, que estão na minha veste. Eu contar-vos-ei todos os mistérios do exterior para o interior dos interiores. Ouvi, contar-vos-ei todas as coisas que me aconteceram".

4.2 "A DANÇA SAGRADA DE JESUS", *THE QUEST* II, 1, (OU-TUBRO 1910), 45-67, REIMPRESSA EM *THE SACRED DANCE IN CHRISTENDOM* [A DANÇA SAGRADA NA CRISTANDADE] [*THE QUEST* REPRINT SERIES Nº II] (LON-DRES: JOHN M. WATKINS, 1926), 45-67

Mead estava obviamente intrigado para encontrar aquela velha cantiga da Cornualha baseada em uma doutrina gnóstica sobre o sofrimento de Cristo, como é encontrado nos apócrifos Atos de João, datados da metade do século II depois de Cristo. Os cinco apócrifos Atos de João, Paulo, Pedro, André e Tomé foram reunidos em um corpus *pelos maniqueanos, que os substituíram pelos Atos Canônicos.*

Nenhuma, portanto, das coisas que dirão sobre mim eu sofri; não, até aquela Paixão que mostrei a vós e ao resto na Dança, eu desejo que ela seja chamada de mistério. – *Acta Ioannis,* 101 (15)

1. Amanhã será meu dia de dança,
   Eu teria, meu verdadeiro amor, a chance
   De ver a lenda de minha peça,
       De chamar meu verdadeiro amor para dançar
   Cante, oh! Meu amor, oh! Meu amor, meu amor, meu amor,
   Isso eu fiz para meu verdadeiro amor.

---

* N. T.: Tradução livre.

2. Eu nasci de uma Virgem pura,
  Dela tirei a carnal substância,
Então estava eu unido à natureza humana,
  Para chamar meu verdadeiro amor para minha dança.
Cante, oh! Meu amor, oh! Meu amor, meu amor, meu amor,
Isso eu fiz para meu verdadeiro amor.

3. Em uma manjedoura e coberto eu estava,
  Tão pobre, essa era minha sorte,
Entre um boi e um simples asno,
  Para chamar meu verdadeiro amor para minha dança.
Cante, oh! Meu amor, oh! Meu amor, meu amor, meu amor,
Isso eu fiz para meu verdadeiro amor.

4. Então depois batizado fui,
  O Espírito Santo a mim observou,
A voz de Meu Pai ouvida de cima,
  Para chamar meu verdadeiro amor para a dança.
Cante, oh! Meu amor, oh! Meu amor, meu amor, meu amor,
Isso eu fiz para meu verdadeiro amor.

5. Para o deserto fui levado,
  Onde jejuei sem substância,
O Demônio mandou transformar em pedras meu pão,
  Para me fazer romper a dança de meu verdadeiro amor.
Cante, oh! Meu amor, oh! Meu amor, meu amor, meu amor,
Isso eu fiz para meu verdadeiro amor.

6. Os judeus contra mim fizeram um grande processo,
  E comigo travaram grande discussão,
Pois eles amavam as trevas mais que a luz,
  Para chamar meu verdadeiro amor para a dança.
Cante, oh! Meu amor, oh! Meu amor, meu amor, meu amor,
Isso eu fiz pelo meu verdadeiro amor.

7. Por trinta moedas Judas vendeu-me,
  Sua cobiça para avançar;
Observe quem eu beijo, o mesmo abraço,
  O mesmo é quem conduz a dança.
Cante, oh! Meu amor, oh! Meu amor, meu amor, meu amor,
Isso eu fiz para meu verdadeiro amor.

8. Diante de Pilatos me trouxeram,
  Quando Barrabás foi libertado;
Eles açoitaram-me e desprezaram-me,
  Julgaram-me à morte para conduzir a dança.
Cante, oh! Meu amor, oh! Meu amor, meu amor, meu amor,
Isso eu fiz para meu verdadeiro amor.

9. Depois na cruz pregado fui;
   Onde uma lança meu coração viu,
   De lá água e sangue saíram,
   Para chamar meu verdadeiro amor para a dança.
   Cante, oh! Meu amor, oh! Meu amor, meu amor, meu amor,
   Isso eu fiz para meu verdadeiro amor.

10. Então para o Inferno rumei
    Para a libertação de meu verdadeiro amor,
    E subi de novo ao terceiro dia
    Para o meu verdadeiro amor e a dança.
    Cante, oh! Meu amor, oh! Meu amor, meu amor, meu amor,
    Isso eu fiz para meu verdadeiro amor.

11. Então ao céu ascendi,
    Onde agora habito em firme substância
    À mão direita de Deus, aquele homem
    Possa vir até a geral dança.

    Cante, oh! Meu amor, oh! Meu amor, meu amor, meu amor,
    Isso eu fiz para meu verdadeiro amor.

[...] A idéia de uma dança sagrada – uma cantiga celeste ou refrão – o máximo de santidade, vem dos primeiros tempos do Cristianismo...
[...]
É muito evidente que essa cantiga não pode ser dispensada como uma criação folclórica pura e simples, ela tem todas as marcas de uma genealogia mais nobre. Não considerando a questão da origem correta, eu arriscaria a conjecturar para o primeiro estágio de sua descida à forma folclórica a intermediação de menestréis, jograis e trovadores medievais, etc.; que são considerados os inventores do nome *cantiga*, a coisa em si é mais antiga, como veremos depois. [...] O significado original de *cantiga* é dado por todas as autoridades como uma (sagrada?) dança de roda, homens e mulheres dando as mãos; sua derivação, embora sob muita disputa, é mais provável ser do grego *chorós*, seu significado nós veremos ao prosseguirmos.

[...] A Renascença trouxe de volta ao Ocidente mais do que a memória do aprendizado clássico secular, também despertou na Igreja ocidental a reminiscência de algumas coisas sagradas há muito esquecidas.

Seu último capítulo, *Dieta Salutis* (Veneza, 1518), trata "Das Alegrias do Paraíso" e descreve "a mais encantadora companhia que permanece lá, em glória celestial, na Presença Divina". Essa *amantissima societas* é caracterizada como 1) uma companhia muito ampla para numerar, 2) em um círculo sem-fim (isto é, dançando em revolução rítmica com as esferas celestes) e 3) cantando uma canção sem-fim de louvor gloriosa demais para uma comparação mortal. "Abençoada seja essa dança (*chorea*), cuja companhia é infinita, cujo círculo é a eternidade, cuja canção é felicidade."

Em primeiro lugar, nessa dança celestial devemos pensar em uma companhia, um exército infinito, por assim dizer, conhecido não por nós, mas por Deus. Pois há Jesus, o Rei, como único excelente poder supremo, e César augusto. Também há a Rainha com todas as suas donzelas, Virgem das virgens, Maria com todas as suas donzelas santas. Os Anjos também estão lá, como nobres superiores da Casa Real. Há os Patriarcas e os Profetas, colocados em ordem perto dos Anjos, e os Conselheiros do Rei, a quem, como anciãos de um gabinete não privado a Ele, Ele revela Seu ministério. Também há os Apóstolos, como os senescais do Rei, donos dos armazéns da plenitude da piedade. Os Mártires também estavam lá, como os mais ativos guerreiros do Rei. Também existem os santos Pontífices, os Confessores e os Doutores.

Em segundo lugar, nessa dança celestial devemos pensar em um círculo sem fim, pois haverá sempre entre os Abençoados uma entrada, um avanço e um retorno; uma entrada para contemplar Sua bondade, um avanço para ver as várias fases da humanidade de nosso salvador... E como em todas as outras danças há alguém que conduz toda a dança, assim faz o Cristo [nesse círculo sagrado]; é Ele quem será o condutor da dança, conduzindo a companhia mais abençoada e precedendo-a...

Em terceiro lugar, nessa dança celestial devemos pensar em uma magnífica canção sem-fim. E, portanto, observe como Cristo conduz a dança, Ele também conduz a música. E antes de tudo à sua Mãe Virginal Ele cantará, etc.

Cristo, o condutor do coro, o Décimo ou Números Perfeitos, canta para todos os nove coros, e eles cantam de volta para Ele seus cânticos de louvor em antífona. De onde veio essa tradição da mais sagrada dança de Cristo?...
[...]
Em sua carta ao bispo espanhol Ceretius, Agostinho, que incansavelmente perseguiu os priscilianistas e destruiu suas escrituras, diz que esse "hino" era muito usado por várias das escolas heréticas, além dos seguidores de Prisciliano.[...] Eu analisei com cuidado esse maravilhoso "hino" e mostrei que não é um hino, mas um antigo ritual de mistério do antigo Cristianismo, na verdade, o mais antigo ritual cristão de que temos notícia. É nada menos que a dança sagrada da *unio mystica*, em que o recém-nascido discípulo é unido ao Mestre, a arrependida e purificada natureza humana com a Divina Presença, no mistério do fazer-se-um espiritual. A narrativa introdutória no *Acta* é colocada na boca de João, que conta que Jesus reuniu um grupo de discípulos antes de rumar para Sua traição e cantou esse último hino com eles.

"Então, pedindo-nos que fizéssemos uma roda, segurando as mãos uns dos outros, com Ele no meio, Ele disse: Respondei 'Amém' para Mim. Então Ele começou a entoar um hino."

[...] Ao longo de toda a cerimônia, o *chorós* dos 12 rodou devagar na dança sagrada, desse modo rompendo o lugar sagrado, o chão santo, da desordem do mundo; dentro desse círculo místico, o santo ofício continua; a cada declaração e a cada resposta (amobeana e antífona) dos *neófitos*, ou recém-nascidos (personificando a Sofia), e o *hierofante* ou iniciador (representando o Cristo), dentro do círculo, o *chorós* dos 12 entoa a palavra sagrada "Amém".

Depois das declarações-teste preliminares, para mostrar que o candidato está corretamente preparado, e as respostas confortadoras do Salvador, o mistério passa para um estágio mais profundo e segue em um modo mais intenso, pois na rubrica nós lemos agora que "a Graça dança". "Graça", nós aprendemos da liturgia da Ogdôade – o termo técnico gnóstico para Sofia ou Sabedoria Acima, a Virgem de Luz, Natureza Pura; ela, portanto, personifica a Música das Esferas, o Um e o Sete.

Depois do que o Mestre canta: "Eu tocarei! Dançai vós todos. (Amém!). Tocarei um hino fúnebre; lamentai-vos. (Amém!) (cf. Mateus 11:17 = Lucas 7:27).

O mistério cósmico começa a inspirar os dançarinos e cantores humanos.

"A Ogdôade dedilha-nos como uma harpa. (Amém!). A Dodécada acima dança [conosco]. (Amém!) O Todo no alto está sem dança. Quem não dança, não sabe o que está sendo feito. (Amém!)"

Segue-se uma segunda série de declarações antífonas místicas da Sofia e do Cristo. Até agora o candidato ficou parado, mas agora ele é convocado a responder à dança do representativo do Mestre, o Logos, o Condutor do Coro Divino.

"Agora responde à Minha dança. Vê-te tu em Mim que fala, e dançando o que danço, mantenho silêncio sobre Meus mistérios; pois tu és a Paixão do Homem que estou prestes a sofrer."

Segue-se então a dança-mistério dessa Paixão, a encenação da Paixão mais antiga do Cristianismo. O neófito é oprimido pelo aparente horror dela, o desprezo, aparentemente, da pessoa sagrada do Homem das Dores; ele perde a coragem e é assegurado que não pode entender a verdadeira alegria disso até que seja aperfeiçoado.

"Se tu soubesses como sofrer, terias o poder de não sofrer. Contenta em sofrer e tu não terás de sofrer. Aquilo que não sabes, eu te ensinarei. Eu sou teu Deus."

Depois disso, segue a prece final do candidato: "Eu seria trazido em tempo e tom com as santas almas", e então a revelação final do mistério:

"Fui eu, a Palavra (*Logos*) que brinquei em todas [as danças], e não fui vítima de brincadeira. Tu deverias assim entender e, entendendo, dizer: Glória a Vós, Pai! (Amém!)"

Com certeza não podemos duvidar de que aqui temos um elo final com o verdadeiro protótipo de nossa cantiga... Tanto o coral entoa quanto a cantiga canta sobre o "verdadeiro amor" do coração e do sacramento da união sagrada da vida humana aperfeiçoada com a Mente Divina.

Nesse trabalho, eu limitei-me somente ao campo da tradição cristã, mas como o mistério é realmente cósmico, ele tem muitas formas e modos entre os homens, e pode ser rastreado até os ritos internos de muitas fés.

4.3 "NOTAS ESPARSAS SOBRE O CRISTO-MISTÉRIO II", *THE THEOSOPHICAL REVIEW* 43 (SETEMBRO 1908-FEVEREIRO 1909), 9-17

Neste artigo, Mead elabora vários temas-chave dentro de sua concepção de Cristianismo esotérico. O estilo de seu texto é vático, revelando uma variedade de símbolos na taça, no jardim e nas águas do rio Jordão. Maria Madalena é identificada com a Sofia, refletindo, desse modo, o papel de Helena de Tiro na enologia e teosofia de Simão Mago (vide 2.4 e 5.5). O casamento em Canaã também é interpretado em um sentido muito esotérico, envolvendo pares (sizígias) e suas resoluções em um terceiro e mais superior plano. O redirecionamento do poder masculino de uma orientação declinante para a forma e o sexo para uma orientação ascendente em um plano mais superior como um tema perene nos esoterismos ocidental e oriental. O uso da palavra "Atman" para Pai reflete o uso tradicional da Teosofia.

A Taça

Se o Graal for a Taça da Vida para os Discípulos, essa Taça não pode ser cheia com Vida antes que o Mestre tenha bebido da Taça da Morte e a esvaziado até a última gota.

E se Cristo fala palavras verdadeiras quando Ele diz: Eu sou o Caminho, e sou a Porta, eu sou o Pão – também Ele afirma: Eu sou a Taça.

A Taça que o Cristo deve beber no Jardim de Getsêmani é a Taça de Atman, a Taça do Pai; por Sua suprema renúncia, por Sua abnegação, Ele bebeu toda a amargura da Morte, bebeu até a última gota, transmutando o mal impessoal do mundo em Luz e Vida pela magia de uma natureza una com a Vontade Divina.

Essa Operação Divina deve acontecer no Jardim, pois o Jardim é o símbolo do corpo quintessencial. O super-homem deve retirar-se para essa quintessência na profundeza (Buddhi) de sua natureza substancial, se ele fosse receber a nutrição do Pai administrada pela Taça de Atman. Pois Atman é ao mesmo tempo a Taça da Vida e da Morte.

O Jardim de Getsêmani e o Jardim do Éden, o Paraíso, são os mesmos, depende em que direção a alma está olhando. Um é atrás e outro é na frente do mesmo escudo.

João Batista

Há muitos pares no Cristo-mistério, como a Taça da Vida e a Taça da Morte, o Jardim da Vida e o Jardim da Morte. Outro par interessante é

João Batista e Judas. O único poder é o meio de batizar o super-homem na grande pia ou fonte, a Taça novamente, em outro dos seus significados místicos; pois Jordão é Grande Jordão, que contém as espirituais Águas do Gênesis; e esse poder é o da iluminação profética, o poder de Elias em João, um poder do super-homem adquirido no passado. O outro é um poder ainda mais misterioso que "mergulha" com o Cristo no "prato", na Última Ceia, novamente o Mistério Átmico, e assim vai para conduzi-lo à Morte, a morte final do Eu, e o completo nascimento na Glória. Judas e João Batista são os mesmos, frente e trás de cada um; um conduz à Morte e o outro à Vida, e há a necessidade da Vida e da Morte para a realidade.

O verdadeiro estágio João Batista é quando aquele que está recém-nascido abstém-se de todas as coisas femininas por um tempo antes da principal mudança. Dessa forma, ele prepara o caminho para o Senhor, purifica os canais, centros e órgãos pelos quais a Grandeza será manifestada.

Nas lendas de Buda, o precursor ou arauto joga sua coberta (uma pele de antílope) para Cristo caminhar sobre ela – isto é, ele oferece toda a sua natureza ascética ao serviço de Cristo, sua veste é um certo veículo imediato (essencial, atômico) para Atman, na qual Cristo pode "andar".

A Unção do Corpo

Maria Madalena é outro poder, de quem "sete demônios" são paridos, de modo que ela se torna a arrependida Sofia, ou a alma purificada e voltada para a Luz. É ela quem unge o Cristo-corpo para o enterro, e o ungüento é feito de lágrimas humanas. Essas são a expressão da natureza feminina, o poder sensibilizante da Grande Mãe, que fica ao lado do super-homem no pé da Cruz quando todos os seus discípulos homens, poderes masculinos do Pai que o desampararam no Dia da Grande Angústia. Maria é um poder ascendente; os discípulos, poderes declinando para a forma. Maria de novo é a primeira a cumprimentá-Lo no sepulcro depois da ressurreição, o primeiro poder que Victor recebe quando Ele retorna para a Terra como Cristo. Ela é o primeiro véu da Centelha Divina, o primeiro indivíduo, não cósmico, véu.

[...]

Vinho

De acordo com a narrativa de abertura do Quarto Evangelho, Cristo é batizado no Jordão; "na manhã seguinte" ele converte dois pares de discípulos e no "terceiro dia" há um "casamento" em Canaã da Galiléia, em que transformou água em vinho. A Canaã física é distante 70 milhas (96,60 quilômetros) do Jordão, perto da "Quarantania", como é mencionado: "Essa é uma longa distância para um nazareno, que acabou de fazer os votos de abster-se do vinho, para sair uma noite com o objetivo de quebrar esse voto e fornecer o vinho para a festividade".[78]

---

78. A. Lillie, *Buddhism in Christendom or Jesus the Essene* (London, 1887), p. 279.

Seja como for, há poucos atualmente que não admitem que esse milagre seja considerado "típico".

Após o batismo espiritual, ou concepção, alguns dos poderes do homem, que anteriormente saíram ou rumaram para forma ou sexo, são convertidos ou virados de modo que eles ficam para cima, em vez de para baixo. O estágio-Cristo é uma virada poderosa. Depois dessa virada, no "terceiro dia", o terceiro estágio ou período, há um casamento no plano búdico, uma expressão do mistério. "Concepção" significa um estágio no qual não há forma ou molde, não tem contorno, dimensões superiores, o primeiro resultado da inspiração do Espírito ou Atman.

O milagre da transformação da água em vinho é o resultado operado no Casamento Sagrado ou "União Superior". Há a Água de cima e a Água de baixo, ambas são femininas, aquela ao lado do Pai que transcende toda a forma, e a outra do lado do Sol, o resultado ou lado formal das coisas, enquanto o Vinho é do Espírito Santo ou da Grande Mãe. O Cristo esboçou a vida feminina do Pai na parte de baixo da Mãe Santa e a vida feminina da Forma na parte de cima da Mãe Santa, eles encontraram-se lá e de três tornaram-se um, houve uma união tripla.

Na sabedoria pronunciada inconscientemente pelo desconhecido e falada até contra suas vontades, os Cristos são chamados "glutões" e "bebedores de vinho", pois na verdade eles participam e são repletos do Pai e da Mãe, eles são reais, não sombras, completude e não vazio. O pioneiro e anunciador ou profeta, o homem que prega "arrependimento", ainda não comeu desse alimento Divino, ou bebeu dessa bebida Divina, assim como se diz que João Batista não comeu e não bebeu nenhum vinho.

[...]

O Vinho é a Árvore da Vida e seu fruto é o conhecimento do bem e do mal, ou os opostos na forma. Não beber mais vinho sugere aqui a desistência da sabedoria inferior na forma e beber da sabedoria nova, que é pura, nas áreas que são *livres de todas as formas* (não "sem forma"), em que o poder não é limitado de forma alguma. "Novo" dá a idéia de fazer novo mais uma vez, restaurar, regenerar, revigorar, pois está sempre se renovando, auto-existente, autogerado.

"Aquele Dia" é o Dia da Grande Consumação, o Dia do "Ser uno Conosco". Falando no geral, esse "vinho" místico pode ser considerado como o suco feminino (substancial) do Vinho, ou Pai ou Atman, depois que ele é fermentado, que tinha a Vida Divina em si revirada e colocada contra si mesma, isso quer dizer repartida na forma, é por assim dizer um aspecto de forma inferior da Mãe Santa, a Sofia ou Sabedoria.

Assim também na famosa parábola referente ao vinho (Lucas 36-38 = Mateus 9:17 = Marcos 2:22):

> "E ele contou também uma parábola para eles... Nenhum homem coloca vinho novo em barris velhos, senão o vinho quebrará o barril e derramar-se-á, e perecerá. Por isso, vinho novo deve ser colocado em barris novos."

Ninguém que entenda,"está na gnose", colocou "vinho novo", o espírito livre da Mãe Santa ou Sabedoria, em "barris velhos", isso quer dizer formas, ou as formas que alimentam o habitual, as limitações da personalidade; de outra maneira, as formas são quebradas. As "vibrações" não estão em harmonia entre si; elas não se harmonizarão, pois uma é macroscópica e a outra, microscópica. Um novo veículo deve ser formado, uma nova pele, o órgão unido do senso búdico, ou o "sentido único" da iluminação.

4.4 "O SEGREDO DE JESUS", THE THEOSOPHICAL REVIEW 43 (SETEMBRO 1908-FEVEREIRO 1909), 323-24.

Neste artigo, Mead examina as várias opiniões gnósticas sobre Jesus, o Cristo, e o Salvador em termos de seu status *humano e divino e também de seu lugar na enologia gnóstica.*

Um Estudo sobre Gnosticismo Cristão

Aquele que depois se tornou intelectualmente o problema de todos os problemas para a teologia católica já foi encarado misticamente pelas muitas fases da gnose cristã.

Esse problema foi a charada cristológica: como e em que grau Jesus era Cristo, o Salvador, o Mestre?

Mais tarde, a Teologia, baseando-se em certas escrituras canônicas ou selecionadas como contendo os únicos relatos autênticos das ações e palavras de Jesus, esforçou-se para elaborar sua teoria de quem ele era e em que ela acreditava que ele tinha feito. Os gnósticos, por outro lado, defendiam que era necessário entender que o Cristo foi e é, antes que as ações e os ditos relatados de Jesus pudessem ser vistos e lidos à luz da compreensão espiritual.

Para os gnósticos, o Salvador era o Supremo de todos os Seres, o Deus Pessoal assim distinguido da Deidade Absoluta, que permanecia o inefável Mistério dos Mistérios. O Salvador era a figura mais grandiosa em toda a peça do mundo, tanto a visível como a invisível. A Vinda do Salvador era o Clímax do Grande Drama.

Por ser necessariamente incompleta, inacabada e imperfeita, à parte de seu cumprimento na Suprema Conclusão ou Plenitude do Salvador, eles conceberam o processo mundial como uma gradual descida à matéria, uma queda para a ignorância, um tornar-se distante de Deus. O processo do mundo, desse modo, deu nascimento ao do homem, da gênese do mundo para a do homem. Este, entretanto, a conseqüência ou resultado do processo, tornou-se por sua vez a causa de um novo processo. Depois de uma formação, houve reformação. No homem, o limite foi alcançado e veio o retorno. Nele, a geração dava lugar à regeneração. Nele, o Universo encontraria o que perdeu. As energias dispersas seriam reunidas de novo. Nele seria lavrado o Mistério do Salvador.

No processo do mundo, a Luz Primordial do Esplendor Divino foi gradualmente ofuscada – como pareceu à intuição das consciências espirituais estimuladas que os gnósticos perceberam estar agitadas –, ofuscada pela Escuridão da restrição e da ignorância. As Faíscas do Fogo Divino, os Espíritos ou Almas Espirituais dos homens, foram dessa maneira concebidas como capturadas nas correntes do corpo da Escuridão, ou matéria desconhecida, sob o domínio dos Governantes de um Destino, as restrições que são sentidas em todos os lados como um fato indubitável da existência humana.

A Liberdade desse domínio pode ser conseguida somente pela Vinda ou Chegada do Salvador. Essa Vinda foi geralmente concebida como uma descida por todo o processo do mundo, com uma ascensão paralela estágio por estágio. O Salvador é simbolizado como privando o Destino de seu poder. Diz-se que ele rouba os Poderes que determinam as restrições da matéria (ou aquilo que é externo ao homem) da Luz – o poder da consciência ou entendimento – retirados (ou engolidos) pelos Poderes na descida das Almas – isto é, à medida que elas se tornam cada vez mais envolvidas com seu ambiente.

Com Sua Vinda, as Faíscas de Luz acorrentaram o cativeiro de sua própria matéria, ou externalizaram, naturalmente se converteram e rumaram juntas para Ele; Ele torna-se para elas um Caminho de Retorno para a Altura (ou Profundeza) da Divindade.

Essa crença em um Salvador que levaria todo o processo do mundo até um fim e restauraria todas as coisas ao seu estado imaculado – mas agora na Plenitude do autoconhecimento – era pré-cristã e provavelmente de origem mago-babilônica – isto é, do Mazdaísmo misturado com elementos babilônicos.

A expectativa da verdadeira aparição desse Salvador entre os homens era muito intensa no século anterior ao Cristianismo e no primeiro século de nossa era. Muitas alegações eram feitas defendendo que ele apareceu nesse ou naquele profeta, tutor ou líder. Não só isso, mas também encontramos, entre os gnósticos cristãos, que todos proclamam a Descida do Salvador sobre Jesus, traços daqueles que defendem que alguns poucos dentre os profetas e *illuminati* receberam maior medida da Plenitude do que até o próprio Jesus.

Isso sugere que havia uma crença geral de que o Poder Salvador era esperado para revelar-se em vários homens, e não em só um. Em todo o caso, a revelação seria feita como um homem; o Salvador não apareceria como um Ser Celeste, em uma majestade celestial, mas devia ser manifestado nas ações e obras de iluminados profeta, padre ou rei.

Foi, então, nele que se mostraram sinais de que o Poder Salvador se pensava ser energizado. Essa também era a persuasão geral dos cristãos gnósticos. Mas, além disso [...] eles também defendiam a fé de que o histórico Jesus de Nazaré era a manifestação superior; que ele era, na verdade, o primeiro fruto de todo o esquema ideal de salvação do mundo.

Entretanto, eles não tentaram, como os apologistas dos cristãos gerais, apoiar essa alegação levantando quaisquer assim chamadas provas de profecia ou milagre. Eles admitiram que a alegação de que Jesus era o Salvador não podia ser demonstrada para a razão prática normal ou para o entendimento geral; eles fizeram seu apelo a um elemento mais profundo e sábio no homem – ao espírito dentro dele, à consciência espiritual ou percepção.

Eles não usaram a linguagem geral da razão, falaram a língua do espírito. A gnose não era nem história nem ciência, pois nem a história nem a ciência poderiam provar que Jesus era o Salvador. A gnose baseou-se na experiência mais profunda do espírito, a única prova que poderia mesmo convencer era o contato imediato com o Poder Salvador. Somente isso confirmaria a realidade e tornaria a natureza do Mestre compreensível.

Só o toque do Espírito poderia convencer o duvidoso da possibilidade da união do homem com o Poder Salvador. Mas, uma vez que essa convicção é atingida, por sua vez, dá vazão a muitos problemas complexos.

O homem em que a união aconteceu – não era mais homem; ele tinha as imperfeições da natureza humana?

Mais ainda, se a união foi realmente completa e Jesus era o Salvador, a Soberania completa, então a natureza humana de Jesus, depois de tal união, poderia ser só aparência?

De novo, no caso de Jesus, por quanto tempo estariam homem e Salvador, Jesus e Cristo, discípulo e Mestre, unidos? – por toda a vida ou só por um curto período?

E, na verdade, há ainda problemas de maior importância para todos os amantes da gnose viva, seja na área da tradição cristã ou em qualquer outra linha de experiência. O mistério daquele que se torna outra coisa enquanto permanece o mesmo desconcerta a razão. A mística experimentada pode sozinha compreender o significado. Para uma parte de sua natureza, é uma mudança para uma grande realidade fora da amostra anterior e aparência; para outra não há mudança, sempre foi assim.

Não é, portanto, surpreendente que as soluções favoritas do problema colocadas pela gnose cristã todas mais ou menos favoreceriam o que é chamado "docetismo", ou a teoria da aparência – a saber, que ele sofreu, mas não sofreu, que ele não sofreu, mas sofreu. Assim como está nos *Atos de João*:

> "Vós ouvistes que eu sofri, mas eu não sofri: que não sofri, mas eu sofri: que eu fui perfurado, mas eu não fui atingido: que eu fui enforcado, mas eu não fui enforcado: que sangue saiu de mim, mas eu não sangrei: em uma palavra, as coisas que eles dizem sobre Mim eu não sofri e as coisas que eles não dizem essas eu sofri."[79]

---

79. G. R. S. Mead, *The Gnostic Crucifixion [Echoes from the Gnosis,* vol. vii] (London & Benares, 1907), p. 17.

Essa teoria, que não pode ser evitada se outros estados de consciência são acreditados, muito menos quando a mistura do Divino com a consciência humana é postulada, tornou-se mais tarde uma abominação para os cristãos gerais; pois fez parecer que a histórica paixão da cruz física, na qual eles colocaram todas as esperanças, foi um detalhe insignificante – e não, como eles defendiam, a maior verdade do mundo –, a saber, aquela verdade que o Deus estava naquele momento e naquele espaço, inteiro e acabado.

O cristão geral não podia entender que é o Logos que sofre em todos os momentos em todas as almas humanas, que morre no corpo humano, que levanta em todo espírito humano. E ainda Ele não sofre nenhuma dessas coisas separadas, Ele está em uma Paixão Eterna que é Dor e Prazer perpetuamente unidos.

O gnóstico, por outro lado, não poderia acreditar que um sofrimento físico de três dias na cruz de madeira pudesse salvar o mundo. Havia milhões que sofreram isso e uma centena de torturas piores. Para o gnóstico, o drama da Paixão foi típico de mistérios espirituais profundos, a "história" foi uma "apresentação" típica – uma "demonstração" da eterna realidade da Paixão Cósmica, a Paixão do Logos, ou Homem Divino, feito carne no homem.

Dentro dos imensuráveis limites dessa idéia geral, havia toda a variedade de teorias e o restante desse trabalho pode ser utilmente dedicado à abordagem dessas variedades na exemplificação da natureza do Mistério do Mestre.

Talvez a forma mais simples de teoria seja desenterrada das indicações escassas e incertas dos Padres da Igreja sobre a tradição ceríntia, que ainda preservava não só a visão histórica simples e direta do Jesus não alterado, mas também a antiga expectativa materialista dos primeiros convertidos dentre o povo, que se juntaram em associações objetivas em antecipação ao estabelecimento do "reino" na Terra, quando o oprimido seria exaltado e haveria um tempo de fartura e festas para os pobres.

Os elementos gnósticos que sobreviveram em tais redondezas eram naturalmente muito fracos, e a teoria da soberania era, como poderíamos esperar, proporcionalmente muito simples. A idéia geral do Salvador Celeste estava ligada diretamente à pessoa de Jesus em suas simples linhagens históricas.

O Jesus histórico, segundo os ceríntios, não nasceu de uma virgem, ele era simplesmente filho de José e Maria, nascido como todos os homens, da mesma maneira que o restante da humanidade são filhos de seus pais e mães. O que distinguia Jesus preeminentemente era a perfeição de sua honradez, continência e sabedoria.[80]

---

80. *Iren.*, I, xxvi. 1.

Foi em seu batismo que o Cristo "em forma de pomba" desceu sobre ele da Soberania absoluta e transcendente que governa sobre todos os
seres e todas as coisas. Foi apenas depois desse grande momento, dessa
presença imediata, que ele começou a declarar o Pai Desconhecido que se
revelou para ele e era agora revelado por meio dele;[81] foi só então que ele
começou a fazer obras poderosas, isto é, a demonstrar os poderes Divinos,
ou sinais da Divindade. O Cristo, no entanto, deixou Jesus – a Pomba "voou
para Casa" – antes da Paixão histórica e morte; depois da partida do Cristo, milagres não foram mais realizados nem os sinais mostrados.

A tradição ceríntia, permanecendo como foi no solo do simples relato original de Jesus, tanto no nascimento como na morte, e sua "Vida de
Jesus" sendo inteiramente livre de toda mistura com aqueles elementos
místicos e simbólicos que representam uma parte importante nos posteriores documentos evangélicos, francamente negou a ressurreição física.

Em relação a Cristo, sua argumentação parece ser que, vendo o Salvador como um Ser Espiritual e também emanando de Deus, Ele era naturalmente incapaz de sofrer. Ele era o Poder Salvador, o Poder de Cima, que
desceu para superar os Poderes daquele Destino que causaram todo o sofrimento. Ele Mesmo, portanto, não poderia sofrer, pois na verdade Sua Presença causava o imediato cessar de toda dor, ele era Vida Eterna, os antípodas
da morte e mudança, Alegria Eterna que causa a fuga de toda dor.

Portanto, se há algum sofrimento na cruz – e a tradição ceríntia parece ter aceitado esse fato como histórico –, então só poderia ter acontecido
porque o Cristo Poder havia se retirado.

O corpo de Jesus não se levantou dos mortos, ele nasceu e morreu como
qualquer outro homem. Entretanto, os ceríntios confiaram na ressurreição física, aderindo à visão materialista dos quiliastos,[82] os quais acreditavam no
bom tempo de mil anos na Terra, que era para eles todos levantarem em
seus corpos físicos para o banquete do milênio, e só aí então Jesus, o grande profeta, levanta em seu corpo físico dos mortos.

Essas opiniões também eram geralmente atribuídas aos ebionitas (do
hebraico *ebionim* = pobre); mas aqui, como em outro lugar, quando nos
aproximamos mais das suas origens, encontramos todas as pistas e vestígios duplos. Há duas linhas de origem desses ebionitas, o involuntariamente
pobre e o voluntariamente pobre; o pobre de bens e entendimento e o pobre
que se fez materialmente pobre para conseguir riquezas espirituais – os
dons do Espírito. O último eram as comunidades secretas, os gnósticos
genuínos, e suas idéias eram bem diferentes das rudezas do Quiliasmo.

---

81. *Epiph.,* c. 1.
82. Essa é a visão geral; mas o criticismo posterior nega que os ceríntios fossem Quiliastos.
Vide Kunze, *De Historiæ Gnost. Fontibus Novæ Quæst. Crit.* (1894), p. 78, nº 1, e J.
Kreyenbühl, *Das Evangelium der Wahrheit* (Berlin, 1900), i. 186.

Nós felizmente possuímos três fragmentos de um dos trabalhos exegéticos do Ebionismo místico, ele lida com profecia e, ainda mais felizmente, com a natureza do Mistério da união com Cristo, ou com o homem-Deus. É aparentemente a forma mais simples de cristologia desenvolvida ao lado da tradição histórica mais antiga de Jesus como nos é legado no *The Gospel according to the Hebrews* [O Evangelho segundo os Judeus]:

i. "Jesus era um grande e especialmente escolhido profeta, por ser o mediador e legislador de uma aliança superior entre Deus e homem [mais do que a lei judaica]. Foi por sua autoconsagração (ou santificação) além de todos os outros homens que ele pareceu ter únicas vontade e obra com Deus; ansiando, como Deus anseia, que todos os homens deveriam ser salvos e vir para a gnose da verdade manifestada por intermédio dele para o mundo por meio dos trabalhos [de poder] que realizava."

ii. "Unido a Deus por sua vida íntegra e por seu terno amor pela humanidade, ele não tinha nada para separá-lo da união com Deus, porque sua vontade era una com a Vontade de Deus de fazer o bem para a salvação dos homens."

iii. "Pois, se Deus desejasse que ele fosse crucificado e ele aceitou dizendo: 'Não a minha vontade, mas a Vossa seja feita' –, é manifesto que ele tinha únicos e mesmos trabalho e vontade que Deus, ansiando e trabalhando aquilo que parecia bom a Deus."[83]

Isso coloca o problema no âmbito da verdadeira psicologia espiritual e da moralidade prática na qual o ideal alcança sua perfeita expressão na realidade. Esse mistério moral da união da vontade humana com a Sanção Divina era aceito por todas as escolas da gnose como subjazendo o mistério da identificação de Cristo com Jesus.

Mas o problema não poderia ser colocado de uma forma tão simples, as outras indagações sobre a natureza dos mistérios da psicologia espiritual poderiam fascinar aqueles que também eram participantes da gnose, cada um de acordo com suas várias capacidades e quem era depois treinado no ensino das tradições iniciatórias que passou adiante a estimada experiência dos muitos predecessores.

Sobre uma coisa, porém, eles estavam certos, a saber: o que constituía Jesus Salvador, Cristo ou Mestre era o fato de que o Grande Mistério, segredo supremo de toda a gnose, foi consumado nele.

---

83. Citado do texto ebionita pelo presbítero Anastasius (século VII), em seu *Antiquorum Patrum Doctrina de Verbi Incarnatione*. A. Mai, *Scriptorum Veterum Nov. Coll.* (Rome, 1833), pp. 68f. Para outras leituras, *vide* D. A. Hilgenfeld, *Ketzergeschichte* (Leipzig, 1884), pp. 437f.

A tradição secreta que sustenta as noções rudes passadas adiante para nós pelos Padres da Igreja como o ensinamento de Cerinto é mais aparente do que as que Ireneu nos conta sobre as doutrinas daqueles chamados de ofitas (= Adoradores da Serpente – isto é, como eles mesmos declaravam, da Serpente da Sabedoria, o Logos),[84] mas que eles mesmos se denominavam simplesmente gnósticos, e quem Theodoret chamava de setianos.[85]

A descida de Cristo sobre Jesus é colocada como o ato final de um mistério secreto. Antes da Descida houve a união de uma Grande Mente com uma Grande Alma que, desse modo unidas em uma Única Presença, envolveram Jesus como Seu Filho escolhido. Esse era o aperfeiçoamento de um mistério cósmico anterior à sua consumação na pessoa de um ser humano aperfeiçoado. O relato na versão latina antiga da versão em grego perdida de Ireneu diz o seguinte (I.xxx.12):

> "E desde que ela [a Sabedoria Abaixo ou na manifestação] não tinha descanso no céu ou na terra, em sua angústia ela invocou a Mãe [Sabedoria Acima, a Sabedoria Escondida] para vir em seu auxílio.
>
> Conseqüentemente sua Mãe, a Primeira Mulher [Sabedoria Acima], apiedou-se do arrependimento [ou conversão] de sua Filha, e pediu ao Primeiro Homem [o Pai] que Cristo [seu Filho, Homem Filho do Homem] fosse enviado para ajudá-la [a Sabedoria, a Filha].
>
> Então Ele [o Cristo] emanou e desceu para Sua Irmã [e Noiva] o Umedecimento da Luz [isto é, Luz nas áreas do Oceano da Gênese].
>
> E ela, a Sofia Abaixo [isto é, a Sabedoria tendendo para baixo para a gênese, ou manifestação, ou matéria], tornando-se consciente de que seu Irmão estava descendo para ela, ambos proclamaram Sua Vinda por meio de João e logo fizeram o Batismo do Arrependimento, e adotaram Jesus com antecedência [isto é, escolheram-no como filho]; de modo que o Cristo, ao descer, encontrasse um recipiente puro [nascido da Virgem ou Arrependida Sofia]...
>
> Ele desceu através dos Sete Céus fazendo-Se parecido com Seus Filhos [isto é, pegando para Ele a forma dos Governantes] e estágio por estágio esvaziava-os de seu Poder [isto é, as Faíscas de Luz, as Almas Espirituais que eles engoliram ou aprisionaram]; pois todo o Umedecimento da Luz correu para ele.
>
> E o Cristo desceu neste mundo coberto primeiro com Sua Irmã Sofia, e ambos estavam em êxtase e repouso, um com o outro. Esses são o Noivo e a Noiva.

---

84. Cf. Matthew x. 16: "Sede vós, portanto, sábios como serpentes".
85. Seth, nessa conexão, era o equivalente judeu para o Zoroaster, segundo a mais recente pesquisa; e, portanto, conota a judaização e posterior cristianização da gnose caldeana, misturada com outros elementos arcaicos.

Agora Jesus sendo [re]generado da Virgem [Sofia Arrependida] pela energização de Deus [o mistério do novo nascimento, ou dar à luz o corpo perfeito da pureza] era mais sábio e puro e mais honrado que todos os homens; [então] o Cristo-mesclado-com-a-Sofia [a Presença dois em um, masculino-feminina] desceu sobre ele e ele tornou-se Jesus Cristo."

Esse era o ensinamento secreto, mas até muitos daqueles que viram Jesus fisicamente e eram seguidores de seu ensinamento não tinham nenhum *insight* místico. Desse modo, no parágrafo seguinte Ireneu contanos que a alegação geral dos seguidores da gnose, estabelecida contra os cristãos gerais, era a seguinte:

"Eles dizem que muitos de seus [Jesus] discípulos não estavam conscientes da Descida de Cristo sobre ele. Foi só quando Cristo desceu sobre Jesus que ele começou a demonstrar poderes, curar, anunciar o até agora desconhecido Pai e confessou abertamente que ele era o Filho do Primeiro Homem.

Com essas coisas, os Governantes e o Pai [não o Pai do Cristo, mas o Pai do Adão inferior, o Deus da Lei Cármica em oposição ao Deus Bom do Amor Salvador] ficaram com raiva e planejaram matá-lo.

Quando isso estava prestes a acontecer, o Cristo-com-a-Sabedoria partiu do Eon Incorruptível, enquanto era Jesus quem sofria a morte da crucificação.

Mas o Cristo não esqueceu Seu [Amado], mas mandou de Cima um certo Poder para ele, que o levantou em corpo – [não no corpo físico mas] naquele corpo que eles chamam de vital e espiritual; pois mandou os elementos mundanos [de seu corpo físico] de volta para o mundo.

Os discípulos, no entanto, embora tendo-o visto levantar, não o conheceram; eles nem sabiam que era Jesus [que continuou a ensinar depois de sua morte], pois era sua Graça [isto é, o "certo Poder"] que levantou dos mortos [e não seu corpo físico].

Eles dizem que esse erro prevaleceu entre os discípulos [gerais], que acreditaram que ele levantou em um corpo mundano".

Aqueles que Ireneu chama de ofitas, Hipólito denomina de naassenos (*nahash* = serpente em hebraico).[86] Hipólito diz que esse era seu nome original e que só depois eles foram chamados gnósticos, porque alegavam "conhecer" as "profundezas" – isto é, o significado secreto do Mistério de

---

86. Para a análise do famoso documento naasseno que H. cita, *vide* meu *Thrice-Greatest Hermes*, i. 146ff.

Cristo; a Gnose a que aspiravam era o Conhecimento Profundo, não a ciência das aparências.

Seu nome original era, portanto, mais provavelmente só "As Serpentes"[87] como o *logos* preservado pelo primeiro evangelista citado anteriormente simplesmente sugere. Hipólito diz que havia muitas escolas brotando dessa raiz – que era dessa forma claramente pré-cristã.

Em relação às doutrinas desses naassenos antigos, eles adoravam o Homem Sublime como o Logos, ou Governante Supremo dos princípios universais – isto é, dos "todos" ou eons, de todos os seres aperfeiçoados ou completos.

Esse Homem Sublime era necessariamente para eles a consumação ou aperfeiçoamento ou completude, e como tal precisava ser masculino-feminino em um – isto é, deveria conter não só os dois grandes princípios da geração, mas também o único princípio da regeneração. Ele era criativo e autocriativo.

Ele é o Homem dos Nomes Poderosos, o Homem-Mulher, Pai-Mãe, que só pode ser nomeado por palavras de poder. Ele é que sempre dá à luz as Perfeições como Pai, ou Pai-Mãe, dos Eons – o Logos Supremo, por que todos os seres e todas as coisas foram feitos; cujo "De Vós" é o Pai e o "Através de Vós", a Mãe.

Sua energização ou atividade é manifestada em um triplo aspecto (masculino) ou modo triplo (feminino): mental cósmico, psíquico cósmico, material cósmico ou substancial; isso é a Grande[88] Mente, Grande Alma e Grande Corpo.

A gnose desse Homem Sublime (Grande Mente e Grande Alma em um – o Cristo) é o "início da Perfeição", levando para o ainda mais escondido, o mistério inefável, o segredo final, a gnose de Deus, que é a "Perfeição aperfeiçoada".

Todas as três hipostases – mental, psíquica e material – "descenderam juntas em um homem – Jesus nascido de Maria", isto é, nascido da Virgem, ou depois de sua regeneração, quando ele se tornou "com purezas puras agora purificado", como está no ritual mitraico.

"Todos esses três homens", esses gnósticos alegavam, "falavam cada um de sua essência especial para seu povo especial."

Isto é, a Luz Pura estava refletida como por um prisma – um Homem em três aspectos ou três modos.

Com certeza, temos aqui o mesmo mistério como está escondido no Tri-kya ou "Tripla Atividade" do Buda? Em termos budistas, o Mestre ensinou uma mesma Verdade, mas parecia diferente de acordo com as ca-

---

87. Um nome comum para o iniciado tanto na tradição brahmânica como na budista.
88. Em que, porém, "Grande" não tem referência a tamanho, mas é, em vez disso, "mágico", isto é, algo eterno, imediato e não espalhado no tempo e no espaço.

pacidades dos ouvintes – como eles poderiam perceber só a energia do Nirmna-kya ou a Atividade da Transformação, dando origem ao ensinamento formal, ou aspecto terreno, ou modo sensível; ou como sentiriam o amor universal (amor por todas as vidas e sopros) do Sambhoga-kya, ou a Atividade da Felicidade; ou como perceberiam a suprema verdade da identificação imediata com o Dharma-kya – o Buda em Verdade absoluta.

O Homem Triplo Naasseno é precisamente o mesmo mistério visto por outro ponto de vista.

Dos princípios cósmicos, então, esses gnósticos argumentavam, havia três categorias – angélica, psíquica e material; e portanto deveria haver na terra três Igrejas – Angélica (ou Espiritual), Psíquica e Terrena, às quais eles se referiam como Eleita, Nomeada e Limite.

Esses termos, claro, eram definidos diferentemente de acordo com padrões diversos; mas, em verdade, a divisão permanece verdadeira até os dias de hoje. Há aqueles que são materialistas na Fé, que são limitados pelas convenções e formulários da Igreja; então aqueles que sentiam o Poder e o Amor e a Sabedoria do Mestre, que acreditavam piamente, mas não têm conhecimento imediato, e finalmente aqueles que sabem como eles são conhecidos, em uma gnose viva, que se percebe como Estando na Verdade.

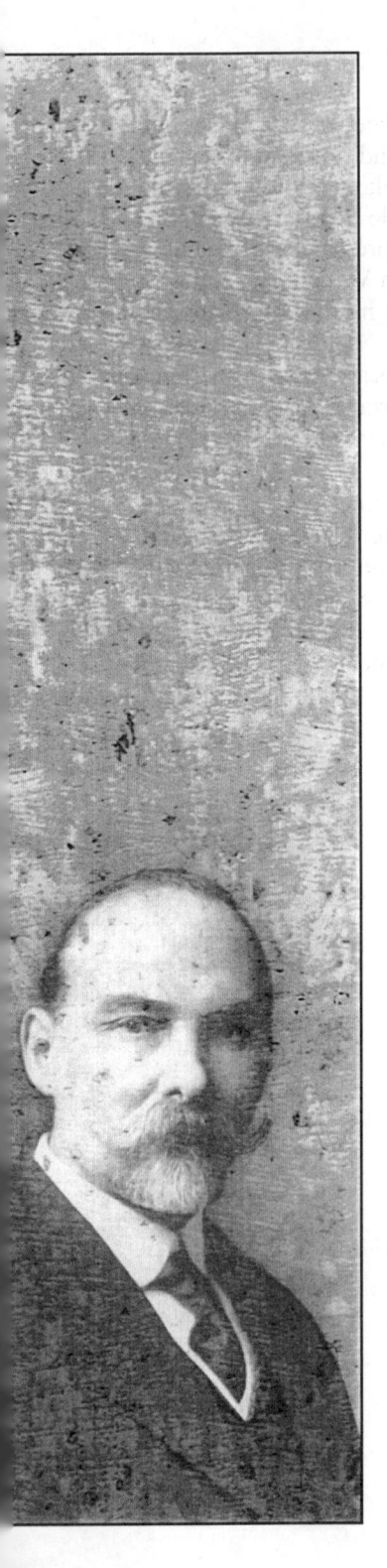

V

INICIAÇÃO

A Seção Esotérica da Sociedade Teosófica e o Grupo Secreto de Blavatsky ofereciam aos membros um programa progressivo ou em etapas de iniciação nas complexidades avançadas da doutrina teosófica. Mead participou de todas, menos uma, as 20 reuniões do Grupo Secreto realizadas entre agosto de 1890 e abril de 1891. Depois da morte de Blavatsky, em maio, as reuniões do Grupo Secreto pararam e Annie Besant assumiu a chefia da Seção Esotérica. Durante a década de 1890, Mead embarcou em sua maior exploração e exposição da Teosofia comparada com referência especial ao Neoplatonismo, Gnosticismo e Hermetismo. Imerso no conhecimento das fontes esotéricas ocidentais, Mead tornou-se desencantado com o sigilo e o sectarismo da Seção Esotérica sob a liderança de Besant.

No início dos anos de 1900, Mead identificou-se firmemente com um entendimento erudito da gnose, como ele encontrou na literatura antiga. Tendo absorvido completamente essa literatura, Mead começa a falar com muito mais autoridade em sua própria voz na The *Theosophical Review,* na segunda metade da primeira década do século. Nessas leituras quase confessionais, Mead resume seu senso de iniciação nos mistérios da gnose e também faz um generoso tributo à Teosofia por ter colocado seus pés nesse caminho.

Tendo alcançado esse ponto na aventura mística, Mead sentiu-se suficientemente equipado para romper com a Sociedade Teosófica em

1909, assumir o manto da liderança e fundar sua própria Sociedade da Busca. Com esses dois objetos de estudo da religião comparada, filosofia e ciência com base na experiência e expressão artística, teve sucesso em atrair para a Sociedade um círculo maior de artistas, escritores, poetas e eruditos, muitos dos quais ele publicou na *The Quest*, sua revista trimestral. A leitura final dessa seção é do primeiro número e lança um manifesto da posição sintetizante de Mead e sua ênfase na imaginação criativa como um instrumento da alma.

5.1 "INICIAÇÃO", *THE THEOSOPHICAL REVIEW* 39 (SETEMBRO 1906-FEVEREIRO 1907), 421-29

O relato de Mead contém algumas passagens notáveis sobre a energização da natureza espiritual. Em um ponto, ele a descreve como cenas de ritos iniciatórios passados, recuperados pela memória consciente. Supõe-se que esses ritos inciatórios ocorreram em reencarnações passadas ou "excarnam na vida da alma". Escrito em 1907, sua idéia esotérica, expressa em termos da Teosofia, antecipa em vários anos a noção de Carl Gustav Jung sobre a filogenia da alma. Jung especulava que pacientes como o "Homem do Falo Solar" poderiam lembrar os símbolos e imagens das antigas religiões e mitologias ao acessar o inconsciente coletivo, que tinha algum status biológico hereditário no desenvolvimento da alma humana. Porém, enquanto Mead concebe essa "iniciação" em realidade transcendente, Jung via essas memórias como uma incursão das camadas inconscientes da mente. Não obstante, a idéia de Jung da assimilação da insconsciência na consciência representou para ele um processo de iniciação e renascimento por meio do contato com um estado transcendente. Suas lutas e visões no período de 1913-16 produziram um relato intenso de sua autodeificação como o deus, Aion [vide Richard Noll, The Jung Cult: Origins of a Charismatic Movement [O Culto de Jung: Origens de um Movimento Carismático] (Princeton, New Jersey: Princeton University Press, 1994), pp. 209-15, 219].

Iniciação! Quantos pensamentos e sentimentos diversos surgem por essa palavra de muitos significados! Poucos termos de significação mais profunda ocorrem na nossa literatura, poucas palavras de sentido mais prolífico são pronunciadas em nossas assembléias. E mesmo assim, quando somos perguntados o que queremos dizer precisamente com esse enunciado, quão difícil é responder com alguma precisão. A palavra é usada em tantos sentidos que parece quase impossível descobrir seu significado original, e com isso o início de um correto entendimento do conceito existente que sensibiliza o âmago da questão. É, portanto, com muita hesitação que arrisco uma sugestão em tão grandioso tema, com muitas desculpas àqueles meus leitores que poderiam ser mais bem informados se, talvez, eu falasse inadvertidamente algo indigno de suas coisas santas, e ainda com uma clara certeza de que os deuses gostam quando cogitamos o que há além de nós e sorriem quando tentamos descobrir seus segredos.

Historicamente, a idéia da iniciação está sempre ligada à instituição de ritos secretos, realizados isoladamente (*segregado*), na *adyta* ou nos santuários dos templos, ou em algum lugar longe dos olhos dos não iniciados, que estavam fora do templo (*profani*). Esses ritos secretos eram conhecidos como mistérios, cerimônias sagradas e atos nos quais os iniciados deveriam se manter em silêncio, sob pena de morte. [...]

Filologicamente, o termo "iniciação" deriva do latim *initiatio*, uma participação nos ritos religiosos secretos. Em sua significação original, porém, *initiatio* é referido como a simples idéia de "entrando em" ou "entrada em" (*initium, ineo*), portanto "início". Como o termo veio a carregar seu posterior significado técnico preciso nós não sabemos, a não ser que conotasse a "entrada nas" únicas coisas em que realmente valia a pena entrar, até mesmo os latinos tiveram de preparar uma conexão. Desse modo, Cícero (*Leg.*, II. xiv. 36) escreve: "Nada é melhor do que esses mistérios pelos quais nos tornamos refinados e acalmados de uma vida rude e selvagem para um amor a nossos companheiros (*humanitatem*), e pelos quais somos ensinados a *initia*, como são chamados, isto é, os princípios verdadeiros (*principia = initia,* fundações ou inícios) da vida".

Nós devemos, portanto, supor que, para ouvidos latinos e entre aqueles que acreditavam no valor moral superior dos mistérios, o significado transmitido era de que um homem entrou na ordem dos humanistas, iniciou a verdadeira filantropia. O padre latino Tertuliano usa *initiare* como um sinônimo de "batizar" (*Monog.,* viii).

[...]

Agora os ritos religiosos estão em ritos gerais por meio dos quais o homem entra em contato com poderes que não os dele, com os invisíveis; essa tem sido sempre a persuasão geral da humanidade. Mas iniciação não tem somente a ver com ritos religiosos no geral, que são realizados publicamente para todos verem, mas com ritos secretos reservados a só aqueles que foram preparados. Para a iniciação significar qualquer coisa, deve ser sempre ligada à idéia de segredo. Desse modo, temos o *rahasya* ou "secreto" das escolas Aupanishad, e a *disciplina secreti* da tradição mística cristã.

[...] A trágica História da humanidade, porém, está repleta de registros de ritos secretos de infâmia inimaginável e não há nenhum período da História em que o mal não coexista com o bem. Na verdade, é algo corajoso dizer que a grande paixão da humanidade é de tal modo condicionada que ação e reação são iguais e opostas, de modo que nós notamos que, na História, uma época de grande iluminação espiritual vem acompanhada de práticas detestáveis, os antípodas dos impulsos superiores.

[...] O que nós teosofistas queremos dizer atualmente por iniciação?

Agora é muito evidente que nós que acreditamos na irmandade do homem podemos procurar a iniciação só naqueles mistérios que podem nos aperfeiçoar na humanidade ou verdadeira filantropia, como diz Cícero. Não importa a quais tentações de adquirir conhecimento pelo conhecimento podemos resistir, devemos sempre recusar a entrada em tais círculos se eles não forem fundados no propósito do puro pensamento e na boa ação; em resumo, se eles não forem eticamente sãos.

Mas eu creio que muitos de nós irão além disso e investigarão mais profundamente a questão, pois já somos afortunados o suficiente por termos acessíveis os tesouros dos muitos teosofistas do passado, isto é, dos ensinamentos secretos das grandes religiões mundiais que foram entregues pela Providência de Deus para a educação espiritual da humanidade.

A iniciação, dessa forma, começa a ter para nós uma significância muito profunda. Nós já aprendemos, ou poderíamos ter aprendido se nos preocupássemos um pouco com a questão, qual é a natureza da Teosofia e quais são as marcas limítrofes do Caminho que nos conduz da ignorância para a gnose, do homem para o Divino.

Nós já aprendemos o que era defendido pelos maiores benfeitores da humanidade serem os meios de autopurificação ao nos prepararmos para o rito santo por meio do qual seremos recebidos na ordem da verdadeira humanidade.

Nós já aprendemos, se tivemos ouvidos atentos, que os ritos de mistério da instituição humana são no máximo sombras de coisas maiores e que um homem pode não ser iniciado em tais ritos e ainda assim ter passado para coisas superiores verdadeiras.

E por que muitos de nós são persuadidos assim? Porque nós somos muito confiantes de que a verdadeira iniciação é um processo *natural*. Nenhum homem pode dá-lo ou retê-lo. É o cumprimento de uma aliança que o homem tem com seu Deus e ninguém pode dizer sim ou não, a não ser o próprio Deus.

É verdade que há muitos ritos que instruem sobre a natureza desse mistério e que são designados a apressar nossa intuição da natureza da consumação, por meio da qual estaremos unidos com nosso Eu superior e, assim, alcançar a verdadeira humanidade; mas esses ritos não podem nos aperfeiçoar sozinhos. Eles conseguem, se forem realizados por hierofantes preparados e instruídos... atrair-nos para o véu da santidade das santidades, mas esse véu deve nos erguer e só então a voz do Amado nos chama de dentro.

Há ainda, eu creio, os mais santos ritos realizados na Terra pelos verdadeiros conhecedores dos mistérios reais, quer dizer, por aqueles que se ativeram ao grau da humanidade espiritual, e talvez graus ainda mais superiores, e que têm autoridade em coisas santas conferida pela Natureza e pelo Senhor da Natureza. Mas até esses ritos, eu acredito com prazer, são auxiliares, eles são a coperação litúrgica real dos Servidores do Senhor, mas não a produção, ou nascimento, da *Sanção* (*Fiat*) ou verdadeira *Efficacia*.

Na verdade, diz-se que quem foi preparado e purificado, ou melhor, que *se fez pronto* e libertou-se da "ilusão do mundo", despindo-se de opinião, não é feito gnóstico aqui na Terra por aqueles em corpo; mas, desprendido das algemas da carne, ele passa para outros ritos íntimos de maior eficácia, em que o mistério é consumado na paz da harmonia perfeita, no meio da incansável liturgia dos elementos mais puros da Natureza e com a sábia cooperação das conhecedoras inteligências da Mente, a Grande Iniciadora.

Entretanto, vendo que essa iniciação, a verdadeira consciência começando do novo nascimento, é algo *natural*, nós dificilmente acreditamos que ela é *dependente* de qualquer rito terreno. Quando o discípulo está pronto, diz-se, o Mestre está pronto – na verdade, ele sempre esteve lá, embora não fosse reconhecido pelo discípulo, e quando o candidato é devidamente preparado pela autopurificação e a disciplina do autoconhecimento, o Iniciador está lá – na verdade, sempre esteve lá preparando a natureza receptiva para a implantação da semente espiritual da potência gnóstica.

Mas alguns dirão: isso é tudo muito vago e nós ouvimos antes, não há nenhum segredo sobre isso. A Iniciação deve ser uma coisa definida, dada em termos claros, que podem ser distintamente expressos, se fosse permitido falar desses assuntos.

No entanto, deve ser lembrado que aqui não estamos falando dos 1.001 ritos iniciatórios formais que em maior ou menor medida simbolizam o fato *natural* que constitui o novo nascimento espiritual consciente. Nós estamos nos esforçando para avaliar em alguma pequena medida o *secretum secretorum*, o "segredo" dos "ritos secretos", o mistério espiritual que nenhuma cerimônia terrena ou psíquica pode *revelar*. Estas *mascaram* o mistério, é o próprio homem que deve levantar o véu, pois o mistério é aquele da auto-revelação e esta é operada pela atividade da energia natural de sua Divindade inata.

Essa energização de sua natureza espiritual pode manifestar-se para a sua consciência "vigilante" ou "onírica" em múltiplos modos, todo homem observou do ponto de vista da progressão no tempo e no espaço, todo homem considerava como uma "procissão de Destino" que gira nos círculos da sempre formação e da reformação, pois as eras das muitas vidas de existência separada do homem verdadeiro estão presumivelmente no depósito de sua maior memória, cena por cena, dos ritos iniciatórios pelos quais passou, seja encarnado em alguma vida terrena ou excarnado na vida como alma. No momento de sua grande conversão, que é o início da conversa consciente com seu Eu superior, essas cenas podem, é permitido acreditar, reviver uma vida de novo significado e as coisas que previamente eram da natureza das sombras e demonstrações, tantalizações e insuficiências, mais ainda, freqüentemente levaram à corrupção e depravação, tornam-se inteligíveis à luz do novo amanhecer da inteligência purificada.

Mas a memória dessas experiências auxiliares, o ato de trazê-las à consciência física, não é de modo algum invariável – como ouvi dizer e parece ser mais natural concluir. Por outro lado, o reavistar dessas e de cenas similares pode ser a sorte dos muitos que ainda estão fora do mistério e não deve de modo algum ser considerada como prova de conhecimento espiritual, pois a lembrança das cenas pela consciência física depende somente da suscetibilidade psíquica, que não tem nada a ver com o desenvolvimento da natureza moral.

Pode-se acreditar no fato de a iniciação espiritual ser condicionada pela habilidade de entender, interpretar e avaliar tais fenômenos subjetivos e acontecimentos. O verdadeiro iniciado é aquele que permanece na luz do conhecimento e que, portanto, entende. Essa ou aquela cena, esse ou aquele acontecimento não é de nenhuma importância para ele, não importa se esse ou aquele aspecto dele veio ou vem dessa ou daquela experiência, se outras procissões moveram-se ou movem-se por meio de outros aspectos; o que é de momento é o significado e a intuição do significado é o único conhecimento que leva à sabedoria.

Sendo assim, a reminiscência de certas cenas selecionadas da experiência passada ou presente não é uma questão de momento; vendo que a memória restaurada por essa iniciação espiritual é de entendimento, entendimento na atual consciência – não importa em qual direção essa consciência se volta. É a habilidade de apreciar o verdadeiro valor da ação, dos acontecimentos; é a correta leitura da "história" e o uso correto da "lógica".

Há, sem dúvida, todos os tipos do que pode ser chamado de iniciações menores em conhecimentos de infinita variedade de estados psíquicos, assim como há iniciações em toda variedade de conhecimento físico, e talvez não poucos dos meus leitores possam pensar que tais conhecimentos valem a pena esforçar-se para adquiri-los. Eu, porém, sempre me mantive na esperança de que há um Caminho mais imediato para a verdadeira gnose, e é para trilhar esse Caminho para alcançar e atravessar o Portão da Gnose, e desse modo tornar-se aquele Portão para os outros, uma real Bâb, que eu acredito que o homem deveria ousar consagrar sua Vontade real e dar todo o seu Ser.

Isso não significa dizer que nós deveríamos ter uma opinião desfavorável das ciências, dos conhecimentos e das artes formais, mas é difícil evitar a convicção de que, se temos intenção, essas poderiam ser adquiridas por meios temporais por todos que se ateriam à sabedoria, então o processo não teria fim e a esperança de consumação seria sempre adiada. Eu, portanto, acreditaria que está sempre aberto a todos os homens um Caminho imediato entre eles e seu Deus, e é só a respeito de quão distante qualquer conhecimento pode ser levado para iluminar esse Caminho que se pode em qualquer sentido verdadeiro ser chamado iniciatório.

Nós poderíamos adicionar ciência à ciência, conhecimento ao conhecimento, mas nenhum processo de adição de ciências ou conhecimentos pode ser igual à sabedoria; e o entendimento e a gnose sobre ôs quais estive falando são da natureza da sabedoria. A sabedoria é eterna e imediata, não é lógica, não é histórica ou evolutiva, ela não interpreta um plano com outro plano, ela se reconhece em todas as coisas. E é esse *contato consciente* com essa Sabedoria, creio eu, que constitui a *entrada* na Vida, ou a primeira grande Iniciação natural.

Isso não significa dizer que a consciência desse contato seja contínua. O contato permanece, pois é a transformação constante da natureza mais profunda no homem, mas a retenção de tais consciências transcendentes nas naturezas impermanentes da mistura ainda está além do poder da criança recém-nascida. Esse poder tem de se desenvolver gradualmente e o "crescimento no espírito" ou o desenvolvimento do poder para reter o "sopro santo" ou consciência átmica na Terra marca os estágios da perfeição por meio da qual o Homem-criança cresce até a estatura do Homem Celeste.

[...]

Para mim, a Iniciação, em seu significado teosófico, denota uma realidade transcendente, deve ser a necessária e inevitável consumação dos meus presentes estudos e lutas. Não há maior satisfação que eu imagine, pois deve em sua natureza transcender tudo o que possa imaginar, desejar e aspirar, senão não seria consumação ou realização. Deve ser o fim natural da vida na ignorância e o igualmente natural início da vida na gnose. Sua natureza deve ser imediata e não mediata. Não pode simplesmente ser um progresso para outros planos, mas uma realização unitária do significado da ação em todos os planos.

O que for menos que isso, eu acreditaria que pertence a alguma *forma de iniciação* que ainda encobre a realidade da coisa real e não da Iniciação; essas máscaras são sem dúvida freqüentemente lindas e revelam infinitamente mais do que quaisquer conjecturas podem esperar alcançar, mas elas não podem realmente satisfazer. E eu acredito que a verdadeira Iniciação é a satisfação.

5.2 "RUMANDO PARA O CAMINHO", *THE THEOSOPHICAL REVIEW* 42 (MARÇO-AGOSTO 1908), 65-72

A trágica história da alma do homem nos é contada em muitas alegorias e mitos. E assim é como eles nos contam desse ponto de vista aparentemente trágico.

Completamente absorta na perseguição do prazer, inteiramente esquecida de sua origem celeste, a alma descuidada mergulha cada vez mais profundamente nas delícias do sentido. Enfeitiçada pelos engodos dos objetos de desejo exteriores, insaciável, apodera-se deles sofregamente e come e bebe, e bebe e come, de novo e de novo. E então os dias da vida e da morte passam e repassam, confusamente e não lembrados, na presença da abundância não diminuta de um banquete sempre em expansão. Bêbada e saciada, ela dorme e acorda novamente para outro dia de embriaguez e saciedade. Ela é a meretriz e a pródiga, que não pensa no amanhã e apressa-se a esquecer o ontem.

Mas a sabedoria profunda assegura-nos que deve haver outro lado da aparência e podemos acreditar que, embora pareça abandonar-se, ela não é realmente abandonada, embora para toda a aparência se humilhe, ela não é humilhada na estima e no amor de seu senhor. O mistério do amor divino que satisfaz todas as coisas e completa as imperfeições persuade-nos de que é pelo amor de sua esposa divina e completa que ela deixa sua casa, em absoluto auto-abandono, para desafiar a longa paixão do esquecimento, que no fim ele pode por meio dela viver tanto na terra como no céu e ela, por meio dele, possa conhecer aqui como é conhecida lá.

Quem poderá dizer qual desses amantes eternos é o mais nobre: ela que em seu grande amor escolhe não saber, que pode ser conhecida e por fim dar à luz o autoconhecimento na paixão e na angústia ou ele que ama com tamanho completo abandono do Eu que pode desistir de tudo, até do mais querido objeto de seu desejo e finalmente se render inteiramente a ela, de modo que possa viver por meio dela?

Todas as histórias, como devem ser, fariam parecer que há duas almas no homem, separadas, mas sempre procurando uma pela outra. Essa é a maneira de olhar o mistério – o modo natural da aparência, quando alguém olha pelos olhos de uma ou outra para o outro. Essa maneira é para ser ignorada, pois determina todo modo da disciplina preliminar. Mas há outra maneira, quando alguém olha pelos olhos de ambos, e se vê no êxtase do auto-reconhecimento. Vamos primeiro olhar pelos olhos de alguém na alma do tempo e do espaço.

Na alma que vai ao exterior, a alma volta-se para o espaço, em algum momento, determinada por uma escolha que não pode saber em tempo, lá surge um novo desejo que não o amor por seus objetos de desejo, ela anseia voltar, sente falta do lar. Essa "nostalgia", como é chamada no mito de Odisseu, é a primeira condição para buscar um modo para o Caminho. Conduzida por essa saudade na alma, como naturalmente avançou, ela sente que esse avanço não é mais desejável e pretende retornar para o lar. Como deixou o lar prosseguindo para fora, então deve buscar o lar voltando-se para dentro.

Quase não precisa ser dito que a maioria dos guias que professam conduzir a alma ao lar insiste que o caminho de retorno está dentro. Eles contam para quem busca: Deus deve ser buscado dentro do coração, o Reino dos Céus está em ti. A única maneira de ser encontrado está na conversão de toda a Natureza. As coisas com as quais estamos acostumados devem ser abandonadas e toda energia precisa voltar para apressar-se para dentro. As aproximações a essa maneira são rastreadas nas inúmeras disciplinas e exercícios, de tal modo que a maioria dos que buscam tem total segurança de que encontraram o único caminho e que seus pés estão rumando para o Caminho.

Mas, se a alma for insaciável na saída, também é em sua volta; os inúmeros objetos de desejo que perseguiu, em sua saída, em pouco tempo são repostos por igualmente inúmeros objetos de desejo em sua volta. Ela repõe o que chama de grosseiro pelo que parece ser sutil; sua direção é outra, seu modo ainda é o mesmo, ela ainda persegue outras coisas que não ela mesma.

Feliz a alma que se torna consciente disso; que, por uma mais poderosa mudança do que aquela conversão de fora para dentro, opera a transmutação de modo da superfície para a profundeza. Ele, que começa a ficar consciente na profundeza de seu ser, sabe que o Caminho não está espalhado, seja no espaço exterior ou no interior, em ambos está na superfície da profundeza eterna sobre a qual ele está consciente, pois o interior da aparência é igual em aparência como do exterior.

Agora começam a brilhar nas profundidades misteriosas de sua plenitude as primeiras estrelas de seus novos céus e terra; algumas idéias vivas, ou instintos espirituais, fés, convicções da natureza da gnose espiritual.

Ele sabe pela luz de uma intuição auto-reveladora que é tudo um único Mistério olhando para dentro e para fora simultaneamente; e que esse olhar cria a aparência da saída e volta, enquanto na realidade o Mistério não sai nem retorna, mas permanece continuamente.

Ele sabe que é um único e mesmo Mistério que declara, seja olhando para fora ou para dentro: Eu sou o Caminho. Eu sou o Caminho, de Mim para mim e de novo de mim para Mim. E, para esse Mistério, nem o Eu nem o eu são maiores ou menores que os outros, antes ou depois uns dos outros.

Como está no maravilhoso comentário místico no *Bhagavad Gita,* em mahratti antigo, conhecido como *Jnaneshvari*:

"Quando se contempla esse caminho, então a sede e a fome são esquecidas; noite e dia serão indistintos nessa estrada...

Se a pessoa seguir para o Oriente em flor ou para as câmaras do Ocidente, sem movimento é a viagem nessa estrada.

Nesse caminho, para qualquer lugar que a pessoa for, esse lugar dela se torna. Como devo descrever isso facilmente? Tu deverás experienciar."

Essa é a verdadeira rota para o Caminho do Eu, ou Atman, quer dizer, o modo no qual devemos pensar o Caminho. Baseando-nos nessas e outras indicações encontradas aqui e acolá nos escritos dos verdadeiros iluminados, podemos ser corajosos por pensar que se fala de Atman como o Caminho porque aqueles que são conscientes espiritualmente, ou que começam a regenerar-se, por assim dizer, observam as circunstâncias e o destino divididos na frente deles – em outras palavras, livram-se – assim que chegam em seus meios; eles sempre vêem à frente o próximo passo como se fosse uma trilha em uma encosta de montanha em meio à névoa.

Quando eles se tornam iluminados pelos primeiros raios da gnose, começam definitivamente a ver essa trilha do caminho por meio das circunstâncias. Sempre há uma trilha clareada para os que se libertaram dos desejos pessoais. Aqueles que ainda estão batalhando com esse desejos pessoais ainda têm de batalhar com as circunstâncias. Esses ainda têm de abrir o caminho pelas matas e isso nunca devemos esquecer, pois é direito deles cavar o caminho por meio das circunstâncias. Mas, quando a verdadeira natureza espiritual é desenvolvida, isso não será mais necessário. O caminho se manterá claro, as matas se dividirão como as águas do mar Vermelho separaram-se para Moisés e seu grupo, no mito antigo.

"Sede e fome serão esquecidas." O desejo por objetos das esferas aquáticas e terrenas está morto, isto é, pelas esferas de personalidade – água e terra sendo colocados em oposição à água e ao fogo, na imagem dos mistérios inferiores. E, portanto, como o homem perdeu desejo por elas, agora se eleva acima delas na consciência – não na posição ou no corpo, ele não está longe delas, ou separado delas, não está sem os corpos aquáticos e terrenos, mas suas paixões não estão mais centradas nelas. Ele é rei dessas regiões e assume um corpo, por assim dizer, de ar (sopro ou espírito).

E como "sede e fome são esquecidas", sente uma completa satisfação, ele é completo, seu caminho é seu complemento, é tudo que quer ou deseja. Cessar fome e sede da alma, ela não mais anseia por seu esposo espiritual, pois tem na frente de si o caminho que está em comunicação direta com ele.

"Noite e dia" também aqui deveriam ser considerados em um sentido místico, como morte e vida ou como o modo da mente olhando para fora ou para dentro, pois o homem não mais vive em sua mente pessoal. Também pode ser considerado como quaisquer pares de opostos.

O segundo parágrafo também deveria ser interpretado em termos de regeneração e autocriação. Parece nos contar como o recém-nascido sente que ele pode se retirar para os aposentos interiores de sua mente pessoal ou chegar ao limite mais exterior de seu novo corpo do mundo ou corpo da ressurreição. "Oeste" parece sugerir o corpo pessoal que está morrendo (como nos conta o ritual mitraico), ou partindo, como o Sol se pondo no oeste. "Leste" sugere o novo "corpo perfeito", ou completude, sua "imortalidade", que está amanhecendo, está "madura", mas na qual ele acabou de chegar ou nascer.

"Em flor" é uma expressão misteriosa e recorrente nos *oráculos caldenses*. Ela sugere a penugem que cobre o "Fruto Comum" do Pleroma, como os valentinianos diriam. Mas, para aqueles de nós que acreditam em reencarnação, consegue-se um significado mais imediato. Pode-se pensar em uma grande pele, ou borda, como se fosse um único órgão de sentido espiritual que cobre a fruta de nossa natureza espiritual ou substância (Buddhi), quando os poderes das muitas personalidades de um homem amadurecem e essas verdadeiras sementes de vida são colocadas em sua fruta natural. Esse Buddhi é a substância na qual as sementes vivem e crescem, tudo de uma vez, não uma coisa depois da outra; a "flor" é produzida pela Luz do Sol Espiritual e pelo Sopro dos Deuses.

A expressão "câmaras" novamente parece sugerir a divisão de algo, digamos, dessa esfera de substância em compartimentos, e essa separação conota mente. De modo que o homem procede para a superfície de sua esfera de substância, os fins de sua terra nova, ou se retira à divisão interior dela, que é da natureza da mente; não há movimento na consciência, pois a divisão interna da substância é a auto-energização da mente, ou a mente crescendo para dentro de si. A mente não é outra coisa que não a substância, nem a substância outra coisa que não a mente. Ela é sujeito e objeto em união perpétua.

Nesse caminho, na maneira ou modo do Espírito ou Atman, para ao qual for o ponto de espaço, o homem carregaria sua consciência, esse ponto torna-se seu corpo ou eu, ele "corporifica" sua consciência, ele o expressa. Para o verdadeiro regenerado, o homem nascido no Espírito ou renascido na Mente, como a gnose trismegística coloca, para onde volta sua atenção, que ele se torna. A parte torna-se o todo, pois o tamanho não conta. Ou, para colocar de outra maneira, seja de qual for o ponto de vista que ele desejar olhar para uma coisa, esse ponto de vista torna-se dele.

Essa e passagens similares espalhadas aqui e acolá na literatura mística, se elas atraírem nossa atenção, fornecem-nos excelentes indicações para reconhecer a maneira como devemos buscar o Caminho do Autoconhecimento. Pois, quando o desejo de retornar, essa nostalgia espiritual entrar no coração de um homem, ele deve buscar, não tem escolha, pois essa saudade é a escolha de seu Eu maior, o complemento de sua imperfeição, objeto de todos os seus desejos.

Agora, embora seja correto dizer que o Caminho é um só para todos, igualmente verdade é que as trilhas para o Caminho são inumeráveis, ou melhor, todo homem deve ter sua trilha. Ele não pode colocar o pé no Caminho conscientemente seguindo a trilha de outro homem. A Sabedoria das coisas deitou-o e rastreou-o como sua própria rota, sua única trilha reta para o Caminho; se ele segue a de outro, vai desgarrar-se de si e, desse modo, perder a trilha reta para o Caminho.

Todavia, embora a trilha de cada homem esteja nele mesmo, esse "nele mesmo" não deve ser tomado, como é natural à primeira vista, no sentido inocente de significado "dentro dele" em oposição a "fora dele", materializando assim um mistério espiritual. Muitos que buscam têm cometido esse erro, e até vários de uma escola de místicos. Mais sábio é o conselho dado no excelente pequeno tratado conhecido como [Mabel Collins] *Light on the Path* [Luz no Caminho], quando diz:

> Busque o caminho.
> Busque o caminho recolhendo-se para dentro
> Busque o caminho avançando com coragem para fora.

Esse é um conselho equilibrado: o modo de vida do espírito, que vive pela união da inspiração com a expiração, não é consecutivo, mas simultâneo. Esse pequeno admirável folheto fala da natureza da trilha com real *insight*, e deve haver poucos que não podem ver que essa instrução refuta completamente a acusação de impraticabilidade levantada contra a trilha mística, pois mostra que sua perseguição é a mais imediata, intensa, atenta, ágil, coisa existente no mundo. Intensificação espontânea da consciência, operação instantânea, compreensão imediata, agilidade perpétua e adaptabilidade – esses poderes espirituais e muitos outros de igual natureza não podem ser chamados de impraticáveis; eles são, em vez disso, mágicos e milagrosos.

É, portanto, bem dito em [Blavatsky] *The Voice of the Silence* [A Voz do Silêncio]:

> Tu não podes viajar nesse Caminho antes que tenhas te tornado o Caminho.

Aqui, "viajar" tem por prefácio "tornar-se", o que conota algo além de apreciação intelectual, em que há uma separação perpétua do sujeito e do objeto; significa o lado da vida das coisas e percebe-se primeiro nos modos de sim-patia e com-paixão. É o Caminho da Vida e não da Morte e a viagem no Caminho é condicionada pela automotivação, e não pela compulsão.

Aqui, eu citaria o que, espero de bom grado, seja familiar para alguns de meus leitores, pois é talvez uma das mais magníficas instruções que nos foram preservadas sobre a gnose da Antiguidade. Ela é encontrada no tratado trismegístico conhecido como "Mente a Hermes" (*Corp. Herm.*, xi, 20) e diz o seguinte:

> Então dessa maneira sabe (ou pensa) Deus, tendo todas as coisas n'Ele mesmo como pensamentos, todo o Cosmos.

> Se, então, tu não te fizeres parecido com Deus, não podes conhecê-Lo. Pois semelhante conhece semelhante.

> Cresce, então, até a mesma estatura que a Grandeza que transcende toda medida, salta de todo corpo, transcende todo Tempo, torna-te Eternidade (o Eon) e desse modo deverás conhecer Deus.

> Conceber nada é impossível para ti, pensa em ti como imortal e capaz de saber tudo – todas as artes, ciências, o modo de toda vida.

> Torna-te mais elevado que toda altura e mais baixo que toda profundeza. Coleta em ti todos os sentidos das criaturas – de fogo, água, seco e úmido. Pensa que tu estás ao mesmo tempo em todo lugar – na terra, no mar, no céu, ainda não gerado, no útero, jovem, velho e morto em condições *post-mortem*.

> E se tu conheceste todas as coisas – tempos, lugares, ações, qualidades e quantidades, tu podes conhecer Deus.

E o Tutor, que falou das profundezas de sua própria experiência, conclui com as confortantes palavras:

Então, para ser capaz de conhecer o bem, a vontade e a esperança, há uma Trilha Reta, o próprio Caminho do Bem, ambos conduzindo para lá e fácil.

Se tu colocasses teu pé nisso, encontrar-te-ias em todo lugar, serias em todo lugar visto, tanto onde e quando tu não esperasses – acordando, dormindo, velejando, viajando, de noite, de dia, falando e dizendo nada. Pois não há nada que não seja imagem do Bem.

Esse é o Caminho de Atman, o Único Caminho, o tipo eterno e realidade imanente que de todo modo conduz a ele. Não há necessidade de persegui-lo, de tentar encontrar outra trilha, ou em algum outro plano, ou estado, está sempre presente, sempre imediato. O único modo de procurar é por meio do tornar-se o tempo todo; alegremente se tornando circunstância que não pode mais obstruir, mas perpetuamente se revelar como o Caminho Direto para a União com o Divino.

5.3 "A VIDA HERÓICA", *THE THEOSOPHICAL REVIEW* 41 (SETEMBRO 1907-FEVEREIRO 1908), 142-49

O texto seguinte segue uma edição subseqüente de seu artigo publicado em Some Mystical Adventures [Algumas Aventuras Místicas] *(Londres, 1910), pp. 134-47.*

Por muito tempo busquei um nome satisfatório para expressar o nível de ser além do homem, e com isso quero dizer o x na razão:

Como animal: homem:: homem: x

Temos aqui uma ascensão de graus, passos no desenvolvimento. Como animal e homem estão intimamente coligados, assim como são o homem e x, a planta do homem cresce no solo animal, a planta de x no humano.

Ou, para iniciar um estágio mais além, aquele que dorme no mineral acorda no vegetal, aquele que dorme no animal acorda no homem, aquele que dorme no homem acorda em x.

Ou, mais ainda, aquele que é passivo ou negativo no mineral é ativo ou positivo no vegetal, aquele que é passivo no animal é ativo no homem, aquele que é passivo no homem é ativo em x.

Olhando pelo ponto de vista da substância, esses estágios podem ser tidos como três sucessivas efusões da vida; consideradas do ponto de vista da consciência, elas podem ser simbolizadas como três faíscas de luz. Mas eles não são três naturezas separadas, mas intensificações de um mesmo mistério.

A efusão é também uma infusão, é uma vivificação; a faísca é na verdade uma chama, língua de fogo, energia criativa.

Do que, então, poderíamos chamar esse *x*? Talvez o nome mais conveniente sugerido seja super-homem ou sobre-homem, mas, se usarmos esse termo, corremos o risco de pensarem que somos propagandistas de alguma novidade, por causa de Nietzsche e seu *Übermensch*, enquanto a idéia é tão antiga quanto o registro da humanidade.

Se, por outro lado, usarmos os nomes sagrados de Cristo (o ungido) ou de Buda (o iluminado), estaremos um estágio além de nosso *x*. Pois *x*, de acordo com nosso esquema, comparado com os perfeitos Buda ou Cristo, deveria ser como animal em relação ao homem.

No Cristianismo não há, pelo que eu saiba, nenhum nome distinto para o estágio do "Cristo sendo formado em nossos corações"; no Budismo há um – chamado *boddhi-sattva,* ele cuja essência (*sattva*) é da natureza da iluminação (*boddhi*), mas que ainda não é o perfeitamente iluminado ou *Buda*.

A frase homem angélico, de novo, não é clara, embora tenha sido usada. Angélico nesse sentido é o paralelo cristão ao daimônico grego. Em todos os homens há latente um anjo ou um daimon por daimon; é claro, não queremos dizer um demônio no pervertido sentido teológico cristão, mas aquele gênio ou alma daimônica (*daimon* = o instruído), que, no caso de Sócrates, "impediu-o quando ele estava prestes a fazer qualquer coisa" sem razão.

Para os filósofos religiosos gregos, o daimon era um intermediário entre os deuses e os homens, o deus no homem era para eles da mesma natureza – embora considerado de um ponto de vista diferente – de Buda ou Cristo.

Deveríamos distinguir aqui entre deuses naturais e deuses humanos, quer dizer, entre seres exaltados e excarnados, que não passaram pelo estágio humano, e aqueles que conquistaram essa liberdade ou divindade do estado de homem; infelizmente, não temos termos simples para marcar essa diferença.

Talvez, no entanto, possa ser feita uma distinção usando-se o termo sânscrito *deva* para poderes na substância, natureza ou lado materno das coisas, e o nome anjo para poderes da mente, consciência ou lado paterno das coisas. Mas quem garante a adoção dessa convenção?

O termo *daimon* foi usado pelos teólogos tanto para o estágio da descida das essências quanto para um nível da ascensão das almas. Há também outro nome usado em paralelo em alguns casos com o último uso da palavra daimon.

Aqueles que fizeram grandes coisas entre os homens chamavam-se heróis e acreditava-se que, após sua morte, eles tomavam conta da humanidade.

Sua característica principal era fazer coisas mais grandiosas que os homens comuns. Eles agiam segundo os comandos de uma ordem superior, de acordo com as induções de uma alma maior que a dos meros mortais. Eles foram os meios para liberar forças maiores na vida humana, estabelecendo grandes atividades, vivendo heroicamente. Suas almas eram de uma ordem daimônica ou real; eles eram parentes dos deuses.

O termo herói, porém, é útil para sugerir ações de valor verdadeiro e vontade correta, no sentido de atos de valor ou mérito, virtude ou poder. Sugere o guerreiro que luta pelo melhor em nós e quem expressa e completa a vida contemplativa com a vida prática (ou heróica) e, nesse sentido, não se opõe ao santo. O significado filosófico antigo desses termos deve ser entendido em um sentido maior e mais profundo.

Com alguns, pode haver experiências repentinas e quase irresistíveis dessa consciência superior, mas no início deve-se buscar a mudança em experiências menos heróicas.

Segundo uma fase de ensinamentos místicos e comparando o animal com o homem, quando animais se tornam homens eles perdem ou desistem de muitas de suas capacidades como animais. Então, podemos concluir que no início aqueles que aspiram tornar-se super-homens devem deixar algumas de suas capacidades humanas.

É um erro, embora natural para aqueles que estão aprendendo essas coisas pela primeira vez, avançar na imaginação até a essência abstrata da consciência, por assim dizer, quando eles pensam naquilo que ultrapassa a consciência humana. Mas essa consciência universal transcende os estágios iniciais da consciência supra-humana adicionando, ou multiplicando indefinidamente, sua própria consciência. Eles têm a idéia da consciência supra-humana como algo espalhado no espaço, mas isso não parece nem chegar perto da realidade ou realização do possível; ela é na verdade muito abstrata.

É mais prático começar imaginando, por analogia, que essa consciência supra-humana, quando primeiro aparece, será mais limitada que a humana, mas de outra maneira.

Na verdade, é correto pensar que o uso do novo poder será muito limitado e infantil no início. Por analogia com as linhas nas quais estamos pensando, é de se imaginar, por exemplo que, no início, quando funciona nessa outra consciência, o homem perderá a capacidade de pensamento sustentado, ficando sem uma grande quantia de discriminação em relação às coisas normais.

Assim como os humanos não têm os sentidos do corpo tão intensos quanto os animais, também os "sentidos" da mente serão menos intensos nos supra-humanos do que nos homens. Por fim, sem dúvida, o super-homem desenvolverá essas capacidades e tais interesses que ele não sentirá falta dessas operações da mente, mas a princípio isso não será assim. Nos estágios elementares da consciência supra-humana, ele irá sentir falta delas até certo ponto e não se comparará favoravelmente com os homens normais em algumas coisas.

Mas diz-se que algo deve ser deixado de qualquer forma de lado por um tempo, ao aprender outro e diferente modo. É muito difícil para o *mystes* pensar tão sutilmente sobre esse novo modo de operação, ou resistir à tentação de inflar-se na imaginação ou espalhar-se na idéia. É difícil perceber de relance, mais ainda é entender sua significação e *ver* um mundo totalmente novo que se abre ao redor dele (a *epopteia*).

Porém, não será outro mundo diferente, não mais do que as vidas do homem estão em um mundo diferente do dos animais. Mas nessa consciência desse âmbito da mente, suas sensações e atividades mudarão completamente, haverá um novo significado e interesse em tudo.

Porém, isso não quer dizer que ao longo das linhas normais ele se tornará inteligente de forma anormal, pois o crescimento apropriado da mente nesse modo novo é um processo lento. Entretanto, desde o início o homem deveria esforçar-se para não se permitir ficar impressionado pela intensidade de seus novos sentimentos ou "paixões", ou por deixar-se levar pela natureza estática das novas experiências. Portanto, é da maior importância que ele volte sua atenção sobre cada êxtase real que possa experimentar, tente entender os significados internos e conter-se ao magnificar sua grandeza ou importância. Pois sua importância reside na medida em que pode despertar nele o entendimento do funcionamento da consciência. *O que* ele vê ou é capaz de registrar é um detalhe, entender *como* experienciou é a principal coisa para esforçar-se em conseguir.

E quando acontece de o corpo transformar-se tanto que essas experiências ficam freqüentes, o homem no caminho dessa gnose não deveria compreender a informação de grande interesse e importância que passará – é esse ponto que intriga a muitos –, mas em vez disso ele precisaria esforçar-se para compreender o funcionamento do mecanismo de consciência, para entender como ela opera e sua relação com a normalidade.

Isso não quer dizer que a luta deva ser para controlar essa consciência estática – pois isso não é possível a princípio; por causa de sua natureza controlará, e não deve fazer isso. Mas o empenho do neófito, dessa maneira, deve ser tentar transformar-se, de modo a passar pela grande mudança sem perder o elo.

Agora a mente humana está por assim dizer equilibrada entre os chamados da Natureza objetiva e as impressões de dentro de seu instigador Divino. O herói verdadeiro está pronto em qualquer momento a sacrificar a vida, não só no sentido comum, mas também no sentido da vida que está vivendo. Uma de suas características principais é o poder de sair do caminho de si mesmo, a habilidade de sair e isolar-se, não só de seu corpo, mas também dos interesses de sua mente e das atrações de seus sentidos. Seu ouvido está sempre atento às admoestações de seu instigador Divino.

Uma das primeiras características da consciência supra-humana, portanto, é a aparência, ou introdução no campo da experiência, desse daimon, que a um tempo, quando o homem é humano, parecerá outro que não ele, em outras horas será ele mesmo.

Quando essa mudança de consciência acontece primeiro, pareceria que o homem se torna possuído pela idéia de que está sendo observado por um poder interno. Então tem sido dito ao super-homem que as ações de seu corpo humano normal se tornam parte de um drama – isto é, por assim dizer, uma peça diante de um espectador ou espectadores.

Desse ponto de vista, nenhum ato é espontâneo, eles são todos de propósito ou feitos propositalmente, com consideração definitiva ao observador ou testemunha. Nenhuma ação está relacionada à mente pensante pequena, não é feita pelo prazer, como as pessoas normais, mas toda vida está relacionada com esse Grande Espectador, ou Eu Superior, e as atividades são feitas com o propósito de uma comunhão definitiva com a Testemunha, para, por assim dizer, expressar idéias para ele.

Em animais livres, as ações são o resultado imediato de sentido e instinto; eles não pensam e então conduzem seu pensamento à ação como os homens fazem. Com o super-homem, então, não só as ações deveriam ser resultado de seu próprio pensamento, ou melhor, da expressão deles mesmos, mas ao mesmo tempo toda ação deveria ser "proposital" e possuir uma relação definitiva com esse Grande Espectador ou Observador.

Então, ao tornar-se super-homem, ao viver a vida heróica, um homem torna-se por assim dizer ator em um palco, e todo ato tem dois relacionamentos – um com ele mesmo e outro com a audiência, espectador ou o mundo –, e esse com o mundo é geralmente o mais importante; mas a mistura perfeita dessas duas atitudes da vida ativa ou prática deveria constituir um super-homem bem desenvolvido, assim como essas duas bem misturadas, na vida normal, compõem um bom ator.

É um bom drama só quando a ação não é muito estudada e ainda todo ato é cheio de significado, quer dizer, está em íntima relação com os espectadores, mas ao mesmo tempo todo ato deveria ser bem *natural*, isto é, ter relação íntima com o eu humano ou ator.

Nos supra-humanos, portanto, a ação não é tanto o *resultado* mecânico estudado do pensamento, não mais que em um bom ator; entretanto, como todas as suas ações deveriam ser naturais, elas estão desse modo intimamente relacionadas à mente e ao corpo. É mais propriamente que a relação da ação com o Grande Espectador, ou o significado do drama, torna-se tão aparente para ele que o pequeno ator imediatamente, quase sem perceber, entrega corpo e mente à ação desse significado.

É mais do que ele vê com seu sentido superior o que é pedido para essa expressão de significado e usa a mente comum para guiar o corpo na ação detalhada desses "símbolos". Ele não pensa muito, então age – há na verdade dois atos do homem, mas eles se tornam um. É, portanto, mais como no animal, a mente torna-se uma espécie de instinto de novo e guia suas ações, enquanto ele, o super-homem real, mantém-se e sente-se constantemente em contato com o grande espetáculo e seu Observador. Assim o homem sai de si e, desse modo, a idéia de instinto retorna em uma forma expandida.

E quem é esse Observador ou Testemunha? É, como foi dito, o Eu Superior. Esse Observador pode, de um ponto de vista, ser considerado a somatória de todas as Idéias definitivas verdadeiras com as quais o homem foi capaz em muitas vidas de prover seu mundo – isto é, fazer parte de si. É a sua verdadeira Mente. É, portanto, de uma forma, seu próprio universo olhando para ele e observando-o, e por universo entende-se o âmbito da sua verdadeira consciência criativa.

É verdade que tudo isso pode ser resumido na frase "teu Deus viu-me", mas isso é para alguns muito vago para uma realização definitiva. Em vez disso, imaginemos todas as "criações" de nossa verdadeira Mente viva, alerta, cheia de ânimo e capacidade; imaginem todas essas nos olhando e então nos imaginem como atores em um palco com nossas criações como a audiência.

Na vida heróica, então, é essa porção do homem que já está livre do Destino, ou Carma, que o instiga a agir de acordo com os princípios cósmicos; está instigando-o a fazer de toda a sua vida uma grande celebração, ou agir de comunhão santa, ou tornar sua vida um símbolo vivo e exemplo.

São esses atos de poder que agitam o Cosmos ou a Grande Mãe, que o cerca, torna-se consciente em uma direção particular por sua atividade. A Grande Mãe espera pelo homem falar simbolicamente. A Mãe Cósmica é afetada pelo significado nas atividades dele e responde; sua resposta deve conceder mais poder para ele erguendo-o para longe dos Grilhões do Destino.

Isso significa que não é o homem mortal que é fortalecido, mas o Homem verdadeiro, o Eu Superior, que é o instigador real para a ação definitiva – isto é, ação segundo o plano e símbolo, e esquema, ou ordem cósmica.

Quanto mais a pequena pessoa do homem for dominada pelo Destino, mais fraca e menos significativa é sua Pessoa Grande ou Cósmica.

Ou novamente, para colocar na figura de vara fixada no leito do rio, quanto mais exigimos poder da Grande Mãe pela ação correta, mais nosso pólo da personalidade, que é deprimida pelo grande dilúvio, levanta sobre as Águas do Destino e nós nos tornamos gradualmente poderosos, ou ascendemos ao nosso "Corpo aéreo" ou Natureza espiritual, até que, quando esse pólo for maior no Ar que na Água, a grande mudança que acontece é chamada de consciência supra-humana. O ponto central desse pólo está então sobre a Água e o pólo é nossa Grande Pessoa no Ar e nossa pequena personalidade na Água.

A vida heróica, portanto, é aquela que faz com que resistamos à inundação de Samsara, o Oceano da transformação, do nascimento e da morte, e assim centrar nossa consciência sobre o redemoinho das Esferas do Destino.

5.4 "SOBRE A NATUREZA DA BUSCA", *THE QUEST*, VOL. 1, Nº 1 (OUTUBRO 1909), 29-43 (PP. 32-34, 36-37)

Este artigo de revista reproduziu a substância de um discurso feito pelo presidente na reunião inaugural da Sociedade da Busca, na

*Kensington Hall, Londres, W., na quinta-feira, 11 de março de 1909.
Ele estabelece os objetos da Sociedade, a saber:*

- *Promover a investigação e o estudo comparado da religião, filosofia e ciência, com base na experiência.*
- *Encorajar a expressão do ideal em formas lindas.*

[...]

Essa Busca é a procura ou chamado da alma para Aquele que pode satisfazer absolutamente o homem completo e fazê-lo auto-iniciativo e autocriativo. O chamado da alma para seu complemento, sua repleção, para tudo aquilo que não parece ser, pode ser simbolizado pela mente como a saudade da noiva pelo noivo, ou a procura do noivo pela noiva... Ele pode ser simbolizado pelo nobre cavaleiro que luta bravamente ao longo das batalhas da vida, cujo único objetivo é encontrar o tesouro místico da vida imortal e restaurá-lo ao templo purificado, seu próprio lugar de descanso.

[...]

Então, enquanto a pesquisa – investigação e estudo comparado – é um dos nossos interesses principais, o propósito da nossa Sociedade, eu acreditaria, abraça algo mais profundo, muito mais sutil, mais espiritual no significado superior e profundo da palavra – uma busca mais viva, vital, mais imediata.

[...] Eu sinceramente espero que possa ser descoberto que não estamos apenas na busca de conhecimento, mas que nossa busca é também por uma vida mais profunda e intensa. E aqui de novo o nome escolhido é vantajoso, pois pode ser usado muito apropriadamente, como vimos, para representar essa idéia. Nossa busca não é só por Luz, mas também pela Vida e sobretudo pelo Bem, pois esses três são unos na Plenitude da Deidade – Mente, Alma e Espírito.

[...]

O negócio principal da alma espiritual, então, é como poder começar a trabalhar para fazer-se capaz de receber mais e mais generosamente dessa sua verdadeira herança. Podem os objetos da Sociedade da Busca servir como meios para auxílio de seu grande propósito? Eles parecem, para mim, admiravelmente apropriados para serem assim usados.

Como primeiro objeto, somos encorajados a questionar, a cavar bem fundo dentro das aparências exteriores das coisas, pela verdade escondida. Nós promoveríamos pesquisa, investigação; louvaríamos especialmente o estudo comparado da religião, filosofia e ciência em suas condutas na natureza da experiência. Pois, nesse estudo corretamente seguido, vemos um homem cuja consciência está normalmente direcionada para coisas externas e mutáveis, trabalhando para ater-se a uma consciência das coisas internas e eternas.

Como segundo objeto, nós encorajaríamos o homem a fazer sair de si a herança gloriosa da alma, o poder para criar, para expressar a beleza, verdade e harmonia que reside dentro de si.

Aqui nós temos, eu creio, os dois grandes cursos complementares que devem ser seguidos por toda alma individual, por todo homem que está lutando para libertar-se dos grilhões da separação, na perseguição Daquele que é o Desejável, o verdadeiro propósito da busca.

[...]

Primeiro procuramos e questionamos para despertar em nós os poderes dormentes da mente, seguimos em frente com energia para batalhar com o mundo dos objetos. Depois descansamos e fazemos surgir aquele poder dado por Deus no homem, para espelhar em formas belas aquele entendimento das coisas que tentamos tornar nossas, possuir, dominar. Pois, até que esse poder tenha se erguido até a criatividade, a sabedoria não é realmente nossa. A sabedoria é o poder criativo da Deidade. Nós podemos ter conhecimento de muitas coisas diferentes, aprendido muitas ciências, mas a sabedoria verdadeira, creio eu, é outra; ela carrega, por assim dizer, uma resposta inata, imediata e espontânea para as coisas de fora, quando elas parecem estar "fora" da consciência normal. A sabedoria verdadeira é uma iniciadora sempre presente, não é um conhecimento fixo de quaisquer ou das muitas diferentes aparências. A sabedoria é um poder sutil, espiritual e instantâneo para entender a alma das coisas e aplicar esse entendimento em toda oportunidade imediata.

BIBLIOGRAFIA

As seguintes publicações estão relacionadas em ordem cronológica e organizadas em categorias para uma mais fácil referência.

Livros de ou sobre G. R. S. Mead

Os seguintes livros foram escritos por G. R. S. Mead, a menos que outro autor seja citado.

Simon Magus. An Essay (London: Theosophical Publishing House, 1892); outra edição (San Diego: Book Tree, 2003).

Select Works of Plotinus, by Thomas Taylor. Editado com prefácio e bibliografia por G. R. S. Mead (London: G. Bell & Sons, 1895); segunda edição [Bohn's Philosophical Library] (London: G. Bell & Sons, 1914); terceira edição (London: G. Bell & Sons, 1929).

Plotinus [The Theosophy of the Greeks] (London: Theosophical Publishing Society, 1895).

The World-Mystery: Four Comparative Essays in General Theosophy (London & Benares: Theosophical Publishing House, 1895); segunda edição revista (1907).

The Dream of Ravan: A Mystery. Reimpressão de *The Dublin University Magazine* (1853, 1854), com prefácio de G. R. S. M[ead] (London: Theosophical Publishing House, 1895).

The Upanishads. Traduzido para o inglês com preâmbulo e argumentos de G. R. S. Mead e Jagadîsha Chandra Chattopâdhyâya (Roy Choudhuri), dois vols. (London & Benares: Theosophical Publishing Society, 1896).

Pistis Sofia. A Gnostic Gospel (com extratos do *Book of the Saviour* no apêndice), originalmente traduzido do grego para o copta e agora pela primeira vez para o inglês da versão latina de Schwartze da única cópia em copta conhecida como Coptic MS. e verificada pela versão francesa de Amélineau, com introdução de G. R. S. Mead (London, New York, Benares & Madras: Theosophical Publishing House, 1896); segunda edição revista (London: John Watkins, 1921); outra edição (Seacaucus, NJ: University Books, 1974); outra edição (Blauvelt, NY: Garber/Spiritual Science Library, 1989).

Orpheus [The Theosophy of the Greeks] (London: Theosophical Publishing House, 1896); segunda edição (London: John M. Watkins, 1965); outra edição (New York: Barnes & Noble, 1965).

Fragments of a Faith Forgotten. Alguns curtos esboços entre os gnósticos, principalmente dos dois primeiros séculos – uma contribuição ao estudo das origens cristãs baseada nos materiais recém-descobertos (London & Benares: Theosophical Publishing House, 1900); segunda edição (1906); terceira edição (London: John M. Watkins, 1931); outra edição (New York: University Books, 1960).

Apollonius of Tyana, the Philosopher-Reformer of the First Centuries A.D. Um estudo crítico do único registro existente de sua vida (London & Benares: Theosophical Publishing House, 1901); outra edição (New York: University Books, 1966).

The Gospels and the Gospel. Um estudo dos resultados mais recentes dos criticismos inferior e superior (London & Benares: Theosophical Publishing House, 1902).

Did Jesus Live 100 B.C.? Um questionamento acerca das histórias do Talmude sobre Jesus, o Jesus Toldoth, e algumas frases curiosas de Epifânio, sendo uma contribuição ao estudo das origens cristãs (London & Benares: Theosophical Publishing House, 1903); outra edição (New York: University Books, 1968).

Thrice-Greatest Hermes. Studies in Hellenistic Theosophy and Gnosis. Uma tradução dos sermões existentes e dos fragmentos da literatura trismegística com prolegômeno, comentários e notas. Vol. I – Prolegômeno; Vol. II – Sermões; Vol. III – Excertos e Fragmentos (London & Benares: Theosophical Publishing House, 1906); edição completa em um volume (York Beach, ME: Samuel Weiser, 2001).

Echoes from the Gnosis. Doze pequenos livros de capa dura lançados em séries uniformes (London & Benares: Theosophical Publisher House, 1906-08); segunda edição completa em um volume (Hastings: Chthonios Books, 1987).
I. The Gnosis of the Mind (1906)
II. The Hymns of Hermes (1907)
III. The Vision of Aridæus (1907)
IV. The Hymn of Jesus (1907)
V. The Mysteries of Mithra (1907)
VI. A Mithraic Ritual (1907)
VII. The Gnostic Crucifixion (1907)
VIII. The Chaldean Oracles. Vol. I (1908)
IX. The Chaldean Oracles Vol. II (1908)
X. The Hymn of the Robe of Glory (1908)
XI. The Wedding-Song of Wisdom (1908)
Some Mystical Adventures (London: John M. Watkins, 1910).
Quests Old and New (London: G. Bell & Sons, 1913).
The Doctrine of the Subtle Body in Western Tradition (London: John M. Watkins, 1919); segunda edição (Wheaton, IL: Quest Books, 1967); terceira edição (Shaftesbury: Solos Press, 1996).
The Gnostic John the Baptizer: Selections from the Mandæan John-Book. Junto com estudos sobre as origens cristãs e de João, o relato do eslavo Josephus sobre João e Jesus e João e o Prefácio do Quarto Evangelho (London: John M. Watkins, 1924).

"The Quest" – Old & New: A Retrospect and Prospect [The Quest Reprint
Series No. 1] (London: John M. Watkins, 1926).
The Sacred Dance in Christendom [The Quest Reprint Series No. II], contendo
três artigos previamente publicados na *The Quest. A Quarterly Review:* "The
Sacred Dance of Jesus" (out. 1910), "Ceremonial Game-Playing and Dancing in
Mediæval Churches" (out. 1912) e "Ceremonial Dances and Symbolic Banquets
in Mediæval Churches" (jan. 1913) (London: John M. Watkins, 1926).

Artigos escritos por G. R. S. Mead nas revistas
teosóficas (1889-1909)

*G. R. S. Mead filiou-se à Sociedade Teosófica imediatamente após se formar na
Cambridge University. Assim que se tornou o secretário pessoal de Blavatsky, foi
atraído pelo seu trabalho na nova revista sediada em Londres,* Lucifer, *que ela
editou junto com Mabel Collins de 1887 a 1889, e com Annie Besant de 1889 a
1891. O primeiro artigo publicado de Mead apareceu na* Lucifer 5 *(1889-90) e foi
seguido de uma onda contínua de artigos, incluindo versões em série de suas
posteriores publicações em livro até 1897, quando o periódico foi sucedido pela*
Theosophical Review. *Mead foi co-editor da* Lucifer *juntamente com Besant de
1894 em diante, e continuaram como co-editores da* The Theosophical Review *até
1907, quando ele se tornou único editor. Mead continuou a publicar artigos e
séries de seus estudos sobre Gnosticismo, Hermetismo e origens cristãs em todos os
números dessas revistas de 1897 até sua resignação da Sociedade Teosófica em
1909.*

"The Vivisectors: A Story of Black Magic, founded on fact", *Lucifer* 5 (set. 1889-
fev. 1890), 302-08.
(com H. P. Blavatsky), "Pistis Sofia", *Lucifer* 6 (mar.-ago. 1890), 107-13, 230-39,
315-23, 392-401, 489-99; *Lucifer* 7 (set. 1890-fev. 1891), 35-43, 139-47, 186-96, 285-
95, 386-76, 456-63; *Lucifer* 8 (mar.- ago. 1891), 39-47, 123-29, 201-04.
"The Unity of the Universe", *Lucifer* 8 (mar-ago. 1891), 421-27.
"The Task of the Theosophical Scholars in the West", *Lucifer* 8 (mar.-ago. 1891),
477-80.
"The Great Renunciation", *Lucifer* 9 (set. 1891-fev. 1892), 21-26.
"Theosophy and Occultism", *Lucifer* 9 (set. 1891-fev. 1892), 106-12.
"The True Brotherhood of Man", *Lucifer* 9 (set. 1891-fev. 1892), 196-206.
"Plutarch's Yogi", *Lucifer* 9 (set. 1891-fev. 1892), 295-97.
"Simon Magus", *Lucifer* 10 (mar.-ago. 1892), 315-23, 382-94, 473-78; *Lucifer* 11
(set. 1892-fev. 1893), 47-55, 119-31, 228-34, 273-83.
"The World-Soul", *Lucifer* 10 (mar.-ago. 1892), 24-34, 118-27, 205-16.
"The Vestures of the Soul", *Lucifer* 11 (set. 1892-fev. 1893), 361-67, 462-67.
"Notes on Nirvâna" *Lucifer* 12 (mar.-ago. 1893), 9-16, 111-20, 185-92.
"Selections from the Philosophumena", *Lucifer* 12 (mar.- ago. 1893), 508-12, 559-
69; *Lucifer* 13 (set. 1893-fev. 1894), 42-52.
"Theosophy, or Psychological Religion: A Review", *Lucifer* 12 (mar.-ago. 1893),
237-44, 297-309, 456-63.

"The Philosophy of the Vedanta" (Resenha) [*On the Philosophy of the Vedanta in its Relations to Occidental Metaphysics,* um discurso feito para a Seção de Bombaim da Sociedade Asiática Real pelo dr. Paul Deussen, professor de Filosofia, University of Kiel, 1893], *Lucifer* 14 (mar.-ago. 1894), 43-50.

"The Fundamental Teachings of Buddhism", *Lucifer* 14 (mar.- ago. 1894), 97-101.

"Peace", *Lucifer* 14 (mar.-ago. 1894), 109-14.

"Moulds of Mind", *Lucifer* 14 (mar.-ago. 1894), 204-10.

"The Unknown Life of Jesus Christ" (Resenha) *[La Vie Inconnue de Jésus-Christ* por Nicholas Notovich, Paris: Ollendorff, 1894], *Lucifer* 14 (mar.-ago. 1894), 411-16

"*Onward",* *Lucifer* 14 (mar.-ago. 1894), 509-11.

"Recent Notes on Buddhism", *Lucifer* 15 (set. 1894-fev. 1895), 50-57.

"The Web of Destiny", *Lucifer* 15 (set. 1894-fev. 1895), 185-93, 280-85.

"The Buddhism of Tibet" (Resenha) [L. A. Waddell, *The Buddhism of Tibet, or Lamaism* (Allen & Co.: London, 1895)], *Lucifer* 16 (mar.-ago. 1895), 17-26.

"Plotinus", *Lucifer* 16 (mar.-ago. 1895), 89-98, 195-207.

"Orpheus", *Lucifer* 16 (mar.-ago. 1895), 273-86, 361-74, 449-60; *Lucifer* 17 (set. 1895-fev. 1896), 9-22, 97-109, 185-97, 295-309, 373-87, 449-60, *Lucifer* 18 (mar.-ago. 1896), 21-36, 97-110.

"The Lives of the Later Platonists", *Lucifer* 18 (mar.-ago. 1896), 185-200, 288-302, 368-80, 456-69; *Lucifer* 19 (set. 1896-fev. 1897), 16-32, 103-13, 186-95.

"The New Gnostic MS", *Lucifer* 19 (set. 1896-fev. 1897), 242-50.

"Among the Gnostics of the First Two Centuries", *Lucifer* 19 (set. 1896-fev. 1897), 290-303, 376-89, 478-89; *Lucifer* 20 (mar.-ago. 1897), 28-42, 132-42, 204-18, 275-87, 373-84, 441-56; *The Theosophical Review* 21 (set. 1897-fev. 1898), 31-43, 134-45.

"Some Results of the Higher Criticism", *The Theosophical Review* 21 (set. 1897-fev.1898), 163-67.

"The Wisdom-Myth of the Gnostics", *The Theosophical Review* 21 (set. 1897-fev. 1898), 211-18.

"The Symbolism of the Gnostic Marcus", *The Theosophical Review* 21 (set. 1897-fev. 1898), 314-23, 393-400.

"Some Rejected Logia", *The Theosophical Review* 21 (set. 1897-fev. 1898), 335-40.

"The Gnostics Ptolemy and Heracleon", *The Theosophical Review* 21 (set. 1897-fev. 1898), 504-09.

"Bardaisan the Gnostic", *The Theosophical Review* 22 (mar.-ago. 1898), 9-25.

"Notes on the Eleusinian Mysteries", *The Theosophical Review* 22 (mar.-ago. 1898), 145-57, 232-42, 312-23.

"The Sybil and her Oracles", *The Theosophical Review* 22 (mar.-ago. 1898), 393-406, 489-500.

"The Sibyllists and the Sibyllines", *The Theosophical Review* 23 (set. 1898-fev. 1899), 30-41, 117-31, 211-25.

"The Key of Truth" (Resenha) [*The Key of Truth: A Manual of the Paulician Church of Armenia,* ed. Frederick C. Conybeare (Clarendon Press Oxford, 1898)], *The Theosophical Review* 23 (set. 1898-fev. 1899), 272-80.

"The Shepherd of Men" [*Hermes Trismegisti Poemander,* ed. G. Parthey (Berlin, 1854)], *The Theosophical Review* 23 (set. 1898-fev. 1899), 323-34.

"Concerning 'The Shepherd' of Hermes the Thrice-Greatest", *The Theosophical Review* 23 (set. 1898-fev. 1899), 392-400.

"The Mystic Cup: The Cup or Monad. A Sermon of Hermes Trismegistus to his own son Tat", *The Theosophical Review* 23 (set. 1898-fev. 1899), 438-45.

"The Secret Sermon on the Mountain. Hermes the Thrice-Greatest to his son Tat on the Mountain. A Secret Sermon on Rebirth and Concerning the Promise of Silence", *The Theosophical Review* 23 (set. 1898-fev. 1899), 522-30.

"The Secret Sermon on the Mountain" (Comentário), *The Theosophical Review* 24 (fev.-set. 1899), 25-34.

"The Key of Hermes the Thrice-Greatest", *The Theosophical Review* 24 (fev.-set. 1899), 129-44.

"The Trismegistic Literature", *The Theosophical Review* 24 (fev.-set. 1899), 221-31, 297-307, 393-400.

"Hermes the Thrice-Greatest according to Iamblichus an Initiate of the Egyptian Wisdom", *The Theosophical Review* 25 (set. 1899-fev. 1900), 9-19.

"Hermes the Thrice-Greatest and the Mysteries of Egypt and Phoenicia", *The Theosophical Review* 25 (set. 1899-fev. 1900), 138-47.

"Hermes the Thrice-Greatest according to Manetho, High Priest of Egypt", *The Theosophical Review* 25 (set. 1899-fev. 1900), 214-24.

"Tehut the Master of Wisdom", *The Theosophical Review* 25 (set. 1899-fev. 1900), 419-32.

"Apollonius of Tyana, the Philosopher and Reformer of the First Century", *The Theosophical Review* 25 (set. 1899-fev. 1900), 518-32.

"Apollonius of Tyana, the Philosopher-Reformer of the First Century: His Biographer and Early Life", *The Theosophical Review* 26 (mar.-ago. 1900), 37-48.

"The Philosopher-Reformer of the First Century: His Travels and Work in the Shrines of the Temples and Retreats of Religion", *The Theosophical Review* 26 (mar.-ago. 1900), 133-44.

"Apollonius among the Gymnosophists and with the Emperors", *The Theosophical Review* 26 (mar.-ago. 1900), 230-38.

"The Philosopher-Reformer of the First Century", *The Theosophical Review* 26 (mar.-ago. 1900), 304-13.

"Apollonius of Tyana, the Philosopher and Reformer of the First Century", *The Theosophical Review* 26 (mar.-ago. 1900), 431-40.

"Apollonius of Tyana, the Philosopher and Reformer of the First Century", *The Theosophical Review* 26 (mar.-ago. 1900), 497-504.

"The General Sermon of Hermes the Thrice-Greatest to Asclepius", *The Theosophical Review* 27 (set. 1900-fev. 1901), 228-34.

"The Sacred Sermon of Hermes the Thrice-Greatest", *The Theosophical Review* 27 (set. 1900-fev. 1901), 336-39.

"Though Unmanifest God is Most Manifest: Hermes the Thrice-Greatest unto his own son Tat", *The Theosophical Review* 27 (set. 1900-fev. 1901), 436-41.

"The Gospel of the Buddha according to Ashvaghosha", *The Theosophical Review* 27 (set. 1900-fev. 1901), 512-25.

"The Gospels' own Account of Themselves", *The Theosophical Review* 28 (mar.-ago. 1901), 148-59.

"The Present Position of the Synoptical Problem", *The Theosophical Review* 28 (mar.-ago. 1901), 324-35.

"The Outer Evidence as to the Authorship and Authority of the Gospels", *The Theosophical Review* 28 (mar.-ago. 1901), 237-48.

"The Fourth-Gospel Problem", *The Theosophical Review* 28 (mar.-ago. 1901), 405-15.

"The Life-Side of Christianity", *The Theosophical Review* 28 (mar.-ago. 1901), 541-51.

"The Gospel of the Living Christ", *The Theosophical Review* 29 (set. 1901-fev. 1902), 21-30.

"The 'Word of God' and the 'Lower Criticism'", *The Theosophical Review* 29 (set. 1901-fev. 1902), 149-59.

"How the Text of the New Testament has come down to us", *The Theosophical Review* 29 (set. 1901-fev. 1902), 235-47.

"Asiatic and European", *The Theosophical Review* 29 (set. 1901-fev. 1902), 453-57.

"The Ploughing of the Furrows", *The Theosophical Review* 30 (mar.-ago. 1902), 73-83.

"The Personal Equation", *The Theosophical Review* 30 (mar.-ago. 1902), 255-60.

"Did Jesus Live 100 Years B.C?", *The Theosophical Review* 30 (mar.-ago. 1902), 297-306.

"The Canonical Date of Jesus", *The Theosophical Review* 30 (mar.- ago. 1902), 425-38.

"Earliest External Evidence to the Date of Jesus", *The Theosophical Review* 30 (mar.-ago. 1902), 489-502.

"The Genesis of the Talmud", *The Theosophical Review* 31 (set. 1902-fev.1903), 41-51.

"The Talmud in History", *The Theosophical Review* 31 (set. 1902-fev. 1903), 127-36.

"In the Talmud's Outer Court", *The Theosophical Review* 31 (set. 1902-fev. 1903), 248-55.

"The Earliest External Evidence as to the Talmud Jesus Stories", *The Theosophical Review* 31 (set. 1902-fev. 1903), 316-28.

"The Lost 'Canon of Proportion' Rediscovered", *The Theosophical Review* 31 (set. 1902-fev. 1903), 367-69.

"The Talmud 100 Years B.C. Story of Jesus", *The Theosophical Review* 31 (set. 1902-fev. 1903), 410-21.

"The Talmud Mary Stories", *The Theosophical Review* 31 (set. 1902-fev. 1903), 503-13.

"The Record of the Year", *The Theosophical Review* 32 (mar.-ago. 1903), 82-6.

"The Talmud Ben Stada Jesus Stories", *The Theosophical Review* 32 (mar.-ago. 1903), 56-65.

"The Talmud Balaam Jesus Stories", *The Theosophical Review* 32 (mar.-ago. 1903), 125-37, 201-10.

"The Mind to Hermes", *The Theosophical Review* 33 (set. 1903-fev. 1904), 46-54.

"The Over-Mind: A Sermon of Hermes the Thrice-Greatest about the General Mind to Tat, *The Theosophical Review* 33 (set. 1903-fev. 1904), 133-42.

"Creator and Creation: A Letter of Hermes the Thrice-Greatest", *The Theosophical Review* 33 (set. 1903-fev. 1904), 221-25.

"Two Sermons of Thrice-Greatest Hermes: on Thought and Sense and That the Beautiful and Good is in God only and elsewhere nowhere", *The Theosophical Review* 33 (set. 1903-fev. 1904), 310-15.

"Stray Thoughts on Theosophy", *The Theosophical Review* 33 (set. 1903-fev. 1904), 451-60.

"The Sorceress of Antinoë" [Entrevista com M. Gayet, dono de antiquário e egiptologista francês], *The Theosophical Review* 33 (set. 1903-fev. 1904), 499-504.

"Concerning H. P. B.: Stray Thoughts on Theosophy II", *The Theosophical Review* 34 (mar.-ago. 1904), 130-44.

"Concerning the Mortification of the Flesh: Stray Thoughts on Theosophy III", *The Theosophical Review* 34 (mar.-ago. 1904), 216-30.

"Two More Sermons of Thrice-Greatest Hermes: In God Alone is Good and Elsewhere Nowhere; That Nought of Things doth Perish, but Men in Error speak of their Changes as Destructions and Death", *The Theosophical Review* 34 (mar.-ago. 1904), 343-48.

"The Definitions of Asclepius unto King Ammon: About the Sun and the Daemons", *The Theosophical Review* 34 (mar.-ago. 1904), 506-13.

"The Definitions of Asclepius unto King Ammon II: About the Soul being Hindered by the Passion of the Body", *The Theosophical Review* 35 (set.1904-fev. 1905), 19-25.

"The Perfect Sermon, or the Asclepius", *The Theosophical Review* 35 (set. 1904-fev. 1905), 105-13, 242-49, 332-39, 435-43, 520-28; *The Theosophical Teview* 36 (mar.-ago. 1905), 42-52.

"Philo of Alexandria on the Mysteries", *The Theosophical Review* 36 (mar.-ago. 1905), 122-35.

"Philo: Concerning the Sacred Marriage", *The Theosophical Review* 36 (mar.-ago. 1905), 214-21.

"Philo: Concerning the Logos", *The Theosophical Review* 36 (mar.-ago. 1905), 402-11, 499-506; *The Theosophical Review* 37 (set. 1905-fev. 1906), 46-52.

"The Immensities", *The Theosophical Review* 37 (set. 1905-fev. 1906), 151-59.

"Âtman", *The Theosophical Review* 37 (set. 1905-fev. 1906), 238-42.

"A Proposed Enquiry concerning 'Reincarnation in the Church Fathers'", *The Theosophical Review* 37 (set. 1905-fev. 1906), 329-30.

"Fiona Macleod" (Obituário), *The Theosophical Review* 37 (set. 1905-fev. 1906), 465.

"Origen on Reincarnation", *The Theosophical Review* 37 (set. 1905-fev. 1906), 513-27.

"The Riddle of the Sphinx", *The Theosophical Review* 37 (set. 1905-fev. 1906), 316-19.

"Irenaeus on Reincarnation", *The Theosophical Review* 38 (mar.-ago. 1906), 38-48.

"Justin Martyr on Reincarnation", *The Theosophical Review* 38 (mar.-ago. 1906), 129-36.

"Reincarnation in the Christian Tradition", *The Theosophical Review* 38 (mar.-ago. 1906), 253-59.

"The Religion of the Mind", *The Theosophical Review* 38 (mar.-ago. 1906), 319-26.

"The Gnosis of the Mind", *The Theosophical Review* 38 (mar.-ago. 1906), 501-10.

"Heirs of the Ages", *The Theosophical Review* 39 (set. 1906-fev. 1907), 128-38.

"The Master", *The Theosophical Review* 39 (set. 1906-fev. 1907), 248-56.

"Heresy", *The Theosophical Review* 39 (set. 1906-fev. 1907), 320-27.

"Initiation", *The Theosophical Review* 39 (set. 1906-fev. 1907), 421-29.

"A Measure of What Theosophy Means to Me", *The Theosophical Review* 39 (set. 1906-fev. 1907), 517-28.

"The Elasticity of a Permanent Body", *The Theosophical Review* 40 (mar.-ago. 1907), 57-62.

(com Annie Besant), "Henry Steel Olcott" (Obituário), *The Theosophical Review* 40 (mar.-ago. 1907), 97-104.

"De Re Publica", *The Theosophical Review* 40 (mar.-ago. 1907), 129-35.

"Parmenides 'Truthwards'", *The Theosophical Review* 40 (mar.-ago. 1907), 327-34.

"The Words of Heraclitus", *The Theosophical Review* 40 (mar.-ago. 1907), 419-29, 518-28.

"Adumbrations", *The Theosophical Review* 41 (set. 1907-fev. 1908), 47-54.

"The Heroic Life", *The Theosophical Review* 41 (set. 1907-fev. 1908), 142-49.

"Guesses at What to Expect", *The Theosophical Review* 41 (set. 1907-fev. 1908), 324-33.

"Concerning the Art of Symbolism", *The Theosophical Review* 41 (set. 1907-fev. 1908), 421-28.

"On the Track of Spirituality", *The Theosophical Review* 41 (set. 1907- fev. 1908), 250-58.

"The Self-Taught", *The Theosophical Review* 41 (set. 1907-fev. 1908), 541-48.

"On the Way of the Path", *The Theosophical Review* 42 (mar.-ago. 1908), 65-72.

"Mystic Reality", *The Theosophical Review* 42 (mar.-ago. 1908), 142-50.

"Some Questions and Answers", *The Theosophical Review* 42 (mar.-ago. 1908), 258-66, 317-25, 426-34.

"Stray Notes on the Christ-Mystery", *The Theosophical Review* 42 (mar.-ago. 1908), 513-22; *The Theosophical Review* 43 (set. 1908-fev. 1909), 9-17.

"The Deathless Race", *The Theosophical Review* 43 (set. 1908-fev. 1909), 128-37.

"Mystic Cosmogony", *The Theosophical Review* 43 (set. 1908-fev. 1909), 233-42.

"The Jesus of the Baruch Gnosis", *The Theosophical Review* 43 (set. 1908-fev. 1909), 418-27.

"Some Elementary Speculations", *The Theosophical Review* 43 (set. 1908-fev. 1909), 519-27.

"The Secret of Jesus", *The Theosophical Review* 43 (set. 1908-fev. 1909), 323-34.

Artigos escritos por G.R.S. Mead na *The Quest* (1909-1930)

"On the Nature of the Quest", *The Quest* I, 1 (out. 1909), 29-43.

"The Resurrection of the Body", *The Quest* I, 2 (jan. 1910), 271-87.

"The Spirit-Body of Alexandrian Psycho-Physiology", *The Quest I*, 3 (abr. 1910), 472-88.

"The Augoeides or Radiant Body", *The Quest* I, 4 (julho 1910), 705-24.

"The Sacred Dance of Jesus", *The Quest* II, 1 (out. 1910), 45-67.

"The Way of the Spirit in Ancient China", *The Quest* II, 2 (jan. 1911), 275-91.

"The Book of the Hidden Mysteries of the House of God", *The Quest* III, 1 (out. 1911), 100-119.

"The Ideal Life in Progressive Buddhism", *The Quest* III, 2 (jan. 1912), 270-89.

"Ceremonial Game-Playing and Dancing in Medieval Churches", *The Quest* IV, 1 (out. 1912), 91-123.

"Dancers and Banquets in Medieval Churches", *The Quest* IV, 2 (jan. 1913), 249-74.

"A Gnostic Myth of How the Gospel Came", *The Quest* V, 1 (out. 1913), 58-79.

"The Gnosis in Early Christendom", *The Quest* V, 2 (jan. 1914), 247-69.

"The Gospel of Zarathushtra", *The Quest* VI, 1 (out. 1914), 69-91.

"An Approach to the Religion of Spirit", *The Quest* VI, 2 (jan. 1915), 250-70.

"Spiritual Use of War", *The Quest* VI, 3 (abr. 1915), 499-520.

"War and the World-Faiths", *The Quest* VI, 4 (julho 1915), 656-77.

"Peering Ahead in the Murk", *The Quest* VII, 1 (out. 1915), 58-85.

"Our Spiritual Complement", *The Quest* VII, 2 (jan. 1916), 260-83.

"Secular and Spiritual Knowledge", *The Quest* VII, 3 (abr. 1916), 464-92.

"The War as a Regenerating Agency", *The Quest* VII, 4 (julho 1916), 634-61.

"A World in Search of its Reason", *The Quest* VIII, 3 (abr. 1917), 436-56.

"The Spiritual and Psychical in Religion", *The Quest* VIII, 4 (julho 1917), 613-32.

"A Glance at the Question of Survival", *The Quest* X, 1 (out. 1918), 75-94.

"Some Current Rumours of the Hithler Hereafter", *The Quest* X, 2 (jan. 1919), 145-68.

"The Beginning of Human Perfectibility", *The Quest* X, 3 (abr. 1919), 353-71.

"Regenerative Reconstruction", *The Quest* X, 4 (jul. 1919), 433-51.

"Peacewards", *The Quest* XI, 1 (out. 1919), 54-68.

"The Spiritual World of Plotinus", *The Quest* XI, 2 (jan. 1920), 198-213.

"A Word on Yoga", *The Quest* XI, 3 (abr. 1920), 380-94.

"Round the Cradle of Christendom", *The Quest* XI, 4 (jul. 1920), 478-500.

"The Gentile Surround of Early Christendom", *The Quest* XII, 1 (out. 1920), 116-32.

"Orthodoxy, Psychology and Mystical Experience", *The Quest* XII, 3 (abr. 1921), 360-78.

"Some Remarks on Fourth Dimensionalism", *The Quest* XII, 4 (jul. 1921), 493-505.

"A Speculation in Fourth Dimensionalism", *The Quest* XIII, 1 (out. 1921), 43-55.

"A Babylonian Mystery Play and the Passion Story", *The Quest* XIII, 2 (jan. 1922), 166-90.

"Some Preliminaries in 'Life of Jesus' Study", *The Quest* XIII, 3 (abr. 1922), 341-69.

"John the Baptizer and Christian Origins", *The Quest* XIII, 4 (jul. 1922), 466-91.

"The Gospels and the Intermediate State", *The Quest* XIV, 1 (out. 1922), 60-84.

"The Present Phase of the Survival Controversy", *The Quest* XIV, 2 (jan. 1923), 181-98.

"The Enigma of Human Existence", *The Quest* XIV, 3 (abr. 1923), 314-31.

"The Transcorporation Doctrine", *The Quest* XIV, 4 (jul. 1923), 470-95.

"The Gnostic John the Baptizer", *The Quest* XV, 1 (out. 1923), 1-24.

"The Fourth Gospel Proem", *The Quest* XV, 1 (out. 1923), 77-82.

"The First Gnostic Community of John the Baptizer", *The Quest* XV, 2 (jan. 1924), 179-97.

"From the Mandean John-Book", *The Quest* XV, 3 (abr. 1924), 326-42.

"The Slavonic Josephus' Account of the Baptist and Jesus", *The Quest* XV, 4 (jul. 1924), 457-79.

"The Buddhist View of Existence", *The Quest* XVI, 1 (out. 1924), 37-61.

"A Glance at the Scientific Approach to Religion", *The Quest XVI*, 2 (jan. 1925), 145-68.

"The Enigma of Sin and Ignorance", *The Quest* XVI, 3 (abr. 1925), 289-312.

"Some Very Early Readings in the Apocalypse", *The Quest* XVI, 4 (jul. 1925), 490-507.

"The Saga of the Body of Adam", *The Quest* XVII, 1 (out. 1925), 51-73.

"About the Body of Adam Saga", *The Quest* XVII, 2 (jan. 1926), 233-51.

"First Steps in the Hitler Hereafter", *The Quest* XVII, 3 (abr. 1926), 353-75.

"A Note on the Slavonic Josephus and the Josippon", *The Quest* XVII, 3 (abr. 1926), 400-03.

"The Mystic Baptism of John the Baptizer", *The Quest* XVIII, 1 (out. 1926), 56-64.

"Speaking with Tongues in Early Christendom", *The Quest* XVIII, 2 (jan. 1927), 148-65.

"Man's Whence and Whither", *The Quest* XVIII, 3 (abr. 1927), 225-40.

"The King's Son's Knightley Quest", *The Quest* XVIII, 4 (jul. 1927), 337-55.

"To-day: A Time of Transition", *The Quest* XIX, 1 (out. 1927), 21-35.

"The Natural and the Artificial", *The Quest* XIX, 2 (jan. 1928), 113-24.

"Sumer: The Earliest Known Source-Land of the Gnosis", *The Quest* XIX, 3 (abr. 1928), 255-73.

"God Made in Man's Image", *The Quest* XIX, 4 (jul. 1928), 385-99.

"A Fresh 'Fall' Victim", *The Quest* XX, 1 (out. 1928), 31-49.

"Spiritual Worship", *The Quest* XX, 2 (jan. 1929), 161-73.

"The Call: Come unto Us", *The Quest* XX, 3 (abr. 1929), 274-85.

"The Fetters of Fateful Familiarity", *The Quest* XX, 4 (jul. 1929), 383-97.

"A New Quest of the Jesus of History", *The Quest* XXI, 1 (out. 1929), 13-34.

"Reasonable Relative Reality", *The Quest* XXI, 2 (jan. 1930), 138-54.

"The Problem of Physical Time", *The Quest* XXI, 3 (abr. 1930), 244-58.

"Thanks and Farewell", *The Quest* XXI, 4 (jul. 1930), 337-39.

Estudos bibliográficos secundários

GODWIN, Joscelyn. "Mead, George Robert Stowe", *Dictionary of Gnosis & Western Esotericism,* ed. Wouter J. Hanegraaff com Antoine Faive, Roelof van der Broek e Jean-Pierre Brach, dois volumes (Leiden and Boston: Brill, 2005), II, 785-86.

GOODRICK-CLARKE, Clare. "Mead's Gnosis: A Theosophical Exegesis of an Ancient Heresy", *Theosophical History* 4, nº 4-5 (out. 1992-jan. 1993), 134-48.

NETHERCOT, Arthur Hobart. *The Last Four Lives of Annie Besant.* Chicago: Chicago University Press, 1963.

PRICE, Leslie. "G. R. S. Mead and the Quest for Gnosis", *The Academy of Religion and Psychical Research 1983 Annual Conference Proceedings* (Bloomfield, CT, 1983), 24-33.

WEBB, James, ed. *A Quest Anthology.* New York: Arno Press, 1976.

de Zirkoff, Boris, ed. "Mead, George Robert Stowe" (Biobibliografia), *H.P. Blavatsky: Collected Writings,* 15 volumes (Wheaton, IL: Theosophical Publishing House, 1950-91), volume XIII: 1890-91 (1982), 393-97.